西北大学经济管理学院博士文库

THE EFFECT OF CORPORATE POLITICAL GOVERNANCE
ON EARNINGS QUALITY
IN LISTED STATE-OWNED FIRMS OF CHINA

公司政治治理对我国国有上市公司盈余质量的影响研究

郭　宏◎著

中国经济出版社
CHINA ECONOMIC PUBLISHING HOUSE
北 京

图书在版编目（CIP）数据

公司政治治理对我国国有上市公司盈余质量的影响研究／郭宏著．--北京：中国经济出版社，2021.7

ISBN 978-7-5136-6544-5

Ⅰ.①公… Ⅱ.①郭… Ⅲ.①国有企业-上市公司-企业利润-研究-中国 Ⅳ.①F279.241

中国版本图书馆 CIP 数据核字（2021）第 140646 号

责任编辑　杨元丽
责任印制　巢新强

出版发行　中国经济出版社
印 刷 者　北京九州迅驰传媒文化有限公司
经 销 者　各地新华书店
开　　本　710mm×1000mm　1/16
印　　张　14
字　　数　206 千字
版　　次　2021 年 7 月第 1 版
印　　次　2021 年 7 月第 1 次
定　　价　78.00 元
广告经营许可证　京西工商广字第 8179 号

中国经济出版社　**网址** www.economyph.com　**社址** 北京市东城区安定门外大街 58 号　**邮编** 100011
本版图书如存在印装质量问题，请与本社销售中心联系调换（联系电话：010-57512564）

序言
preface

会计信息质量一直是理论界和实务界关注的热点，国内外学者对会计信息质量影响因素的研究取得了丰硕的成果。盈余集中反映了企业一定时期内的经营成果，是投资者、股东、债权人、管理层、政府、监管部门等利益相关者最为关心的信息，在会计信息质量中处于核心地位。本书基于我国独特的政策环境、制度背景及国有上市公司内外部治理特征，分析公司政治治理对盈余质量的影响，以及公司内部治理水平和外部治理环境在公司政治治理与盈余质量之间关系中的作用。

本书基于对研究背景的阐述和分析以及对公司治理相关理论、信息不对称理论以及资源依赖理论等理论基础的分析和归纳，提炼出了公司政治治理、公司内部治理水平、公司外部治理环境与盈余质量之间关系的概念模型，通过理论分析提出了本书的研究假设，并以公司政治治理作为自变量，盈余质量作为因变量，公司治理水平、董事会治理效率、监事会治理效率作为中介变量，外部政策变更、股权性质、地区市场化进程、法治化水平作为调节变量，构建了多元线性回归模型，选取我国深、沪两市主板A股国有上市公司2004—2017年的面板数据对主要研究假设进行了实证检验。

本书主要得出以下研究结论：第一，国有上市公司中的政治治理能够显著提高盈余质量。企业党组织成员与董事会、监事会或经理层成员的重合程度分别与盈余质量显著正相关，企业党组织领导（指党委书记或党委副书记，下同）兼任董事长、董事、总经理或经理分别与盈余质量显著正相关。第二，国有上市公司中的政治治理能够显著提高公司治理水平、董事会治理效率和监事会治理效率。企业党组织成员与董事会或经理层成员的重合程度分别与公司治理水平显著正相关，企业党组织领导兼任董事长、董事、总经理或经理分别与公司治理水平显著正相关。企业党组织成员与董事会成员的重合程度与董事会治理效率显著正相关，企业党组织领导兼任董事长或董事均与董事会治理效率显著正相关。企业党组织成员与监事会成员的重合程度与监事会治理效率显著正相关。第三，公司治理水平在公司政治治理与盈余质量的关系中具有中介作用。公司治理水平在企业党组织成员与董事会、监事会或经理层成员的重合程度与盈余质量之间的关系中均起中介作用，公司治理水平在企业党组织领导兼任董事长、董事、总经理或经理与盈余质量之间的关系中均起中介作用。董事会治理效率在企业党组织成员与董事会成员的重合程度、企业党组织领导兼任董事长、企业党组织领导兼任董事与盈余质量的关系中均起中介作用。监事会治理效率在企业党组织成员与监事会成员的重合程度与盈余质量的关系中起中介作用。第四，公司外部治理环境对公司政治治理作用的发挥具有显著影响。具体体现为，公司政治治理对地方国有企业中盈余质量的提高作用较对中央国有企业更为显著，2012 年党的十八大及之后一系列政策发布之后公司政治治理对盈余质量的提高作用较之前更为显著，较低的市场化程度下公司政治治理对盈余质量的提高作用更为显著，较低的法治化水平下公司政治治理对盈余质量的提高作用更为显著。

本书的主要创新点：第一，将公司政治治理纳入盈余质量影响因素的研究框架中，验证了在我国独特的公司治理结构中党组织能够显著影响国有上市公司的盈余质量，丰富和拓展了盈余质量影响因素的相关研究。以往有关公司治理结构对盈余质量影响因素的研究中并未有学者将党组织的治理作用纳入研究范畴。本书以我国国有上市公司中党组织参与公司治理的主要途径——“双向进入、交叉任职”领导体制作为研究的切入点，研究公司政治治理对盈余质量的影响，是盈余质量影响因素研究在中国制度背景下的拓展和深化。第二，构建了“政治治理—公司治理水平—盈余质量”的关系模型，提出并验证了公司治理水平在公司政治治理与盈余质量之间发挥中介作用的观点。已有的研究表明，公司政治治理对公司治理水平有显著影响，公司治理结构对盈余质量有显著影响。本书以公司治理水平作为公司政治治理与盈余质量之间的中介变量，探索公司政治治理影响盈余质量的内在机理，是政治治理对公司治理影响研究的拓展与深化，完善了公司治理的理论成果，为公司政治治理对盈余质量的影响提供了更贴近管理实践的证明。第三，研究并验证了公司外部治理环境对公司政治治理与盈余质量之间关系的调节作用，研究结果表明，公司政治治理对盈余质量的影响还受到股权性质、外部政策、所在地区市场化程度和法治化水平的影响，这是公司外部治理理论在我国特定制度背景下的拓展，不仅有助于提高我国国有上市公司会计信息质量，而且对完善国有企业党建工作并有效发挥党组织在企业中的治理作用也具有重要的实践意义。

目 录
contents

1 绪 论

2 文献综述

1 绪 论

1.1 研究背景及意义

我国国有上市公司中的政治治理一般体现为企业党组织参与公司治理。我国的国有企业是属于全民所有的企业，它们不仅是推进国家现代化、维护人民共同利益的重要保障，是党和国家事业发展的重要物质和政治基础①，还是具有中国特色的社会主义市场经济重要的组成部分。自中华人民共和国成立初期国有企业建立时党组织在计划经济条件下参与企业的生产经营开始，到一系列的经济体制改革和国有企业治理结构变革，整个过程中，党组织在国有企业中的地位以及参与经营管理的方式一直发生着与改革相适应的变化，但一直没有改变的是党组织在国有企业中参与重大经营管理决策的权力及其"政治核心"的地位（马连福、王元芳、沈小秀，2012）。国有企业党组织参与公司治理在我国经济发展和国有企业改革过程中起到了非常重要的作用。

改革过程中，随着股份制改造的完成，我国国有企业已同市场经济相融合，基本建立了现代公司治理体系；20 世纪 90 年代上海证券交易所和深圳证券交易所成立后，多数国有企业成功上市；股权分置改革的完成，弥补了资本市场同股不同权的缺陷，也使国有上市公司治理结构进一步完善。但也应当注意到，国有上市公司治理仍然存在所有者缺位、内部人控制、国有资产流失及利益输送等问题，这些问题仍然是会计信息质量不高的重要诱因。在现代经济社会中，会计信息在资本市场投资者决策过程中的作用越来越重要，高质量的会计信息成为决策成功的关键因素。公司政治治理作为公司中正式制度的一种替代机制，能否有效解决国有上市公司中的治理问题，进而提高

① 2015 年 8 月 24 日，《中共中央 国务院关于深化国有企业改革的指导意见》。

国有上市公司的会计信息质量，以规范我国资本市场，使资源能够有效配置，是本研究的出发点。盈余信息在会计信息中居核心地位，集中反映了企业一定时期内的经营成果，也是股东、投资者、债权人、管理层政府、监管机构等利益相关者最为关心的信息，因此本书从盈余质量的视角对会计信息质量进行研究。结合我国现实制度背景，本书对公司政治治理对盈余质量的影响机制进行理论分析与实证检验，并提出相应的解决方案及对策。

1.1.1 实践背景

（1）政治治理是我国国有上市公司治理的独特特征

国有企业党组织参与公司治理以及其在生产经营决策中占有独特地位是我国国有企业与生俱来的特征，其存在有历史和制度的双重原因。国有企业在新中国成立后的初始建立时期就实行“党委领导下的厂长负责制”，党组织在企业中就具有非常重要的作用。从1978年改革开放后，国有企业逐步扩大经营自主权，党建工作实行党政分开以适应经济体制改革的要求，到国有企业股份制改革初期，“老三会”（指传统企业中的党委会、职代会和工会）与“新三会”（指现代公司中的股东大会、董事会和监事会）的关系曾是困扰理论和实务界的难题，但理论界的看法和实务界的操作对党委会和“新三会”关系的处理一致以“党管干部”互相兼职为原则（卢昌崇，1994）。在建设和完善国有企业公司治理结构时期，1999年9月，党的十五届四中全会提出了在国有企业中党组织成员和高管层之间的“双向进入、交叉任职”理念[①]，2004年党的十六届四中全会正式确立了该理念是党组织参与国有企业重大经营决策的重要方式，强调要在国有企业中坚持和完善该项领导体制。在建立和完善具有中国特色的现代国有企业制度的新时期，2015年6月颁布的《中国共产党党组工作条例（试行）》提出了“讨论前置”的决策机制，指出“党组织研究讨论是董事会、经理层决策重大问题前置程序”，2015年8月24日，中共中央、国务院要求明确国有企业党组织在公司法人治理结构中的法

① 1999年9月党的十五届四中全会通过的《中共中央关于国有企业改革和发展若干重大问题的决定》。

定地位，提出将党的领导和公司治理有机统一①。2016 年 10 月 10 日，习近平总书记指出，中国特色的现代国有企业制度就是要把党的领导融入公司治理的各个环节，使国有企业党组织内嵌于公司治理结构中②。可见国有企业中的基层党组织一直是企业不可或缺的组织机构之一（陈仕华、卢昌崇，2014），也表明社会主义市场经济下国有企业、党的领导与国家制度建设之间存在着深刻的政治逻辑，国有企业建设与社会主义国家、社会主义制度在政治上是等值的；政党领导是国有企业建设的组织资源与政治资源（林尚立，2010）。

不仅如此，我国还有很多法律、法规和文件规定了党组织在国有企业中的地位。我国的基本大法《中华人民共和国宪法》第一章第一条规定："中华人民共和国是工人阶级领导的、以工农联盟为基础的人民民主专政的社会主义国家。社会主义制度是中华人民共和国的根本制度。中国共产党领导是中国特色社会主义最本质的特征。禁止任何组织或者个人破坏社会主义制度。"党作为社会主义的领导核心在国家机构中居于核心地位，而党组织与董事会、监事会以及经理层之间的关系则是这种关系在国有企业中的反映（董学群，2009）。对于党的基层组织在国有企业中的职能和作用，现行《中国共产党党章》规定："国有企业党委（党组）发挥领导作用，把方向、管大局、保落实，依照规定讨论和决定企业重大事项。国有企业和集体企业中党的基层组织，围绕企业生产经营开展工作。保证监督党和国家的方针、政策在本企业的贯彻执行……"我国现行《中华人民共和国公司法》规定："在公司中，根据中国共产党章程的规定，设立中国共产党的组织，开展党的活动。公司应当为党组织的活动提供必要条件。"确立了公司中党的基层活动的合法性。2018 年新修订的《上市公司治理准则》也增加了有关上市公司党建的要求。因此，国有企业中党组织的存在还具备极为厚重的法理基础（陈仕华、卢昌崇，2014）。国有企业中党的基层组织是企业的"政治核心"，法律法规赋予其参与企业经营的权力，并规定了"双向进入、交叉任职"是其参与企业重

① 2015 年 8 月 24 日中共中央、国务院发布的《关于深化国有企业改革的指导意见》。

② 2016 年 10 月 10 日，中共中央总书记习近平在全国国有企业党的建设工作会议上的讲话。

大经营管理决策的具体方式，其在国有企业中的治理作用渗透到公司治理的各个环节，成为治理结构中的有机组成部分。因此，在完善国有企业现代法人治理机制时，应当充分考虑党组织在企业中的重要地位并积极发挥其在公司治理中的作用。

（2）国有企业是我国国民经济的主导力量

国有企业是社会主义经济的重要支柱，是维护和巩固我国社会主义公有制性质、引领国家经济发展的主导力量。无论是中央国有企业还是地方国有企业，在国民经济和地方经济中都占绝对优势。在1978年改革开放之前，中国只有很少的私营企业，没有外资企业，1949—1978年，主要是公有制经济尤其是国有经济推动了中国经济大发展。1978年以后，国有企业成为改革开放的重要推动力量。随着改革开放的推进，虽然国有企业数量大幅下降，但经济实力和社会经济贡献均有了巨大增长，其仍然是社会经济的主要力量。以国有工业企业为例，1998年有64737家，平均从业人员3747.78万人，至2017年仅有19022家，平均从业人员1595.82万人，企业数量减少了70.62%，从业人员减少了57.42%，但资产规模从1998年的平均74916.27亿元增长为2017年的439622.86亿元，增长了486.82%，利润总额从1998年的525.14亿元增长为2017年的17215.49亿元，增长了3178.27%。从2017年国有企业、私营企业和外资及港澳台企业的横向比较可以看出（见表1－1），国有企业仅占6.75%，但其总资产规模占全体企业的48.94%，接近半数，固定资产投资占全体企业的42.90%，主营业务收入和利润总额均占全体企业的近30%，说明国有企业大多规模较大，是固定资产投资的主要力量，也创造了巨大的利润。除此之外，国有企业主要集中于石油、化工、机械、电子、冶金、有色和建材等支柱产业，为全社会提供了必要的公共产品、准公共产品和服务，稳定供应的能源、基础原材料和基础服务，并承担了关系国计民生的重大和攻关工程的建设。可见国有企业虽然数量大幅下降，已不再如改革开放初期那样在国民经济中占主体地位，但其在国民经济中的主导地位并没有改变，仍然是国民经济的中流砥柱。

表 1 - 1 2017 年国有企业、私营企业和外资及港澳台投资企业比较

项目	国有企业	私营企业	外资及港澳台投资企业	国有企业占比/%
企业数量/个	19022	215138	47458	6.75
总资产规模/亿元	439622.86	242636.74	215998.05	48.94
主营业务收入/亿元	265393.13	381034.44	247619.69	29.68
利润总额/亿元	17215.49	23043.00	18412.38	29.34
固定资产投资/亿元	249037.10	306615.00	24916.20	42.90

资料来源：《中国统计年鉴》(2017)。

国有企业除在国民经济中居于主导地位外，从计划经济时期实行承包责任制，到社会主义市场经济时期实行股份制和上市，一直都是中国经济改革的主要推动力量。1978 年的农村“联产承包责任制”和城市“扩大企业自主权”是我国改革开放事业的起点。当时我国没有外资企业，只有一批集体企业和少量的私营企业，国有企业处于主体地位，因此，当时所指的“扩大企业自主权”主要是扩大国有企业自主权。1984 年颁布的《中共中央关于经济体制改革的决定》指出，经济体制改革的中心环节是深化企业改革、增强企业活力。其中“增强企业活力”也主要是指增强国有企业活力。1978 年以后，在“抓大放小”方针的指引下，通过租赁、承包、售出、参股等方式，一部分国有中小企业向产权多元化转变，大批国有企业转化为外资企业、港澳台企业和私营企业，促进国家宏观经济政策调整的落实。事实上国有企业的改革和发展贯穿于改革开放事业的全过程。国有企业是共产党的执政之基，拥护和履行党中央、国务院决策部署，保障国家政策贯彻落实。

（3）高质量会计信息是资本市场发展的重要因素

2001 年 11 月，能源帝国——美国安然突然宣布亏损 6.18 亿美元，拉开了震惊美国各界的安然事件的序幕，也是 21 世纪会计造假和舞弊丑闻的开端，随后世界通信、施乐、默克制药等公司陆续爆出舞弊丑闻，使理论界、实务界和监管当局对上市公司会计信息质量表示担忧。随着我国资本市场的迅速发展，会计报表粉饰和财务舞弊行为也是层出不穷。自我国第一起严重的财务欺诈案件——琼民源事件开始，宏光实业、银广夏、东方电子、中航

油、蓝田股份、中海油、东航和中信泰富等大型上市公司财务舞弊陆续曝光，说明我国资本市场的财务舞弊行为的严重程度不亚于美国等发达国家。会计信息是企业提供的一种性质较为特殊的产品，目的是帮助投资者、潜在投资者、债权人、社会公众、监管部门等利益相关者做出合理的决策。会计信息的质量将直接影响到各利益相关者的利益，更是影响着我国宏观经济的有效运行和资本市场的良性发展。随着经济的发展，投资者、债权人、经理层、政府监管当局和社会公众等越来越认识到高质量会计信息的重要性。会计的作用必将越来越重要，但这种重要性要求会计能够发挥其职能，为利益相关者提供高质量的会计信息。国有企业作为我国国民经济和资本市场的主导，提供的会计信息质量高低直接影响着社会经济的发展。国有企业能否发挥国家宏观政策的拥护者和执行者的职能，对经济社会的和谐健康发展至关重要。

1.1.2 理论背景

高质量的盈余信息能够为投资者提供更多的决策有用信息，有助于投资者对企业价值的准确判断，从而可以有效地保护投资者利益（Dechow，2010）。而质量较低的会计信息不仅为管理层利用公司资源的自利行为提供更多的机会，而且还会降低公司资产的运营效率（申慧慧、吴联生，2012）。公司内外部治理环境是盈余质量的主要影响因素之一，而现有的有关公司治理对盈余质量影响的研究主要集中于股权结构、董事会特征、监事会特征、高管特征、内部控制等内部治理特征及政府监管、社会审计、股权性质、法律环境与外部制度及媒体监督等方面。现有的研究存在以下不足之处：

①盈余质量的影响因素研究方面，学术研究主要关注公司治理因素的影响。公司内部治理结构的影响备受关注。如股权集中度、股权制衡度、机构投资者持股等股权结构方面的因素，董事会独立性、审计委员会独立性、董事会和审计委员会成员特征、独立董事特征、独立董事声誉等董事会特征方面的因素，高管背景特征、高管薪酬、高管声誉等高管特征方面的因素，内部控制因素，监事会独立性、监事会专业性等监事会特征方面的因素，当然，还有很多学者关注于监事会是否能够有效发挥作用，得出的结论也不一致。

我国国有企业在国民经济中处于主导地位，其公司治理结构具有一个区别于西方国家的重要特征——党组织参与公司治理，即公司政治治理。国有企业中党组织治理内嵌于公司治理结构之中，作为国有企业公司治理的有机组成部分，其对盈余质量的影响并未得到重视。

②国外公司政治治理研究方面，由于政治体制的不同，国外相关研究主要致力于政党选举对企业投资、企业政治成本、银行贷款与公司绩效等方面影响的研究，极少有政党直接参与公司经营管理方面的研究。在我国，国有企业中的政治治理是企业党组织直接参与公司治理，这在全世界是独一无二的，其与中国共产党的领导有着与生俱来的联系，从新中国成立初期国有企业的成立至今，虽然历经多次改革，企业党组织对于企业的重要影响一直没有改变，而国外政党对企业行为的影响随着每次的竞选而变化。因此，国外对公司政治治理的研究角度并不适用于我国。

③国内对于公司政治治理的研究主要致力于企业党组织参与公司治理对公司业绩、公司运营效率、公司治理水平、公司审计的影响及国有企业现存问题等方面的研究。学者们普遍认为整体上公司政治治理能够提高公司业绩、公司运营效率和公司治理效率，但董事长、总经理和党委书记“三职合一”或者董事长和党委书记“二职合一”的情况则不尽理想。有政治治理的公司倾向于选择大的会计师事务所，但审计收费较高，能够有效地抑制大股东掏空行为、国有资产流失现象、过度投资现象以及高管攫取超额薪酬行为，但也会形成冗余雇员。然而，鲜有学者关注公司政治治理对盈余质量的影响。而且，在对以上问题进行研究时，其并未考虑在不同的公司外部治理环境下公司政治治理发挥作用的差异。

国有企业中政治治理是公司治理的有机组成部分，也是我国国有企业中的公司治理区别于西方国家的独特特征。企业党组织与董事会、监事会及经理层之间的“双向进入、交叉任职”是促进党组织建设与公司治理结构有机融合的有效途径（荣刚、李一，2016），盈余质量则是关系到社会经济是否能够健康发展以及资本市场是否能够有效发挥资源配置作用的关键因素。结合委托—代理理论、不完全契约理论、利益相关者理论、管家理论、信息不对称理论和资源依赖理论等，研究我国国有企业中的公司治理中不同于西方国家的独特构成部分——公司政治治理对公司治理效率的影响，并进而研究其对盈余质量的影响，将为探索适用于我国的具有中国特色公司治理结构奠定坚实的理论基础。

1.1.3 研究意义

本书从公司治理理论出发，研究公司政治治理对公司治理效率的影响，进而研究公司政治治理对盈余质量的影响，具有一定的理论和实践意义。

（1）理论意义

①基于对公司政治治理不同领导体制的类型化分析，对不同方式的公司政治治理对盈余质量的影响进行理论解释及实证检验，进一步丰富了盈余质量影响因素的研究。国内外有关公司治理相关因素对盈余质量的研究取得了丰硕的成果，但并没有相关研究涉及公司政治治理对盈余质量的影响。在我国国有上市公司中，党组织是不可或缺的组织机构，“双向进入、交叉任职”的领导体制使得企业党组织的作用发挥到企业的各个方面。企业党组织通过与董事会的重合与兼任影响企业的决策，通过与监事会的重合监督企业决策经营活动的合法合规性，通过与经理层的重合影响企业在日常经营活动中对于董事会决策的执行，企业的财务会计作为企业面向市场传递公司财务状况和经营业绩的决策与活动贯穿于董事会、监事会和经理层的经营管理活动，必然会受到企业党组织的影响。因此，在以往研究成果的基础上，研究公司政治治理对盈余质量的影响，是盈余质量影响因素研究在中国制度背景下的拓展，具有一定的理论意义。

②对不同方式的公司政治治理对公司治理水平的影响进行理论解释及实证检验，进一步完善和丰富了公司治理理论，尤其丰富和完善了具有中国特色公司治理理论。本书在以往对公司治理相关因素研究理论的基础上，结合我国国有上市公司的现实特点，针对性地考虑了作为国有上市公司治理结构有机组成部分的企业党组织对公司治理水平、董事会治理效率和监事会治理效率的影响；并借鉴既有公司治理水平测度的思想和方法，提出了公司治理水平、董事会治理效率和监事会治理效率的度量方法，实证研究了国有上市

公司政治治理对公司治理水平、董事会治理效率和监事会治理效率的影响效果。本书构建了政治治理对公司治理水平、董事会治理效率和监事会治理效率的影响模型，完善和深化了公司治理理论成果。

③构建了公司政治治理、公司治理水平与盈余质量的理论模型，有助于进一步分析公司政治治理对盈余质量的影响机理。本书引入公司治理水平，研究公司政治治理对盈余质量的影响，阐释了公司政治治理如何分别通过公司治理水平、董事会治理效率及监事会治理效率的中介作用影响盈余质量，以及包括股权性质、政策变更、所在地区市场化程度及法治化水平等在内的外部治理环境因素如何影响公司政治治理与盈余质量的关系，为公司政治治理对盈余质量的影响提供了更贴近管理实践的证明。在公司政治治理与盈余质量理论模型中引入公司内部治理水平及外部治理环境，为公司政治治理影响盈余质量提供了新的视角，阐明了二者的影响机理，也丰富和发展了委托—代理理论等公司治理理论的研究成果。

（2）实践意义

①有利于提高我国国有企业提供的盈余质量，从而有利于社会经济和资本市场的健康发展。公司通过会计信息向市场传递公司财务状况和经营业绩，盈余质量的高低从微观层面直接影响利益相关者的决策，从宏观层面直接关系到社会资源的有效配置。较低的盈余质量往往直接源于上市公司的财务舞弊行为，上市公司治理结构不够健全和完善则是其深层次的原因。本书基于我国现实的制度背景研究国有上市公司中作为公司治理有机组成部分的政治治理对盈余质量的影响，并系统考虑公司内部治理水平及外部治理环境的作用，最终提出相对应的政策建议，可以为现阶段国有上市公司盈余质量的提高提供有益的启示。

②有利于完善具有中国特色的公司治理机制。我国的国有上市公司由传统的国有企业改制而来，已成为规范的公司制企业，建立了现代企业制度，也已形成现代公司治理体制。但是由于国有上市公司的委托—代理链过长，形成了一系列诸如“所有者缺位”“内部人控制”等代理问题，完全照搬西方国家的公司治理体制显然是行不通的。因此，本书结合我国国有上市公司

中党组织有权力参与公司重大经营决策以及“双向进入、交叉任职”领导体制的现实背景，研究企业党组织在公司治理结构中的作用，对建立具有中国特色的公司治理体制具有重要的实践意义。

③为现阶段深化国有企业改革提供经验证据。改革开放至今已 40 多年，今天中国特色社会主义随着“中国经济发展进入新常态、世界经济发展进入转型期”而进入新时代，国有企也业从过去依靠大量消耗资源、要素和投资驱动的增长模式，逐步向高质量发展转变。如今，过去的粗放式发展给现阶段的国有企业改革遗留的许多深层次的矛盾和问题亟待解决，党的十八大以来，新一轮国有企业改革全面展开，2014 年 10 月，国务院专门成立国有企业改革领导小组统筹制定和推进国有企业改革方案，2015 年 9 月发布的《关于深化国有企业改革的指导意见》进一步明确了深化国有企业改革的发展目标、具体思路和行为措施。国有企业中的党组织是改革措施在企业中实施的重要力量，在研究盈余质量影响因素时考虑公司政治治理在公司治理中的作用，对提高我国资本市场会计信息质量、促进资本市场和谐稳定发展以及推进国有企业改革有着重要的实践意义。

④有利于完善我国国有企业的党建工作。在全面深化国有企业改革的新时代，要充分发挥中国特色国有公司治理的优势，首先就是要坚持党对国有企业的领导，把企业党组织内嵌到公司治理结构中，把党的领导融入公司治理各个环节。研究公司政治治理对盈余质量的影响，是对党组织在企业中是否有效发挥“政治核心”作用以及对公司治理的完善作用的实践检验，为企业党建工作的开展与企业经营管理相结合探索有效的方式，为国有企业的党建工作提供经验证据。

1.2 相关概念界定

1.2.1 公司政治治理概念的界定

（1）治理的含义

治理（governance）一词起源于古希腊语和古典拉丁语，意为控制、引导和操纵，与统治（goverment）的含义交叉，而统治一词长期以来专用于“国家公务”相关的宪法或法律的执行问题，或指管理利害关系不同的多重特定机构或行业（鲍勃·杰索普、漆蕪，1999）。治理的现代含义兴起于20世纪80年代，1989年世界银行概括非洲发展现状的报告——《撒哈拉以南非洲：从危机到可持续增长》中使用了“危机治理”一词，首次出现了现代意义上的“治理”。自此，“治理”开始引起广泛关注并逐步被引入不同的学科领域，其含义也开始被细化，诸多的西方学者对其含义进行了归纳和界定，赋予了其不同的概念内涵。

1992年，世界银行在其年度发展报告《治理与发展》中认为，治理是权力主体（不仅是指政府组织，还指非政府组织、私人企业和社会公众等利益相关者）对国家经济和社会资源进行管理的一种方式，并认为治理是为了发展而在一个国家的经济与社会资源的管理中运用权力的方式，明确将其纳入现代化发展理念中。治理理论的主要创始人之一罗西瑙（J. N. Rosenau）在其代表作《21世纪的治理》（1995）和《没有政府的治理》（2001）中认为，治理与政府统治之间有着巨大的差别，它们并不是同义词，治理是一系列活动领域里“虽未得到正式授权，却能有效发挥作用”的管理机制，且治理是一种不一定要以政府作为主体且并非一定要靠国家强制力实现的有共同目标支持的活动。英国学者罗茨（R. Rhodes）作为西方国家治理理论的代表人物，将治理归纳为最小化国家的管理活动的治理、公司管理的治理、新公共管理的治理、普治的治理、社会控制体系的治理和组织网络的治理六种形式，并认为治理意味着“统治”的条件已发生了变化，是一种新的统治过程，或者是以新的方法来统治社会（俞可平，2000）。1995年，全球治理委员会在其研究报告《我们的全球伙伴》中认为，治理不仅包括有权迫使人们服从的正式制度和规则，而且也包括各种非正式的制度安排，是指“各种公共的或私人的个人和机构管理其共同事务的诸多方式的总和，是使相互冲突的不同利益得以调和，并采取联合行动的过程”。这是迄今为止针对“治理”最具代表性和权威性的定义。

通过梳理“治理”最初和现代意义上的含义，可以看出，“治理”一词最初专用于“国家公务”，含义等同于“统治”，而现代意义上的“治理”在

“许多语境中大行其道，以至于成为一个可以指涉任何事物或毫无意义的‘时髦词语’”（鲍勃·杰索普、漆燕，1999）。实施“治理”的主体最初局限于政府组织，而现代意义上的“治理”主体还包括非政府组织以及私人企业和社会公众等各种主体。治理理论传入中国后，中国较早系统研究治理理论的俞可平教授给出了“治理”的政治学含义，认为“治理是政治管理的过程，它包括政治权威的规范基础、处理政治事务的方式和对公共资源的管理”（俞可平，1999），奠定了中国治理理论的基本框架，即“在各种不同的制度关系中运用权力去引导、控制和规范公民的各种活动，以最大限度地增进公共利益”（俞可平，2020）。可见，中国的治理理论既表现出比传统“统治”思想更为进步的概念界定，也表现出从中国的国情出发，并不提倡西方的多个中心共同治理，而是维护中国核心领导的权威性，以有助于达到治理的最终目的——善治的独特特征。

（2）公司治理

公司治理是治理理论中最为普及的一种形式。公司治理研究的核心是所有权与经营权分离情况下的“委托—代理问题”，所要解决的核心问题是如何降低代理成本（Fama and Jensen，1983）。公司治理根据所涵盖的内容，可以分为狭义的公司治理和广义的公司治理。狭义的公司治理，是指股东大会、董事会、监事会和经理层之间的制衡机制，主要是所有者对经营者的一种监督与制衡的公司内部治理；而广义的公司治理是指通过一套正式或非正式的内部或外部制度或机制协调公司与所有利益相关者（股东、债权人、供应商、雇员、政府、社区等）之间的利益关系，公司的有效运行不仅需要通过股东大会、董事会、监事会和经理层等内部监控机制发挥作用，还需要通过一系列产品市场、证券市场和经理市场等外部治理机制（如政府监管、公司法、证券法、信息披露、会计准则、外部政策变更、社会审计和社会舆论等）发挥作用（李维安，2000）。

（3）政治治理

①广义的政治治理。

国家治理是治理理论最为重要的一种治理形式，可以分为政治治理、经济治理、社会治理、文化治理和生态治理等，其中，政治治理又是国家治理最为基础和关键的部分（邱实，2017）。广义的政治治理是指国家政治治理，是治理理论的政治学含义。与“治理”和“统治”的区分类似，应当准确区分国家“政治治理”和“政治统治”的含义。“政治统治”是指依靠国家权力，以国家机器的强制力为基础，对社会各个方面进行控制，在国家发展方面主要以单向度的自上而下的管控为主要方式（邱实，2017）。而国家“政治治理”则抛弃了“政治统治”的弊端，以善治作为目标，以提供公正的服务、追求公共利益最大化而非经济利益的最大化作为逻辑出发点和现实运行的目的。其中，善治的本质是政府与公民对公共生活的共同合作治理，最终目标是使公共利益最大化，其体现的是政府与公民之间的最优状态。国家“政治治理”是对政治主体自身的治理和治理客体对治理主体的监督与约束，其中，政治主体亦指政治治理主体，是指掌握公共权力、行使公共权力的主体（张爱军、秦小琪，2017）。

可以看出，政治治理是随着对公共利益最大化的追求而产生的，它总是与经济治理、文化治理、社会治理及生态文明治理互相联系，那么其必然在不同的历史阶段、不同的国家和地区及不同的语境下具有不同的核心历史使命。在西方国家中，政治治理的核心理念就是要用“治理”代替“统治”，认为国家力量和政府应当不再依靠传统的强制力，而应当从更多的领域退出，用多元主体协同的方式对政府的管理进行改革和制约。西方国家经历了较长时间的市场经济发展历程，在此过程中周期性的经济危机经常出现，需要政府进行相应的干预和调控才能维持经济持续健康发展。但政府频繁更换不同的政策也造成了政府权力的过度干预带来的一系列政府治理方面的问题，产生政府失灵现象。因此，西方学者认为，只有运用多元主体协同的现代治理理论才能从根本上解决各种经济问题以及政府失灵现象。而我国政治治理面临的基础性问题并不同于西方国家，而是由我国特定的历史发展阶段和国情造成的诸如产权界定和保护不到位、市场机制不成熟、相关制度不完善、政府监督管理缺失及政府宏观调控乏力等问题。因此，对于我国来说，采用西方国家的多元主体协同的治理理论并不能解决目前存在的实际问题，而是应当在引入地方政府和其他相关社会组织的协调作用的同时加强中央的权威，充分发挥政府的主导作用，建立一个“政府主导、政治协商”的治理体系。

②狭义的政治治理——公司政治治理。

宏观政策必然要落实到微观经济主体，并在微观经济主体中得到体现。现代社会中，作为微观经济主体重要的组成部分，企业不仅是市场经济活动的主要参与者，还是科学进步的主要力量及社会财富的主要创造者。因此国家政治治理必然在公司治理中有所体现。首先，国家政治治理是公司外部治理机制的主要基础。国家政治治理为了维护公共利益的最大化，会颁布一系列法律、法规及规章制度等树立社会秩序，并对社会舆论进行引导、对社会文明进行构建，而这些正是公司外部治理的主要因素。其次，国家政治治理对公司内部治理结构有着重要的影响。国家政治治理还可以通过政府或者政党对公司治理产生重要的影响，其中政府的影响主要来自企业外部，属于公司外部治理因素。在我国，政党有权参与公司的经营管理从而可以直接影响企业的决策，甚至嵌入公司内部治理结构之中。公司内部治理中来自政党的直接影响，我们称之为狭义的政治治理，即公司政治治理。Sawant（2012）曾对公司中的政治治理做出定义，认为政治治理是指嵌入企业政治行为的公司治理，通过公司党、政（治理层与管理层）职位配置形成一种政治与制度安排，作为正式制度的一种替代机制（Sawant，2012）。本书采用狭义的政治治理，即公司政治治理，因此文中所涉及的“政治治理”，如没有特殊说明，均为狭义的政治治理。

在我国，公司政治治理的主要体现形式是企业中党组织的存在，尤其在国有企业中，党组织是不可或缺的组织机构（陈仕华、卢昌崇，2014）。党组织在国有企业中具有开展思想政治教育工作、参与企业重大问题决策、为企业的发展“把关定向”以及基于“党管干部”原则管理干部等权力与职责。具体来讲，我国公司中的政治治理主要体现在两个方面：一是企业党组织成员和董事会、监事会或经理班子成员之间的“双向进入”以及党组织领导与董事长或副董事长之间的“交叉任职”。“双向进入、交叉任职”的领导体制确立了企业党组织参与公司治理的具体路径和方式，即企业中的党组织成员可以通过法定程序进入董事会、监事会和经理层，董事会、监事会和经理层中的党员可以根据有关规定进入企业党组织；可以选择由一人担任党委书记和董事长，或者董事长担任党委副书记，党委副书记担任董事长或者副董事长等多重形式，企业可以根据自身行业特性、人员素质等具体情况选择适合自身的党组织参与公司治理的形式（荣刚、李一，2016）。二是"讨论前置"机制。"讨论前置"机制提出对于准备提交给董事会或经理层决策的重大经营事项，应当事先由党组织进行研究讨论。"双向进入、交叉任职"领导体制及"讨论前置"机制将党的领导融入公司治理各环节，使企业党组织成为公司治理结构的有机组成部分。

1.2.2 盈余质量的概念界定

（1）盈余

亚当·斯密（1776）早在其《国富论》（1776）中就提到过"盈余"，并将其定义为"财富的增加"。其后盈余的概念一直在经济理论领域被讨论和发展，随着对会计信息的需求在经济社会中日益增强，经济学上的"盈余"被引入会计中。美国财务会计准则委员会（FASB）在 1984 年的第 5 号财务会计概念公告（SFAC No.5）中对"盈利"的概念进行了界定：盈利 = 营业收入 - 费用 + 利得 - 损失。我国《企业会计准则（2006）》将利润定义为"企业在一定会计期间的经营成果。包括收入减去费用后的净额、直接计入当期利润的利得和损失等"。可以看出一般意义上的会计盈余为利润表上的税后利润，其不仅是反映企业经营状况和经营成果的核心财务指标，也是企业进行股利分配的基础，还是对下一会计期间进行现金流预测、财务预测及财务预警的核心指标。在资本市场中，会计盈余也有着重要的作用，其不仅对投资者评价投资价值具有重要的影响，而且是监管机构判断一个企业是否存在财务风险和破产风险，从而判断是否对该企业进行特殊处理或责令其停止上市的依据。盈余信息集中反映了企业一定时期内的经营成果，其在会计信息中处于核心地位，也是股东、投资者、债权人、管理层、政府监管部门等利益相关者最关心的信息。正是因为会计盈余的重要作用和意义，理论和实务界都把盈余的质量作为衡量会计信息质量的重要指标。

（2）盈余质量

“盈余质量”一词是由于其在20世纪30年代引起美国证券分析行业在分析上市公司经营状况时的重视从而衍生出来的。随后学术界对其内涵不断地延伸扩展，然而至今盈余质量在已有文献中并无统一的概念。Hawkins（1998）认为高质量的盈余是持续稳健的，并能预测企业未来发展趋势。Penman和Zhang（2002）从持续性的角度对盈余质量进行了定义，认为高质量的盈余是未来盈余的良好指示器，而不可持续的盈余则被认为是低质量的。Schipper和Vincent（2003）从决策有用性的角度将盈余质量定义为公司报告的盈余反映真实经济收益的程度。Francis等（2005）认为较高的盈余质量表现为高质量的应计利润、盈余持续性、盈余可预测性、盈余的价值相关性及平稳性。美国财务会计概念公告（SFAC）认为财务报告应当提供企业一定时期财务业绩的信息。根据该描述，Dechow、Ge和Schrand（2010）在综合了已有盈余质量文献的基础上，认为高质量的盈余应当提供与特定决策者相关的公司财务信息，并提出了一个有关盈余质量的综合性的定义和分析框架。该定义和分析框架得到了众多学者的认同。根据该定义，较高的盈余质量应当具有决策相关性、反映有关企业财务业绩方面的信息、企业财务业绩与决策相关程度较高以及会计信息系统计量业绩的能力较强。一般认为，盈余质量的指标主要包括三大类：盈余属性、投资者对盈余信息的反应和反映盈余错报的外部性指标等（Dechow，Ge and Schrand，2010）。其中包括盈余波动性、盈余平滑度、盈余持续性、应计利润质量、盈余管理、盈余预测能力、盈余反应系数、盈余稳健性、盈余不透明度、盈余及时性、内部控制缺陷报告以及财务重述等十余种。

1.3 主要研究问题

本书从理论背景和我国现实实践情况出发，深入探析国有上市公司中的政治治理对盈余质量的影响及其内在机理，并深入分析公司内部治理效率的中介作用和外部治理环境的调节作用。本书提出以下研究问题：

（1）国有上市公司中的政治治理对盈余质量产生怎样的影响

国内外学者对盈余质量的影响因素进行了大量的研究，也取得了丰硕的成果，其中公司治理是一个关键因素，也是学者们探讨最多的一个方面，他们从董事会特征、监事会特征、高管背景特征等各个方面进行了研究。本书结合我国国有上市公司特有的背景特征——党组织参与公司治理，从公司政治治理的角度研究盈余质量的影响因素。以党组织参与公司治理的路径和方式——“双向进入、交叉任职”的领导体制为研究的出发点，研究企业党组织成员与董事会、监事会或经理层成员不同的重合程度、企业党组织领导（指党委书记或党委副书记，下同）在董事会、监事会或经理层任职等不同的“双向进入、交叉任职”方式对盈余质量的影响，进一步探讨在我国特有的制度背景下提高会计信息质量的途径。

（2）国有上市公司中的政治治理对公司治理水平产生怎样的影响

在我国国有上市公司中，现有《中国共产党党章》和《中华人民共和国公司法》赋予了企业党组织参与企业重大经营决策的权力，企业党组织是不可或缺的组织机构，政治治理是公司治理的有机组成部分。那么，国有上市公司中的政治治理能否有效缓解现代公司治理体制在我国特殊制度背景下产生的问题？因此，本书系统地研究不同方式的“双向进入、交叉任职”政治治理体制对公司治理水平的影响、企业党组织成员与董事会成员重合程度及企业党组织领导在董事会兼职对董事会治理效率的影响、企业党组织成员与监事会成员重合程度及企业党组织领导在监事会兼职对监事会治理效率的影响。

（3）公司内部治理结构和外部治理环境在公司政治治理和盈余质量之间的关系中起到什么作用

本书将在现有有关政治治理对公司治理的影响和公司治理对盈余质量的影响研究成果的基础上，将公司政治治理、公司治理和盈余质量三者有机结合起来。通过研究公司内部治理水平对公司政治治理与盈余质量之间关系的中介作用，外部治理环境对公司政治治理与盈余质量之间关系的调节作用，考察公司政治治理、公司治理与盈余质量之间的内在关系和影响规律，深入揭示公司政治治理对盈余质量的影响机理。

1.4 研究内容、研究方法和研究框架

（1）研究内容

针对所要研究的问题和研究的目标，本书的内容安排如下：

第1章为绪论。本章主要界定公司政治治理和盈余质量的概念，在阐述研究的实践背景和理论背景的基础上，深入分析研究的理论意义和实践意义，并总结提炼出本书所要解决的主要问题，最后确定本书的内容、研究方法和论文整体框架。

第2章为文献综述。本章回顾了国内外学者关于政治治理及盈余质量的公司治理影响因素的研究，在此基础上指出现有研究的不足，并总结研究启示。

第3章为制度背景和理论基础。本章首先回顾了我国国有企业中党组织参与公司治理的历程，总结了党组织在国有企业中的职能以及参与决策的主要途径；其次阐述了研究的理论基础。

第4章为概念模型与研究假设。本章首先对公司政治治理、公司治理和盈余质量等概念模型进行阐述，并在此基础上构建了公司政治治理、公司治理和盈余质量之间的相互影响作用概念模型；其次深入讨论和分析了各个变量之间的逻辑关系，并在理论分析的基础上提出模型所涉及的具体假设。

第5章为实证研究设计。本章主要对怎样使用我国资本市场的国有上市公司数据进行实证检验做了相应的研究设计，阐述变量的选取和测度方法，以及所需样本的选择和数据来源；在此基础上，详细说明检验假设的方法，并构建公司政治治理与盈余质量之间关系的多元线性固定效应模型，公司内部治理特征在公司政治治理与盈余质量关系之间的中介效应模型，以及外部治理环境特征对二者关系的调节效应模型。

第6章为实证检验结果。本章综合运用相关性分析、固定效应多元线性回归分析、中介效应分析、调节效应分析等假设检验方法，分别从公司政治治理对盈余质量的影响、公司内部治理结构对二者关系的中介作用，以及公司外部治理环境对二者关系的调节作用等方面进行了实证检验。

第 7 章为结果讨论。本章详细讨论了公司政治治理对盈余质量的影响、公司内部治理结构对二者关系的中介作用，以及公司外部治理环境对二者关系的调节作用等方面的研究结果，并详细阐述这些研究结果所具有的理论意义和实践意义。

第 8 章为结论和展望。在对研究的主要结论进行归纳和总结的基础上，本章提出了相应的政策建议，阐述本书的主要创新点，并论述了本书的局限性，对未来可以进一步展开的研究进行了展望。

（2）研究方法

本书采用理论分析和实证分析相结合、规范研究和实证研究并重的研究方法，研究了我国国有企业中的政治治理对盈余质量的影响。

在规范研究方面，本书依托我国的经济环境和制度环境，综合运用经济学、管理学、财务学与会计学的基本知识，并结合公司治理领域的委托—代理理论、不完全契约理论、利益相关者理论、管家理论、经济学领域的信息不对称理论以及组织理论领域的资源依赖理论等相关理论，通过对国内外学者关于政治治理和盈余质量的相关公司治理影响因素的研究成果进行系统性的回顾和梳理，从逻辑上分析推理出公司政治治理、公司治理和盈余质量三者之间的关系，构建了公司政治治理对盈余质量的影响，以及公司内部治理因素在二者之间的中介作用、外部治理环境在二者之间的调节作用的理论分析框架。

在实证研究方面，本书以计量经济学和统计学为基础，建立了相应的固定效应实证模型，并选取我国沪深两市 A 股主板国有上市公司的公开数据，采用描述性统计分析、相关性分析、TOPSIS 综合评价方法分析和多元线性回归分析、中介效应分析、调节效应分析、两阶段多元线性回归方法等实证检验方法验证了所提出的假设。本书验证了规范研究内容的合理性，确保了研究结论和实际情况的结合，具体而言，采用了以下实证研究方法：

①描述性统计分析和相关性统计分析。为了了解数据的整体分布情况以及各个变量之间的相关性，也为了初步检验研究假设，本书对第 5 章到第 7 章的实证检验所涉及的所有主要变量进行了描述性统计分析和相关性统计分

析，为进一步的统计分析奠定基础。

②TOPSIS 综合评价方法分析。本书的第 5 章运用 TOPSIS 综合评价方法分别计算了公司治理水平、董事会治理效率和监事会治理效率的综合指数。

③多元线性回归分析方法。多元线性回归分析方法是本书运用的主要研究方法之一，贯穿于第 5 章到第 7 章各个实证章节，在公司政治治理对盈余质量的影响、公司政治治理对公司治理水平的影响、公司政治治理对董事会效率的影响和公司政治治理对监事会治理效率的影响等部分，均采用多元线性回归方法进行了检验。

④中介效应分析方法。在第 5 章到第 6 章检验公司政治治理能否通过公司治理影响盈余质量时，本书应用中介效应模型进行检验，从而判断公司政治治理能否以公司治理为中介提高企业盈余质量。

⑤两阶段回归（2SLS）方法。在本书第 6 章对公司政治治理对盈余质量的影响、公司政治治理对公司治理水平的影响、公司政治治理对董事会治理效率的影响和公司政治治理对监事会治理效率的影响进行稳健性检验时，选取公司上市年限和政府是否直接持股作为公司政治治理的工具变量进行多元线性回归，以避免内生性问题对于参数估计值的干扰。

（3）研究框架

本书的研究框架如图 1－1 所示。

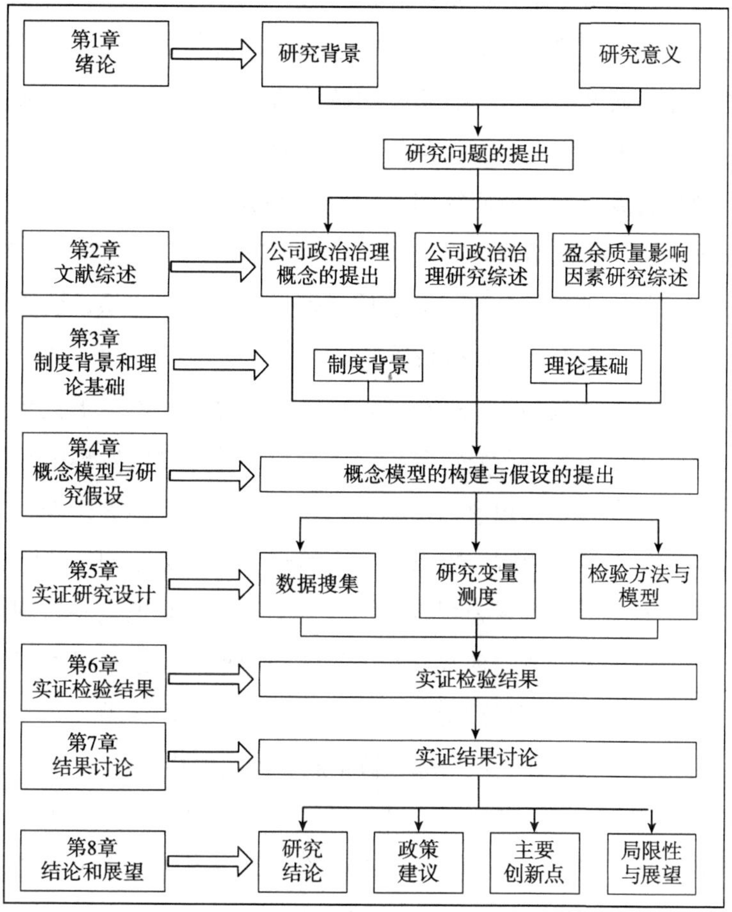

图 1-1　本书的研究框架

1.5　主要创新点

本书采用规范研究与实证检验相结合的方法，对公司政治治理对国有上市公司盈余质量的影响做了深入研究，并检验了公司内部治理效率在二者之间的中介作用和外部治理环境在二者之间的调节作用。与以往的文献相比，本书的主要创新之处可以归纳为以下几个方面：

①将公司政治治理纳入盈余质量影响因素的研究框架中，验证了在我国独特的公司治理结构中党组织能够显著影响国有上市公司的盈余质量，丰富和拓展了盈余质量影响因素的相关研究。以往有关公司治理结构对盈余质量

影响因素的研究取得了丰硕的成果，但并未有学者将我国国有上市公司中党组织的治理作用纳入研究范畴。本书以国有企业中“双向进入、交叉任职”的领导体制作为研究的切入点，将公司政治治理的代理变量设置为企业党组织成员分别与董事会、监事会或经理层成员的重合程度及企业党组织领导在董事会、监事会或经理层兼职等 11 个指标，并分别检验这些指标与盈余质量的相关关系，实证研究结果表明，除企业党组织领导兼任监事会主席、监事 2 个指标以外，其他 9 个指标均与盈余质量呈显著正相关关系，说明公司政治治理能显著提高国有上市公司盈余质量。

②构建了“公司政治治理—公司治理水平—盈余质量”的关系模型，提出并验证了公司治理水平在公司政治治理与盈余质量之间发挥中介作用的观点。已有的研究表明，公司政治治理对公司治理水平有显著影响，公司治理结构对盈余质量有显著影响。本书以公司治理水平作为公司政治治理与盈余质量之间的中介变量，探索公司政治治理影响盈余质量的内在机理。实证研究结果表明，整体上公司治理水平在公司政治治理与盈余质量之间起中介作用。公司政治治理的具体代理变量中，除企业党组织领导兼任监事会主席或监事外，公司治理水平在其他指标与盈余质量的关系中均起中介作用。而且，董事会治理效率分别在企业党组织成员与董事会成员的交叉程度、企业党组织领导兼任董事长或董事等 3 个指标与盈余质量关系中起中介作用，监事会治理效率在企业党组织与监事会成员交叉程度与盈余质量关系中起中介作用。这说明公司政治治理通过影响公司治理水平、董事会治理效率、监事会治理效率等提高了盈余质量。

③研究并验证了公司外部治理环境对公司政治治理与盈余质量关系的调节作用。研究结果表明，公司政治治理对盈余质量的显著正向影响还受到股权性质、外部政策变更、所在地区市场化程度和法律环境等外部治理环境的影响。已有的研究表明，盈余质量不仅受公司内部治理结构的影响，还受公司外部治理环境的影响，诸如不同的股权性质、外部政策环境的变化、不同的市场化程度或法律环境均会影响企业的盈余质量。因此，本书在考虑内部治理水平在公司政治治理与盈余质量之间关系中的中介作用的同时，又检验

了公司外部治理环境对公司政治治理与盈余质量之间关系的调节作用。实证研究结果表明，公司政治治理对盈余质量的提高作用在地方国有企业中比在中央国有企业中更为显著，在党的十八大及之后一系列政策发布后公司政治治理对盈余质量的提高作用更为显著，在市场化程度较低或法治化水平较低的情况下，公司政治治理对盈余质量的提高作用更为显著。说明外部政策环境能够显著影响公司政治治理在国有上市公司中的治理作用的发挥，在市场化程度或法治化水平较低的情况下，公司政治治理能够在一定程度上弥补外部治理环境完善程度不足的弊端。

2 文献综述

2.1 公司政治治理相关文献综述

早在1939年，经济学家熊彼特（Joseph Alios Schumpeter）就意识到政治因素尤其是政党因素对经济的影响。而到了20世纪70年代，政治因素引发的经济周期波动得到更多经济学家的重视和证实。我国新中国成立后的经济发展历程也证实了政治因素在经济社会中的作用。但由于实践基础和理论前提的差异，政治对于经济的影响在中国表现出与西方国家完全不同的内涵。具体到政党对企业行为的影响，由于政治制度的不同，中国政党对于企业的影响与西方国家也有着截然不同的方式与经济效果。

2.1.1 国外政党对企业影响相关文献综述

在普选制国家的政治制度下，政党主要是通过选举影响企业行为。公司政治治理的影响也主要来自企业外部——选举活动，并没有直接作用于公司内部治理结构。

（1）对股票市场绩效的影响

Santa - Clara 和 Valkanov（2003）研究了1927年1月到1998年12月864个月中美国的18次大选（其中包括10次民主党总统和8次共和党总统当选）对美国股票市场超额收益的影响，发现民主党总统当政期间股票市场价值加权投资组合的超额收益比共和党当政期间高9%，而加权投资组合的超额收益比共和党当政期间高16%（Santa - Clare and Valkanov，2003）。Lablang 和 Mukherjee（2005）以美国和英国1930—2000年资本市场的股价为研究对象，分析了左翼政府和右翼政府当政的情况下股价均值及股价波动性的不同，发现投资者在左翼政府当政时会预期较高的通货膨胀从而降低交易量，因此在左翼政府当权甚至预期左翼政府将要当权的情况下，较低的交易量带来股价均值及股价波动性的降低；相反地，在右翼政府当权时投资者会理性预期较低的通货膨胀从而提高交易量，因此在右翼政府当权或预期右翼政府将要当权的情况下，较高的交易量会带来股价均值及股价波动性的提高。Snowberg等（2007）以美国2000年及2004年总统大选为研究事件，发现在大选当天，预期布什（Bush）会在大选中胜出的时候比预期戈尔（Gore）（2000年）或者克里（Kerry）（2004年）胜出时市场显示出了更高的股票价格。Belo等（2013）利用美国国民收入和产品账户（US National Income and Product Accounts，NIPA）的投入产出账户中详细的行业水平账户数据，采用了行业风险对政府支出的新的度量方式，验证了股票回报、基本面和政府支出与总统党派周期之间的关系，发现民主党总统当政期间，美国股票市场的平均超额收益高于共和党总统当政期间。Kim等（2012）以1966—2004年的58804家公司为样本，以每个州的领导政治家与当政的党派之间的政治取向指标（a Political Alignment Index，PAI）作为当地公司与政治权力亲近程度的代理指标，研究了政治取向指标较高和较低的州股票回报的不同，发现总统选举和期中选举的政治版图对股票收益有着普遍的影响。Wolfers和zitzewitz（2009）以2003年伊拉克战争作为事件研究的对象，分析了战争发生的预期对美国股票市场的影响，发现当战争发生的可能性提高10%，标准普尔500指数将下降1.5%。Smales（2016）研究了澳大利亚联邦选举投票期间的不确定性与金融市场不确定性的关系，发现选举将要产生结果期间的不确定水平的提高（降低）导致了较高（低）的金融市场不确定水平。

（2）对企业投资的影响

Yonce（2010）研究了1964—2008年美国总统大选期间美国公司的投资状况，发现在总统大选期间公司投资减少了约2%。Jens（2016）研究了美国1984—2008年所有的州长大选期间其所在州的公司投资，发现公司总部所在州在下个季度将要发生州长大选的公司的投资比所在州近期不会举行州长大选的公司下降了4.9%，而对州政策的变更更为敏感的公司（比如，地理分布更为集中的小公司、有更多潜在投资的公司、政治敏感性公司以及收回投资成本较高的公司）投资下降高达15%。Julio和Yook（2012）以48个普选制国家1880—2005年的公司为样本研究了这些国家重要官员因政治选举被更替导致的政治不确定性对企业的影响，发现这些公司在选举的年份比非选举的年份显著减少了平均4.8%的投资。Durnev（2013）以包括美国在内的79个国家的214046个公司年度观察值为样本研究了公司投资与股票价格敏感度的关系在大选年度与非大选年度的差异，发现在美国公司投资与股票价格敏感度在大选年度比非大选年度低了将近20%，而在跨国样本的研究中发现，大选年度投资与股票价格敏感度比非大选年度低了40%。

（3）对企业股票回报的影响

Jayachandran（2006）以美国参议员Jeffords于2001年公告退出共和党为研究事件，发现共和党前一个竞选周期的支持企业股票市值在Jeffords退出共和党以后下降了0.8%，而民主党的支持企业股票市值则上升了0.4%（Jeffords退出共和党意味着政治权力随之转向了民主党）。Knight（2007）以2000年布什（Bush）和戈尔（Gore）总统大选为研究事件，研究了在布什胜出以后相关企业的股票价格变动，发现41家布什的支持公司当日股票价格上涨了4%，而29家戈尔的支持公司当日股票价格下跌了6%，二者相差9%；而以周计算的股票收益上，二者的差异达到了16%。Claessens等（2008）对1998年及2002年巴西大选进行事件研究，发现政治捐献越多的企业在大选结果公布以后股票回报率增加得越多，而且如果企业支持的候选人在竞选中获胜，其企业股票回报率增加得更多。Obradovi S.和Tomi N.（2017）以2012年11月美国总统大选作为研究事件，以纽交所上市的美国最重要的85家投资银行和保险公司作为研究对象进行实证研究，发现总统大选事件对股票回报有显著的负向影响。Ferguson和Voth（2008）研究了1933年德国工业和纳粹运动之间的关系，发现在纳粹党执政的1933年1—3月，支持纳粹运动的115家企业取得超高的股票回报，比其他企业高出5%~8%。

（4）对企业IPO的影响

Colak（2017）以美国公司1988—2011年的5727起首次公开募股（IPO）为研究样本，研究了美国州长大选与所在州的IPO活动之间的关系，发现在州长大选前2年其所在州的IPO活动有所减少，而州长大选后2年其所在州的IPO活动则有所增加。而且州长大选对IPO活动的抑制效应在那些业主较为集中在所在州的公司、更依赖于政府合同（尤其是州合同）的公司以及难以估值的公司中更为显著，该抑制效应与大选年度较低的IPO报价（因此资本成本较高）有关。

（5）对公司治理结构的影响

Darcillon和THibault（2015）以16个经济合作与发展组织国家1970—2009年154次亲股东的公司治理改革作为研究对象，研究了左翼政府和右翼政府当权对采用支持中小股东的公司治理改革的不同影响，发现政府意识形态联盟问题——右倾政治立场与较频繁地采用支持中小股东立法之间有很强的相关关系，即当政府意识倾向向右转移时往往伴随着中小股东保护立法的采用，说明了异质利益联盟构成的变化和/或政党所在选区的期望的变化会影响政府是否采用支持中小股东的公司治理改革的战略。

2.1.2 中国政党对企业影响相关文献综述

相较于西方国家的政党主要通过政治选举对企业产生影响，我国党组织在企业中的治理作用更为广泛，其直接存在并作用于企业内部，对企业的影响更为直接。目前针对中国政党对企业影响的相关实证研究主要集中于企业中党组织的作用。

（1）对公司业绩的影响

Chang和Wong（2004）于1999年底向483家在上交所上市的公司发出调查问卷，调查了这些公司中基层党组织、第一大股东及经理在63种决策中权力的大小，并最终获得90个有效样本，研究了基层党组织相对于第一大股东决策权力的大小及基层党组织相对于经理决策权力的大小对公司绩效的影响，发现相对于第一大股东，企业党组织的决策权力越大，公司业绩越好，而企业党组织相对于经理的决策权力与公司业绩显著负相关。Guo，Li和Zhong（2019）以我国2010—2016年国有企业上市公司为样本，研究发现，企业党组织成员和董事会成员的重合程度与公司业绩呈倒“U”形关系，董事会中的党员比例与公司业绩显著正相关，非国有企业中的党组织参与公司治理与公司业绩显著正相关。雷海民、梁巧转、李家军（2013）以 2006—2010 年 174 家 A 股上市公司的 491 个有效观测值为研究样本，研究了在“双向进入、交叉任职”治理体制下，党委书记、董事长与总经理“三职合一”对企业资本保值增值、发展绩效及盈利绩效能力的影响，发现党委书记兼任董事长、总经理的样本相对于党委书记不兼任董事长、总经理的样本绩效显著较低。王元芳、马连福（2014）以 2008—2010 年披露了党组织成员加入董事会、监事会或经理层的深沪两市 A 股上市公司为样本，研究发现，国有企业“双向进入、交叉任职”的领导体制可以通过影响代理成本提高公司价值。黄文锋、张建琦、黄亮（2017）以我国 A 股国有上市公司 2009—2013 年的观测值为研究样本，发现董事会党组织治理能够显著提高国有上市公司董事会非正式等级平等化水平，而董事会非正式等级的平等化在面临较高的环境不确定性时能够显著提高公司业绩。郝云宏、马帅（2018）以我国 A 股国有上市公司 2010—2016 年的数据为样本，研究发现，在公益类国有企业中党组织参与公司治理程度与企业绩效显著正相关，在商业类国有企业中党组织参与公司治理程度与企业绩效呈倒“U”形关系。

（2）对公司治理水平的影响

马连福、王元芳和沈小秀（2012）以 2008—2010 年深沪两市披露了企业党组织委员与公司董事会、监事会及经理层兼职情况的 A 股国有上市公司为样本，检验了“双向进入、交叉任职”的领导体制对公司治理及董事会治理效率的影响，认为过高和过低的“双向进入”程度均对公司治理不利，“双向进入”程度达到某个最优值才能够有效提高公司治理水平，而“双向进入”的程度与董事会治理效率呈正相关关系；“交叉任职”的不同组织形式均与公司治理水平显著相关，其中，党委副书记担任公司董事长、监事长或总经理与公司治理水平显著正相关，而党委书记担任董事长则与公司治理水平显著负相关。王元芳、马连福（2014）研究了党组织参与公司治理对代理成本的影响，发现党组织成员加入董事会的样本代理成本较高，但党组织成员与监事会、高管层的“双向进入”的样本代理成本较低；党委书记担任董事长的“交叉任职”模式与代理成本显著正相关，党委副书记担任董事长、监事长或总经理与代理成本显著负相关。黄文锋、张建琦和黄亮（2017）通过实证研究发现，国有上市公司党组织成员兼任董事对董事会非正式等级平等化具有显著的正向影响，提高了董事会的治理效率。余怒涛、尹必超（2017）以2012—2014年我国219家中央企业上市公司为研究样本，发现监事会党组织治理有利于抑制大股东和中小股东间的代理成本（第二类代理成本），但对委托人和代理人之间的代理成本（第一类代理成本）并无显著的抑制作用，而且在中央企业上市公司中，监事会自身对企业的代理成本（包括第一类和第二类）并无抑制作用，只有在党组织参与监事会的工作时，监事会才具有显著的监督作用。

（3）对公司运营效率的影响

雷海民、梁巧转、李家军（2012）采用1999—2010年在深沪上市的281家A股上市公司为研究样本，研究了在设立党组织的中国政治资源企业中政治治理对运营效率的影响，发现党委书记不兼任董事长或总经理情况下的企业运营指标优于党委书记兼任董事长或总经理的情况，而党委书记、董事长和总经理三职合一情况下的企业运营指标弱于非三职合一的情况。雷海民、梁巧转、李家军（2014）采用与雷海民、梁巧转、李家军（2012）相同的样本，区分了政治资源企业中的国有企业和民营企业各自的政治治理对企业运营效率影响的差异，发现相对于国有政治资源企业，民营政治资源企业的运行效率显著较高。

（4）对公司审计的影响

程博、王菁（2014）以2006—2012年我国A股国有上市公司为样本，研究了国有企业政治治理对审计费用的影响，发现党委书记兼任董事长或总经理与审计收费显著正相关，而公司所在地区法律环境较好的情况下，这种负向关系有所减弱（程博、王菁，2014）。程博、宣扬、潘飞（2017）以2006—2012年我国A股国有上市公司为研究样本，从信号传递的角度研究国有企业党组织治理对审计师选择的影响，结果表明，“交叉任职”的国有企业更倾向于选择规模较大的会计师事务所，而且这一行为主要受有升迁意愿党委书记向外传递公司优质信号的目的影响。李世刚、章卫东（2018）以

2004—2015 年 A 股民营企业党组织参与董事治理数据为研究对象，发现民营企业党组织参与董事会治理会显著降低企业被出具非标准审计意见的概率，而且能够显著降低企业的审计收费和超额审计收费。

（5）对目前我国国有企业存在的现实问题的影响

Chang 和 Wong（2004）的实证研究表明，国有企业党组织决策力较大的情况有利于抑制大股东窃取公司利益。熊婷、程博、王菁（2015）的实证研究也证实了公司政治治理能够有效地抑制大股东掏空行为。马连福、王元芳、沈小秀（2013）以 2008—2010 年党组织成员在董事会、监事会及经理层任职信息披露完整的国有上市公司为研究样本，发现国有企业党组织参与公司治理的程度与公司雇用员工的数量成正比，形成了冗余雇员；党组织参与公司治理的国有公司高管人员的绝对薪酬显著降低，并抑制了高管攫取超额薪酬，高管与普通员工之间的薪酬差距显著降低。陈仕华、卢昌崇（2014）以 2000 年 1 月 1 日至 2013 年 7 月 1 日之间可以测量出并购溢价数据的并购交易为样本，研究发现党组织参与公司治理的国有企业在出售国有资产或股权时会索要较高的溢价水平，并且这种现象在党组织成员参与董事会治理或者监事会治理时较为显著，参与经理层治理时则不显著，说明党组织参与公司治理能够抑制国有资产流失。程博、王菁、熊婷（2015）以我国 2007—2013 年深沪 A 股上市公司为研究样本，发现企业家风险偏好与过度投资显著正相关，而政治治理可以对这种关系进行有效非负向调节，说明党委书记参与公司治理能够抑制企业的过度投资行为。

2.2 公司治理与盈余质量文献综述

2.2.1 公司内部治理与盈余质量

国内外学者对公司内部治理结构对盈余质量的影响做了大量的研究，研究成果主要集中于以下几个方面。

（1）公司治理水平与盈余质量

公司内部治理结构对盈余质量有显著影响，如董事会受控于管理层、总经理兼任董事长或者 CEO 是创始人的公司进行盈余操控的可能性更大，建立审计委员会和至少有一个外部股东的公司盈余操控的可能性则较小（Dechow et al.，1996）。Cheng，Lee 和 Shevlin（2016）以公司主要员工的受雇年限和其相对于 CEO 的薪酬水平来度量其在公司中的影响力，考察公司内部治理与真实盈余管理的关系，发现主要员工的视野和影响力的增强会使公司真实盈余管理的水平降低。赵景文（2006）依据自行计算的治理指数选择低质量公司，并根据南开大学公司治理研究中心公开的中国治理指数数据选择高治理质量公司，研究了不同的公司治理水平对盈余质量的影响，发现公司治理水平对盈余质量有显著影响。王化成、刘亭立、卢闯（2007）以 2001—2004 年我国 A 股市场 4055 个上市公司为样本，研究结果也表明公司治理水平对盈余质量具有显著影响。陈俊、陈汉文（2007）以 2001—2003 年我国上市公司为样本，运用主成分分析法构建了公司治理水平综合评价指数，研究结果表明，公司治理质量越高，盈余价值相关性越高。张兆国、刘晓霞、邢道勇（2009）以 2002—2006 年我国 A 股上市公司为样本，研究了公司治理特征对盈余操控程度的影响，发现独立董事比例、控股股东持股比例等公司治理特征均与盈余操控的程度显著相关。高雷、张杰（2009）研究发现公司治理水平与操控性应计之间呈显著的负相关关系。马忠、陈邓彪、张红艳（2010）以 2003—2007 年我国深沪两市 400 家上市公司为研究对象，分析了公司治理水平与盈余质量的关系，结果表明，公司内部治理水平与盈余质量正相关。杨继伟、汪戎、陈红（2012）以 2007—2008 年我国非金融上市公司为样本，研究了与董事会治理和股权治理共同构成现代公司治理基石的债权治理对盈余质量的影响，发现短期债务融资是引发盈余质量恶化的主要原因，长期债务融资对上市公司的盈余质量虽然有一定程度的改善作用，但这种效果总体来说并不显著。王晓珂、黄世忠（2017）以我国 2007—2013 年具有潜在风险敞口的 A 股非金融类上市公司为样本，研究发现，公司治理水平较差的公司更倾向于使用衍生工具进行投机，或者在套保认定为无效的情况下对盈余进行操纵，从而降低盈余质量。

（2）股权结构与盈余质量

股权结构包括股权集中度、股权制衡度。La Porta 等（1999）以 27 个国家的公司的跨国数据为样本，研究发现股权集中度与盈余质量呈负相关关系。Bushman 等（2004）以全美财富 1000 强中的 784 个公司为研究样本，发现股权集中度以及内部董事和前五名高管的股价—财富链与盈余及时性显著负相关。王化成、佟岩（2006）以我国上市公司 1999—2002 年的数据为研究样本，以盈余反应系数作为盈余质量的衡量指标，研究了股权结构与盈余质量之间的关系，发现公司控股股东的持股比例越高则盈余质量越低，相应地，其他股东的制衡能力与公司盈余质量越显著正相关。洪剑峭、薛皓（2009）以我国沪深两市制造业 2002—2004 年的数据为样本，研究了关联方应计和非关联方应计的可靠性的差异以及股权制衡对关联方应计可靠性的影响，发现关联方应计的可靠性显著低于非关联方应计，而且关联方应计可靠性较低主要缘于第一大股东阵营之间的关联交易，而与其他关联方应计无关，而股权制衡能力越高，则第一大股东阵营之间会计应计的可靠性越高。陈宋生、赖娇（2013）以沪深两市企业资源管理系统（ERP）用户为研究样本，发现股权集中度越高，股权制衡能力越弱，管理层越有动机进行盈余操控，从而降低盈余质量，而 ERP 技术的先进性，更加剧了这种情况。

关于机构投资者对盈余质量的影响，Shleifer 和 Vishliny（1997）研究发现，机构投资者会在股东大会上通过行使股票投票权的方式促进管理层对公司信息的披露。Bushee（1998）研究发现，机构投资者的比例较高时，管理层宁愿通过减少研发支出来缓解盈余的下降，而不会对盈余进行操控，相应地提高了盈余水平。Chung 等（2002）以 1988—1996 年美国 9 年的相关数据作为研究样本，发现机构投资者对会计信息的需求和监督会使公司减少利润操纵，降低上市公司的盈余管理程度，从而提高盈余质量。Lemma 等（2018）以 1995—2016 年 41 个国家非金融公司的跨国数据为样本，研究发现应计盈余管理随着机构投资者的持股比例而增加。而另一些学者的研究则得出了机构投资者会降低盈余质量的结论。Parrino 等（2003）认为机构投资者并不关注被投资公司的长期价值，反而更关注短期价格波动带来的短期投资收益，因而并不会积极管理企业的盈余质量。Maffett（2012）以 63 个国家 1999—2009 年超过 45000 个共有基金作为研究对象，发现机构投资者为了获得更多的私有收益会降低公司盈余质量，以达到其“浑水摸鱼”的目的。杨海燕、韦德洪、孙健（2012）以2006—2009年我国深市A股上市公司为样本，研究发现机构投资者总体持股越高，财务报告的可靠性越低，信息披露的透明度越高，并且不同类型的机构投资者对我国上市公司信息质量影响的渠道存在差异。李青原、时梦雪（2018）以基金会有能力和动力监督其投资组合前10%的上市公司为样本，研究监督性基金对盈余质量的影响，发现监督性基金与上市公司盈余质量正相关，说明基金机构投资者可以作为市场上的监督力量，提高公司盈余质量。王珊（2017）认为投资者尤其是机构投资者通过上市公司的业绩说明会、电话会议或现场参观等方式可以更加了解上市公司的经营情况和财务状况，其实证研究也证实了投资者实地调研活动有效抑制了公司管理层的盈余管理水平。

（3）董事会特征与盈余质量

董事会是公司治理结构中重要的组织机构（Fama and Jensen，1983）。Klein（2002）研究了美国上市公司中审计委员会和董事会特征分别与盈余管理之间的关系，发现审计委员会独立性与异常应计呈显著负相关关系，同样地，董事会独立性与异常应计也呈显著负相关关系，而且董事会或者审计委员会独立性的下降会导致盈余质量下降，但是当董事会或者审计委员会中有大量外部董事时，情况则会发生显著逆转。Xie等（2003）认为具有公司或财务背景的董事会成员和审计委员会成员与公司较低的操控性当期应计相关，董事会和审计委员会会议召开的频率与公司当期操控性应计负相关。Bushman等（2004）的实证研究发现，外部董事声誉与盈余及时性显著负相关。Agrawal和Chadha（2005）以美国159家发生盈余重述的公共公司以及按照行业—规模进行配对的159家公司共318家公司为样本，研究了公司治理特征与公司发生盈余重述的可能性之间的关系，发现董事会和审计委员会独立性及外部审计提供非审计服务与盈余重述没有显著关系，而如果一个公司的董事会或者审计委员会中至少有一个财务专业背景独立董事，则发生盈余重述的可能性较小，CEO是创始人家族成员的公司发生盈余重述的可能性较大。Defond等（2005）以美国《萨班斯法案》发布前后的702个审计委员会外部董事任命为研究事件，研究了其为期三天的累计异常收益，发现新任命的独立董事如果为会计财务专家，则会产生正的市场反应，若新任命的独立董事为非会计财务专家，则没有显著的市场反应。Gao 和 Huang（2016）比较了有偶数董事的审计委员会和有奇数董事的审计委员会与盈余质量的关系，发现有奇数董事的审计委员会发生财务重述的可能性显著低于有偶数董事的审计委员会。Lara 等（2017）通过英国公司的大样本研究发现女性独立董事的比例越大，盈余管理的程度越低，但是在不歧视女性进入董事会的公司中这种关系则不存在，因此歧视成为解释女性董事和会计质量之间关系的关键因素。Liao 和 Ferris（2018）使用 29 个国家的跨国数据，研究发现董事被赋予较高比例股权报酬的公司有更高的盈余管理程度。Bilal，Chen 和 Komal（2018）对与审计委员财务专业背景和盈余质量关系有关的 90 项研究中的 165529 个公司—年度观测值进行实证分析，研究发现审计委员会成员具有财务专业背景与盈余质量显著正相关，而且财务会计专家与盈余质量之间的相关性比非财务会计专家更显著。

我国学者在该领域也取得了较多的研究成果。张逸杰等（2006）研究发现，独立董事的比例与企业进行盈余操控的程度之间存在"U"形关系，董事会独立性的增强则在一定程度上降低了企业盈余操控的程度。王艳、张逸杰、周红（2007）研究发现，较低的董事会独立性没有实质性的改善作用，只有独立性超过 33% 阈值的公司的盈余管理强度才会显著降低。王兵（2007）以我国 2002—2004 年上市公司为样本，研究发现，独立董事加入董事会对公司盈余质量的正向影响并不显著，而且较高的独立董事津贴和独立董事较多的兼职家数会降低公司的盈余质量，但是如果独立董事中至少有一名会计专业人士，则对公司盈余质量就有显著提高作用。吴清华、王平心（2007）研究发现，设立审计委员会、独立董事的比例更高或者独立董事具有财务背景的公司均能够显著降低公司的盈余管理行为。杨清香、张翼、张亮（2008）以 2002—2006 年我国上市公司为样本进行实证研究，发现董事会会议频度对盈余管理具有显著的正向影响，而董事长和总经理两职分离与盈余管理呈显著的负相关关系。赵德武、曾力、谭莉川（2008）以我国深沪 A 股上市公司2002—2004年数据为样本，从能力、意愿、规模和环境四个维度测度独立董事的监督力，研究发现独立董事监督力对盈余稳健性有显著正向影响。胡奕明、唐松莲（2008）以2002—2006年深交所非金融行业A股上市公司的数据为研究样本，研究发现董事会中独立董事占比较高或者拥有具有财务或会计背景的独立董事的上市公司盈余质量较高，独立董事参会次数较多的上市公司盈余信息质量较低。黄海杰、吕长江、丁慧（2016）的实证研究表明，高声誉的会计专业独立董事能积极发挥治理作用，提高盈余质量，而且这种作用在会计专业独立董事受聘于大股东掏空严重公司、低市场化进程地区以及担任审计委员主席时更为显著。潘珺、余玉苗（2017）基于我国创业板公司2011—2013年的数据研究了审计委员会对财务报告质量的影响，结果表明，非执行董事在审计委员会中的比例越高的公司应计盈余质量越高；审计委员会中具有会计审计实务经验的成员或者行业专家成员越多，公司的应计盈余质量越高。姚宏等（2018）以我国A股上市公司2007—2013年的数据为样本，考察了董事会结构变化对产品市场竞争和盈余管理两者之间关系的作用，结果表明，有效的董事会治理、不断完善的董事会结构对于提高公司的盈余报告质量具有重要作用。

（4）监事会特征与盈余质量

监事会是现代公司治理结构中重要的监督机构。监事会制度产生于德国，并随着1899年日本《新商法典》、1966年法国《商事公司法》和1993年的《中华人民共和国公司法》陆续引入日本、法国和中国。但其他国家很少涉及监事会的监督作用，因为英美国家的公司治理结构中并未设置监事会，而是由董事会下设的审计委员会和独立董事发挥监督职能。我国建立的现代公司治理机制，不仅采用了英美国家的“一元模式”，同时还采用了以德国和日本为代表的“二元模式”，即在引入审计委员会和独立董事制度的同时，还引入了监事会制度。因此，有关监事会的相关研究主要集中在德国、日本和中国。

对公司财务进行监督是监事会的一项重要职责（李明辉，2004）。关于监事会对盈余质量的影响，一部分学者认为监事会的作用是无效的。Dahye，Karbhari和Xiao（2002）在对中国16家上市公司的董事、监事和高层管理人员进行深度访谈后认为，样本公司中的监事会由于缺乏法律权限和明确的法律责任、缺乏独立性和专门知识、地位不高、信息短缺以及缺乏动力等，大都属于“不作为”或“仅提供意见”的类型，因此，对信息质量并无有效的影响。李爽、吴溪（2003）以1998—2001年被注册会计师出具了保留意见的审计报告并且当期净利润大于零的公司作为研究样本，考察监事会在面临企业盈余管理的情况下是与注册会计师的意见一致还是与董事会意见一致，研究结果表明，监事会并未发挥作用促进高质量的审计，因为当公司发生盈余操控行为时，监事会并没有选择支持注册会计师的保留意见，而是更倾向于支持公司董事会和财务会计报告。Xiao，Dahya和Lin（2004）对中国21个上市公司的董事、监事和高层管理人员进行访谈和分析后认为，中国上市公司监事会的作用整体上还是具有局限性的。

但是，Dahya等（2003）又以Congquin Dept Store Ltd作为案例，并结合Dahye，Karbhari和Xiao（2002）中16家中国上市公司的数据，以监事会报告遗漏为视角，再次分析了中国上市公司监事会治理的有效性，发现Congquin 1998年监事会报告书的遗漏引起了市场的消极反应，这说明了投资者已将监事会报告书作为一项重要的文件并认识到了监事会的重要性。薛祖云、黄彤（2004）以2001年和2002年被出具了非标准无保留意见的公司以及以1∶1的比例选取的同年被出具标准无保留意见的公司为研究样本，研究两组样本间董事会和监事会特征变量的差异，结果表明，我国的董、监事会制度在监督公司财务方面发挥了一定的作用。冉光圭、方巧玲、罗帅（2015）的研究结果表明，拥有会计和学术背景的监事有助于改善公司盈余质量，监事会的存在有利于抑制公司的盈余管理行为，从而认为中国上市公司监事会发挥着积极的财务监督作用。王兵、吕梦、苏文兵（2018）手工搜集了我国上市公司2010—2015年内部审计人员兼任监事会成员的情况，研究后发现，内审人员兼任监事对公司盈余管理行为有显著的抑制作用，而且内审总监兼任监事比非总监兼任监事对公司盈余管理的抑制作用更为显著。

（5）高管特征与盈余质量

第一，高管背景特征对盈余质量的影响研究。Aier等（2005）研究发现，财务重述与首席财务官（CFO）的金融专业知识显著负相关，而且越有工作经验的CFO发生盈余重述的可能性越小。Francis等（2008）以美国标准普尔500的公司1992—2001年的2000个观测值作为研究样本，研究发现声誉较高的CEO往往与较低盈余质量的公司相关，但原因并非这些CEO利用操控性行为来降低盈余质量，而是较低盈余质量的公司需要更高声誉的CEO才能改善这种状况。Li等（2010）以美国2478个上市公司为样本，研究发现公司CFO的专业背景，诸如是否取得CPA证书、是否具有在公众会计公司任职的经历、任职CFO的年限等，对公司盈余质量具有显著的影响。Dauth，Pronobis和Schmid（2017）以2005—2010年在德国DAX30指数中的德国跨国公司为样本，研究了高管的国际化与会计质量的关系，结果表明，高质量的会计质量与CFO的国际化相关，与CEO的国际化并不相关，CFO的国际教育和国际工作经验背景是高质量会计盈余的重要因素。Qi等（2018）以2000—2015年中国A股上市公司为样本，研究了高管团队特征与盈余管理策略的关系，发现团队整体、CEO/CFO及其他单个团队成员的个人特征（诸如年龄、性别、受教育程度和财务工作经历）均显著影响公司应计基础及真实活动基础的盈余管理。邱昱芳、贾宁、吴少凡（2011）以2008年12月参与中国证监会组织的上市公司财务负责人专项调查的1351家A股上市公司为样本，研究了财务负责人的受教育程度、专业资格认证、工作经验及知识更新等对盈余质量的影响，发现公司财务负责人的行业工作经验和知识更新程度对盈余质量有显著的正效应。许静静、吕长江（2011）以2004—2007年最终控制人没有发生变化的我国上市家族企业为样本，验证了家族企业高管性质的重要性。王兵、陈运佳和孙小杰（2014）以我国深交所中小板上市公司2006—2011年的数据为研究样本，研究了内部审计负责人的个人特征对盈余质量的影响，发现内部审计负责人的年龄越大、学历越高，越有可能抑制上市公司向上操纵利润的行为，从而越有可能提高盈余质量。何威风（2015）研究发现，董事长—总经理性别和学历差异会导致企业盈余管理行为的产生，而董事长—总经理任职时间差异则有助于抑制企业盈余管理行为。

第二，高管性别对盈余质量的影响研究。部分学者认为女性高管由于风险厌恶和谨慎性程度高，可以显著降低盈余管理水平（Zahra et al.，2005；Srinidhi et al.，2011）；而另一部分学者则认为女性高管对盈余管理的影响与男性高管相比并无显著差异（Ye et al.，2010；Sun et al.，2011）。杜兴强、赖少娟、裴红梅（2017）基于我国上市公司2001—2011年数据开展研究，发现女性高管比例与公司盈余管理并非线性关系，而是呈倒“U”形关系，认为当女性高管比例低于临界值时，在男性高管主导公司领导风格，女性只能跟随男性的决策而难以发表意见的情况下，女性高管的比例越高，其跟随意见的可能性越高，导致盈余管理程度越高；而当女性高管比例高于临界值时，女性高管获得话语权，能够影响公司行为，基于女性高管风险厌恶和谨慎性的性别特质，公司盈余管理程度将降低。刘笑霞、李明辉（2018）以我国沪深两市上市公司2009—2013年的数据为样本，研究发现，在应计盈余管理方面，女性CFO公司与男性CFO公司没有显著差异，而在真实盈余管理方面，女性CFO公司比男性CFO公司的影响更显著。

第三，高管薪酬对盈余质量的影响研究。高管薪酬除了现金薪酬之外，还有管理层持股。管理层持股作为一种激励手段，可以促使其行为和股东利益趋于一致（Jensen and Meckling，1976），但是管理层持股比例过高则会导致其控制公司董事会从而损害其他股东利益（Fama and Jensen，1983）。高管持股对盈余质量影响的研究结论也不尽一致。Warfield，Wild和Wild（1995）以美国1998—1990年的数据为样本，研究发现管理层持股比例与盈余质量显著正相关，同样地，Dhole，Manchiraju和Suk（2016）以2006—2010年美国1348个公司4845个公司年度观测值为样本，研究了CEO内部债务和盈余管理的关系，结果发现CEO内部债务与盈余管理显著负相关。另有一些学者研究得出了截然不同的结论，Healy（1985）以1930—1980年的94家企业为样本，研究发现当期盈利超过经理分红计划的上限时，经理层将调低当期盈余，当盈利低于当期下线时，经理层则将调高当期盈余。Gabrielsen，Gramlich和Plenborg（2002）以丹麦上市公司为样本，研究发现管理层持股与盈余质量显著负相关。Cheng和Warfield（2005）研究发现，股权激励较高的经理有可能使盈余刚好达到分析师预测的数据。Feng等（2011）的研究证实，首席执行官（CEO）拥有较多的股权激励以及更多的权力的公司更有可能进行会计操纵，而公司CFO卷入会计操控事件往往是迫于CEO的压力而非追寻其自身拥有的股权激励收益。王克敏、王志超（2007）研究发现，高管薪酬与盈余管理正相关，但管理层权力的增加提高了高管薪酬水平，同时降低了高管薪酬诱发盈余管理的程度。李延喜等（2007）以2002—2004年深沪两地上市公司为研究样本，发现管理层薪酬水平与调高的操控性应计利润高度正相关。毛洪涛、沈鹏（2009）研究了我国A股上市公司中CFO的薪酬对盈余质量的影响，研究结果表明，CFO薪酬与盈余显著正相关，CFO薪酬激励契约区别了非经常性损益和经常性损益两个盈余组成部分，但未能对应计项目和经营性现金流两个经常性损益组成部分做出有效的区分。李文洲、冉茂盛、黄俊（2014）从大股东掏空的角度研究了经理薪酬激励与盈余管理行为的关系，发现我国上市公司已基本建立有弹性的业绩型薪酬体系，但大股东掏空行为会降低经理薪酬激励的有效性，并引发经理与大股东合谋进行盈余管理。Yeo等（2002）以1990—1992年新加坡上市公司为样本开展研究，发现高管持股与盈余质量之间呈非线性关系，即当高管持股比例较低时，二者之间显著正相关，随着高管持股比例增加，二者之间则显著负相关。马晨、张俊瑞（2012）以我国2005—2009年A股市场补充与更正报告中出现“会计差错更正”项目的公司为研究对象，发现管理层持股比例与财务重述之间存在显著的“U”形关系。

（6）内部控制与盈余质量

Doyle等（2007）以2002年8月到2005年9月至少披露了一次内部控制重大缺陷的705家美国公司作为研究样本，发现内部控制重大缺陷一般与和现金流不符的较差的应计质量相关联。Ashbaugh等（2008）研究了2003—2005年美国公司的内部控制报告中包括重大缺陷、重要缺陷和控制缺陷在内的所有内部报告缺陷，发现披露了内部控制缺陷的公司比没有披露内部控制缺陷的公司盈余质量更低，而且发现报告了内部控制缺陷的公司比控制组公司拥有更多的大额的正的和负的非经常性应计。Goh和Li（2011）以在2003年1月到2005年11月至少披露了一次内部控制重大缺陷的1098家美国公司作为样本，研究发现，内部控制质量与稳健性呈正相关关系，有重大内部控制缺陷的公司比没有这些缺陷的公司表现出较低的稳健性，而且，相对于持续存在内部控制重大缺陷的公司，那些很快修复了所披露的内部控制重大缺陷的公司会计稳健性更强。张龙平、王军只、张军（2010）实证分析了我国沪市 A 股 2006—2008 年内部控制鉴证的经验证据后，发现内部控制鉴证提升了公司会计盈余质量。齐保垒、田高良、李留闯（2010）以我国 2007—2008 年上市公司为研究样本，研究了内部控制缺陷对会计信息质量的影响，发现相对于不存在内部控制缺陷的公司，存在内部控制缺陷的公司的会计稳健性和应计质量均显著较低。董望、陈汉文（2012）基于我国 2009 年 A 股上市公司数据的研究发现高质量的内部控制提高了应计质量，而且内部控制质量越高，盈余反应系数越大。黄惠平、宋晓静（2012）以我国沪市 A 股上市公司 2008—2010 年的相关数据为研究样本，发现自愿披露内部控制自我评估报告及内控审计报告的公司，盈余质量显著高于未披露的公司。刘启亮等（2013）以 2007—2009 年的深沪两市上市公司为样本，以盈余管理和财务重述衡量盈余质量，研究发现，公司内部控制质量与盈余质量正相关，但是在高管权力集中的情况下，内部控制的改善对盈余质量并没有显著的提升作用。肖华、张国清（2013）基于我国 A 股上市公司 2007—2010 年数据的实证研究表明，公司内部控制质量与盈余持续性显著负相关。佟岩、徐峰（2013）以深沪两市上市公司 2010 年的数据作为研究样本，发现内部控制质量与盈余管理之间存在动态依存关系，即高效率的内部控制能够抑制盈余管理行为；而盈余管理程度较高时，内部控制效率也较低。张友棠、熊毅（2017）以 2007—2015 年我国 A 股非金融类上市公司为样本，检验了内部控制规范体系的实施对盈余管理的影响，发现内部控制规范体系实施后，上市公司应计盈余管理水平下降。

2.2.2 公司外部治理与盈余质量

一个国家的外部治理环境会显著地影响公司报告的盈余（Land and Lang，2002）。外部治理环境应当包括产权保护、政府治理、法治水平、市场竞争、信用体系、契约文化等（夏立军、方轶强，2005）。随着经济发展和科技进步，媒体的监督也应当是影响企业外部治理环境的因素之一。

（1）政府监管、社会审计和监管与盈余质量

Chen 等（2011）将中国的上市公司分为国有企业和非国有企业两组样本，分别检验审计质量对盈余管理的影响，发现非国有企业比国有企业更有动机进行盈余管理，因此非国有企业中审计质量对盈余管理的制约作用强于国有企业。Gounopoulos 和 Pham（2017）研究了企业 IPO 过程中信用评级对盈余管理的影响，结果发现，有信用评级的 IPO 公司在发售年度比其他 IPO 企业进行以应计为基础的收益提升和真实盈余管理的可能性更小，而且发现一个信誉良好的审计公司的介入对信用评级公司有效抑制盈余管理行为至关重要。董南雁、张俊瑞（2007）以 1998—2004 年我国上市公司的数据为研究样本，发现会计师事务所的审计任期与被审计的公司盈余质量呈显著的倒“U”形关系，即会计师事务所审计任期存在一个最优的时间跨度，短于或长于这个时间跨度均对被审计公司的盈余质量不利，该最优的时间跨度在 6～8 年。余怒涛、沈中华、黄登仕（2008）研究发现，年度财务报告被出具“非标”类型审计意见的上市公司盈余质量较低。陈辉发等（2012）以我国 2000—2007 年 IPO 公司为样本，研究了被证监会遴选执业会计师出任股票发审委委员的会计师事务所审计的 IPO 公司的盈余质量，发现相对于未被选上的会计师事务所，发审委身份公开后被选上的会计师事务所审计的上市公司 IPO 前一年的盈余质量显著较高，而且这些公司在发审委身份公开后审计的上市公司 IPO 上一年盈余质量显著高于其在发审委身份公开前审计的上市公司 IPO 上一年盈余质量。雷英、吴建友、孙红（2013）研究了我国沪市上市公司 2010 年和 2011 年内部控制审计结果，研究表明，披露内部控制审计报告的公司比未披露的公司具有显著较高的会计盈余质量，而且首次披露内部控制审计报告的上市公司盈余质量较上一年度得到显著提高，说明内部控制审计对会计盈余质量有正向促进作用。沈红波、杨玉龙、潘飞（2014）以我国 2004—2011 年民营上市公司为研究样本，研究发现民营上市公司受到证券监管机构的违规公告后盈余质量得到提升。马晨等（2015）研究发现，会计师事务所规模越大、收取较高的审计费用、审计任期越长、出具标准审计意见、

具有审计行业专长时，其客户发生财务重述的概率越低。罗进辉、李雪、林芷如（2016）研究表明，客户公司与审计师的地理距离越近，其会计稳健性越低，而且客户公司与四大审计师间的地理邻近性比与非四大审计师间的地理邻近性对公司会计稳健性的负向影响更强。李英、周守华和窦笑晨（2016）以 1990—2014 年 A 股上市公司中净利润为正公司的盈余数据为样本，研究了我国内部控制规范体系颁布后的认知性盈余管理情况，发现在内控规范体系颁布后、未强制性要求实施之前，认知性盈余管理依然存在，但在强制实施公布的当年得到了消除，而在强制实施两年后又出现反弹，表明我国应该提升内控规范体系的法律地位和强制执行力并明确规定严惩措施。于鹏、申慧慧（2018）以 2001—2015 年我国上市公司为样本，研究发现，证券监管具有明显的距离效应，上市公司距离证监会越近，盈余质量越高，借助会计师事务所的审计是证券监管的有效补充机制，国内大所强化了对远距离公司的监督。

（2）股权性质与盈余质量

Bushman 等（2004）研究发现，国家对企业和银行的控制比例与国家整体的财务透明度呈显著的负相关关系，并对该结果产生的原因进行了分析，认为“掠夺之手”导致官员们压制企业信息披露以掩盖自身的私利行为，“帮助之手”导致政府与企业之间的信息不对称程度减弱，从而对会计信息透明度的需求降低。王化成、佟岩（2006）从盈余反应系数的角度进行研究，发现我国公司由国有股股东控股时盈余质量更低。朱茶芬、李志文（2008）以 2001—2004 年我国 A 股上市公司为样本，研究了国家控股与会计稳健性之间的关系，发现国家控股对应着更低的会计稳健性，并指出治理弱化是抑制国有公司披露意愿、降低其盈余质量的制度根源。吴祖光、万迪昉（2011）以 2000—2009 年我国制造业上市公司为样本，实证检验了公司债务融资对盈余质量的影响，结果表明，民营企业和国有企业中债务融资和盈余质量的关系并不相同。佟岩、徐峰（2013）的实证研究表明，盈余管理在我国上市公司中普遍存在，且非国有上市公司盈余管理程度略高于国有上市公司。李延喜、陈克兢（2014）以我国沪深两市 700 家上市公司 2004—2011 年持续 8 年的动态面板数据为研究对象，研究发现，我国上市公司外部治理环境与上市公司盈余管理均呈负相关关系，而且外部治理环境对政府控制上市公司的盈余管理行为约束力比对非政府控制上市公司更强，相对于地方政府控制上市公司，外部治理环境对中央政府控制上市公司盈余管理的约束力更强，表明终极控制人性质在外部治理环境与盈余管理关系中发挥着重要的调节作用。

（3）会计准则变更与盈余质量

Kim 和 Verrecchia（1991）认为会计准则变革有可能改变投资者对会计信息准确度的预期，使投资者对会计信息质量的不确定性提高，从而降低新会计准则下盈余信息的价值相关性。Liu 等（2011）研究发现，在 2007 年采用了与国际财务报告准则（IFRS）趋同的《企业会计准则》以后，中国企业的盈余质量发生了实质性的提高。Cameran，Campa 和 Pettinicchio（2014）以 2005—2008 年开始使用 IFRS 的意大利私有企业为研究样本，比较了意大利采用 IFRS 和采用 GAAP 的企业财务报告质量，结果表明，IFRS 的采用不仅没有提高私营企业的财务报告质量，反而降低了财务报告质量。Li 和 Guo（2016）以中国 A 股国有上市公司为样本，研究发现，在 2007 年采用 IFRS 后，企业盈余价值相关性显著提高，而且相对于非国有企业，这种现象在国有企业中更为显著。曲晓辉和邱月华（2007）研究了 1995—2004 年三次重要的会计制度强制性变迁对会计稳健性的影响，发现 1995—1997 年上市公司会计盈余并稳健；《股份有限公司会计制度》的实施意在提高上市公司稳健性水平，但是 1998—2000 年上市公司会计稳健性水平并未得到实质性提高；而《企业会计制度》更为积极贯彻国际通行的稳健会计政策，其实施使 2001—2004 年我国上市公司会计稳健性得到显著提升。朱凯、赵旭颖、孙红（2009）以 2005—2007 年我国上市公司的数据为研究样本，研究了我国上市公司实施 2006 年颁布的会计准则的经济后果，发现在实施新的会计准则后，会计盈余的价值相关性并没有显著提高，认为在缺乏先验信息的情况下，会计准则变迁可能会使投资者已经形成的信息准确度预期减弱，从而导致盈余信息的价值相关性。陈丽花、黄寿昌、杨雄胜（2009）研究发现，《企业会计准则第 18 号——所得税》实施后，我国上市公司会计信息价值相关性有所改善。

（4）法律环境和外部制度与盈余质量

La Porta 等（1999）开创的“法与金融”首次验证了公司外部治理环境因素，包括法律制度、产权保护和证券监管机制等，对公司经营管理决策有着重要影响。Leuz 等（2003）和 Lang 等（2006）使用跨国数据研究了不同投资者保护程度下的盈余管理，均发现投资者保护程度和盈余管理显著负相关。Haw 等（2004）以东亚 9 个国家和西欧 13 个国家的公司为研究样本，发现控制权和现金流权的分离导致的收入管理仅出现在对中小投资者产权有较好的法律保护和存在有效的法制外制度的国家。Bushman 和 Piotroski（2006）使用 1992—2001 年的跨国数据研究发现一个国家的法律制度、证券法、政治经济和税务制度等制度结构显著影响企业报告会计盈余。同样地，Francis 和 Wang（2008）以及 DeFond，Hung 和 Robert Trezevant（2007）的实证研究也验证了投资者保护较强国家的公司盈余质量更高。Mitra 等（2013）研究了 2002 年《萨班斯法案》（*the Sarbanes - Oxley Act*，SOX）实施期间会计稳健性和内部控制缺陷之间的关系，发现有内部控制缺陷尤其是公司水平内部控制缺陷的公司在《萨班斯法案》实施后变更了稳健性报告，而且有内部控制缺陷的公司在《萨班斯法案》实施后的时期比没有这些缺陷的公司表现出更强的会计稳健性。这说明加强对有内部控制缺陷等公司使用更稳健的会计政策的监管可以提高会计信息的可靠性。

王跃堂等（2001）对股份公司会计制度改革实施效果的实证研究表明，会计信息质量的提高不仅取决于会计改革中高质量的会计准则的制定，而且还取决于为实施机制的改革提供有效的准则执行支撑体系。刘峰等（2004）认为会计准则与会计制度为高质量会计信息的产生提供了技术上的可能，而其他法律制度，尤其是企业管理层为了自我利益而影响盈余质量的机会主义的法律风险，为盈余质量维持在给定水准之上提供了必要，且其实证研究结果也证实了法律风险缺失导致会计准则的改进并不能很好地反映到盈余质量上来。陈胜蓝、魏明海（2006）以我国 31 个地区 911 家 A 股上市公司 2001—2004 年的数据为样本研究了不同的投资者保护程度与财务盈余质量之间的关系，结果表明，来自投资者保护较弱地区的上市公司更愿意提供较高质量的财务会计信息。曲晓辉、邱月华（2007）的研究也表明，2001—2004 年我国上市公司稳健性更强更多缘于亏损公司“洗大澡”的行为，因此他们认为单纯转变会计准则并不能改善会计信息的质量，除非辅以相配套的强有力的法律和执行机制。洪剑峭、方军雄（2009）以 2002—2004 年上市公司数据为样本，从盈余质量的角度研究了审计委员会制度的有效性，结果表明，所有有审计委员会的上市公司均具有较高水平的盈余质量。申慧慧、黄张凯、吴联生（2009）选取 2004—2006 年我国上市公司作为样本，研究发现，股权分置改革后，非国有上市公司向上盈余管理程度显著提高，盈余持续性显著降低。王克敏、廉鹏（2010）以 1997—2006 年首次发行 A 股的 517 家上市公司为样本，研究了上市保荐制度的实施对盈余质量的影响，发现与保荐制度实施前相比，保荐制度实施后的首发上市公司更偏好激进会计政策，致使公司可操控应计明显提高。李延喜等（2012）采用我国深沪两市 836 家上市公司 2003—2009 年的数据，检验了外部治理环境对盈余管理的影响，发现市场化程度越高、法治水平越高，公司的盈余程度越低，且我国各地区上市公司的外部治理环境和盈余管理程度存在显著的局部空间集群现象，东部地区外部治理环境最好，而企业的盈余管理程度最低，中部地区外部治理环境一般，而企业的盈余管理程度也居中，西部地区的外部治理环境最差，而企业的盈余管理程度最高。崔艳娟、李延喜、陈克兢（2017，2018）以 2003—2012 年我国 A 股上市公司作为研究样本，进一步证实了金融和法制环境的健康有利于提高盈余质量。

（5）媒体监督与盈余质量

作为独立于立法权、行政权和司法权之外的第四权（Dyck and Zingales，2002），媒体通过信息的制造和传播发挥社会“意见领袖”的作用，在经济生活中的作用日益突出。作为非正式外部环境因素，媒体对公司外部信息环境有着重要的影响，其对公司治理的影响自 Dyck 和 Zingales（2002）的开创性研究以来受到诸多关注。诸如 Fang 和 Peress（2009）认为媒体可以降低信息不对称、Lee 等（2015）认为媒体可以减小市场摩擦等。声誉机制是影响公司治理的主要因素之一，Dyck 和 Zingales（2008）认为媒体放大了舆论通过影响公司声誉对公司治理的作用。针对我国媒体在公司治理中的作用，李培功、沈艺峰（2010）认为我国媒体在完善公司治理水平、保护投资者权益方面具有积极作用，媒体治理作用的发挥是通过引起相关行政机构的介入实现的，媒体曝光数量越高，上市公司改正违规行为的概率也会越高。醋卫华、李培功（2012）的研究结果也表明，在96个研究样本中，60.42%存在公司治理问题的企业在证监会正式干预前收到过媒体的查询和负面报道。周开国、应千伟、钟畅（2016）认为，媒体监督能够显著降低公司违规的频率，公司违规越频繁，媒体监督对其治理效果越显著，而且我国媒体监督对公司治理的作用机制以行政介入机制为主，而非声誉机制。

我国学者在媒体对盈余质量的影响方面的研究也取得了一定的成果。于忠泊等（2011）以我国A股上市公司2001—2009年的数据为研究对象，结果表明大量的媒体关注迫使管理者为了满足市场预期而进行基于应计项目的盈余管理。吕敏康、冉明东（2012）认为媒体报道影响了审计师在定价契约谈判过程中的信息占有和盈余管理风险权重的判断，媒体关注会显著加强审计费用对盈余管理风险的正向敏感度。于忠泊、田高良、张咏梅（2012）研究发现，媒体关注增加了短期内盈余信息的市场反应，降低了长期的盈余公告后漂移程度。叶青、李增泉、李光青（2012）实证考察了上市公司实际控制人首次登上“胡润百富榜”后盈余质量的变化，发现与上榜前相比，富豪公司在上榜之后，相对于非富豪公司，其盈余质量有显著下降。曾建光、伍丽娜、王立彦（2013）研究了搜索引擎对“中国式拆迁”的关注度对我国上市公司盈余质量的影响，发现拆迁关注度越高的地区，公司在进行正向盈余管理时上调程度越小，而进行负向盈余管理时下调利润的幅度越大。唐松、温德尔、孙铮（2017）以2003—2012年上市时实际控制人为个人或家族的民营企业为样本，研究发现当民营企业家首次登上“胡润百富榜”以及《国有资产法》颁布之后，国有转制型民营企业的盈余信息质量显著下降。马壮等（2018）以我国2003—2014年A股主板上市公司为样本，研究了媒体负面报道与企业盈余管理行为的关系，发现媒体负面报道越多，管理者进行盈余管理的动机越强，并且在公司面临媒体财务舞弊指控时会更多地选择真实盈余管理行为。张婷婷、李延喜、曾伟强（2018）研究发现，大量的媒体关注使得上市公司管理层在一定程度上采取应计盈余管理，但同时媒体关注度的提升能够有效抑制上市公司的真实盈余管理行为，证明媒体已成为治理盈余管理的一种新途径。

2.3 文献述评与启示

2.3.1 文献述评

综观国内外文献，有关公司治理对盈余质量影响以及公司政治治理的研究均取得了丰硕的成果。

首先，对于公司政治治理的研究。国外学者主要关注选举的更替对企业的影响，而且这种影响主要是从外部间接作用于企业的经营活动。比如 Santa - Clara 和 Valkanov（2003）、Lablang 和 Mukherjee（2005）、Snowberg 等（2007）和 Kim 等（2012）以美国总统大选作为研究事件，验证了不同的当选者会给股票市场带来不同的影响，从而间接影响企业，Smales（2016）验证了澳大利亚选举会影响到金融市场的不确定性水平，此外，还有学者验证了美国总统大选对于企业投资、企业股票回报、企业 IPO 以及公司治理结构等方面的影响。由于政治体制的不同，国外学者对公司政治治理的研究并不适用于我国的情况。我国学者主要关注企业党组织与董事会、监事会或经理层之间的“双向进入、交叉任职”对于企业业绩、公司治理效率、运营效率、审计费用和会计师事务所的选择等方面的影响，这种影响直接作用于企业的内部，是我国企业公司治理结构的有机组成部分，会在一定程度上改善我国企业大股东掏空、国有资产流失、过度投资以及高管与普通员工之间的薪酬差距等问题。公司政治治理对现代经济社会和资本市场中越来越重要的盈余质量的影响并未受到关注。

其次，对于公司治理对盈余质量影响的研究。国内外学者大量的研究成果证实了公司治理对盈余质量有显著影响。从公司治理结构对盈余质量的影响来看，股权集中度与盈余质量呈负相关关系，股权制衡度与盈余质量呈正相关关系，国外学者关于机构投资者对盈余质量影响研究结论并不一致，我国学者的研究结果表明机构投资者能够提高盈余质量。审计委员会独立性、董事会独立性、董事会和审计委员会成员的知识背景、董事会和审计委员会会议召开的频率、独立董事声誉等董事会特征、监事会特征、高管权力、高管性别、高管声誉以及高管背景特征等均对盈余质量有显著影响。在公司外部治理环境方面，外部监管、社会审计、股权性质、外部制度、法律环境、会计准则变更以及媒体监督等方面对盈余质量有显著影响。在我国的国有上市公司中，公司政治治理是公司治理结构的有机组成部分，企业党组织参与公司治理会对董事会特征、监事会特征和高管特征产生多方面的影响，从而也会对盈余质量产生影响，而现有的研究并未关注到这一点。

2.3.2 研究启示

国内外学者关于公司政治治理、公司治理和盈余质量的研究成果为本书提供了较好的理论、实证和方法基础，已有研究的不足也为本书提供了很多研究启示。

（1）公司政治治理对盈余质量有显著影响

已有的研究证实了股权结构、董事会特征、监事会特征、管理层薪酬、高管背景特征、高管权力及内部控制等公司治理结构特征对盈余质量有显著影响。作为我国国有上市公司治理结构中独有的特征，公司政治治理是公司治理的有机组成部分，亦对盈余质量有显著影响。因此，本书拟在以往研究的基础上，研究公司政治治理对盈余质量的影响，并以国有企业“双向进入、交叉任职”的领导体制为切入点，研究不同的“双向进入、交叉任职”方式分别对盈余质量的影响，以探索能够有效提高盈余质量的领导体制。

（2）公司内部治理水平在公司政治治理和盈余质量之间起中介作用

有关公司政治治理的研究认为，公司政治治理对企业业绩、运营效率、公司治理水平、审计师选择及投资效率等方面有显著影响，企业业绩、运营效率、公司治理、审计师选择及投资效率等往往影响着企业的盈余质量。本书在考察公司政治治理和盈余质量的关系时，进一步验证公司治理作为企业运营最核心的机制在二者之间所起的中介作用，深入研究公司政治治理对盈余质量影响的内在机理。

（3）外部治理环境对政治治理与盈余质量的关系具有调节作用

已有的研究证明不同的公司外部治理环境下盈余质量有显著差异，本书在验证公司政治治理对盈余质量影响的基础上引入股权性质、外部政策环境、市场化进程及法治化水平等公司外部治理环境因素，进一步考察在不同的外部治理环境下，公司政治治理对盈余质量影响的差异。

本书希望通过研究公司政治治理对盈余质量的影响、公司内部治理水平在二者关系中的中介作用以及公司外部治理环境对二者关系的影响，为二者之间的关系提供更全面的理论解释和实证支持，进而丰富公司政治治理、公司治理及盈余质量的理论研究成果。

2.4 本章小结

本章从公司政治治理和公司治理对盈余质量的影响两个方面对国内外文献进行了系统的梳理和回顾，并在此基础上为本书提供了有价值的研究启示和研究思路。关于公司政治治理，国外的研究主要关注政治选举对企业的影响，国内的研究主要关注企业内部的基层党组织与企业董事会、监事会或经理层成员之间的“双向进入、交叉任职”对于企业业绩、公司治理效率、运营效率、审计费用和会计师事务所的选择等方面的影响。关于公司治理对盈余质量的影响，已有的研究证实了股权结构、董事会特征、监事会特征、管理层薪酬、高管背景特征、高管权力及内部控制等公司治理内部结构特征对盈余质量有显著影响，同时，外部监管、社会审计、股权性质、外部制度、法律环境、会计准则变更以及媒体监督等外部治理环境对盈余质量有显著影响。通过文献回顾可以看出，现有的研究并未关注公司政治治理这一公司治理结构的有机组成部分对盈余质量的影响。因此，本书将通过研究公司政治治理对盈余质量影响、公司内部治理水平在二者关系中的中介作用以及公司外部治理环境对二者关系的影响，为二者之间的关系提供更全面的理论解释和实证支持，进而丰富公司政治治理、公司治理及盈余质量的理论研究成果。

3　制度背景和理论基础

3.1　我国国有企业政治治理的制度背景

3.1.1　国有企业中党组织参与公司治理的历程

（1）改革开放之前

新中国成立伊始，便依据《共同纲领》在国有企业中实行厂长领导下的工厂管理委员会制度。随着经济的逐步发展，党根据当时实际情况的需要逐步确立了高度集权的计划经济管理体制，国有经济体中的厂长负责制也逐步转变为党委领导下的厂长负责制。1956 年中国共产党第八次全国代表大会政治报告正式提出“党委领导下的厂长负责制”，强调企业中党组织的领导作用，是以企业党组织为核心的集体领导和个人负责相结合的领导制度。由党直接领导所有经济工作重大事项，重大问题都要集体讨论决定，日常工作要分工负责。在国有企业中，党组织不仅负责思想政治教育工作，而且要对生产经营和管理等工作起监督作用。但是，该时期后期的“大跃进”和“文化大革命”严重影响了国有企业的党建工作，党组织在企业中的地位也受到了相应的影响。在改革开放之前的这个时期，国有企业的党建工作是与当时集中的计划经济体制相适应的。

（2）改革开放初期

随着 1978 年党的十一届三中全会召开，我国开启了改革开放的进程，国有企业也开始了逐步扩大经营自主权的改革，国有企业的党建工作将逐步实行党政分开，企业党组织逐渐不再干预企业经营管理，逐步把工作重心转移到思想政治工作上来，以适应经济体制改革的要求。改革开放初期，国有企业实行“党委领导下的厂长分工责任制”[①]，该制度下党委在国有企业决策中依然具有决定性的作用，厂长主要是作为执行人执行党委的决定。随着1980年明确中央与地方财政收支分开的“划分收支、分级包干”[②] 财政管理体制重大变革的完成，国有企业逐渐改变“党委领导下的厂长分工责任制”，要求党组织逐步摆脱企业的日常事务，在国有企业中着重发挥思想教育功能和组织监督功能[③]。1984年党的十二届三中全会提出我国要实行“政企分开、简政放权”的经济体制改革[④]，标志着改革的重心从农村转移到了城市，由此开始了增强国有企业活力，扩大企业经营自主权的国有企业改革进程。其后，国有企业中厂长（经理）作为企业法定代表人在生产经营决策中的核心地位逐步得到法律确认[⑤⑥]，党组织在国有企业中的地位也逐步得到科学的定义[⑦⑧]，即党组织在国有企业中处于“政治核心”的地位。这一原则贯穿了以后国有企业改革的全过程。

这一时期处于改革的探索初期，由于政策不够精细、改革措施的配套不够完善以及传统管理体制的影响，国有企业党组织的监督、领导机制并没有具体地得到落实。另外，由于20世纪80年代中后期的特殊背景，一些国有企业厂长（经理）思想教育出现弱化的现象。

（3）建立社会主义市场经济体制初期

1992年1月，邓小平南方谈话为我国市场经济体制改革目标扫清了障碍。同年，党的十四大报告指明了党领导经济体制改革的方向是建立社会主义市场经济体制，该年被称为“转折年”。相应地，社会主义市场经济体制下的国有企业也应当遵循现代公司治理理论中的“两权分离”原则，建立产权明晰、

① 1978年4月20日中共中央发布的《关于加快工业发展若干问题的决定(草案)》。

② 1980年2月国务院颁布的《关于实行“划分收支、分级包干”财政管理体制的暂行规定》。

③ 1980年3月邓小平在中共中央政治局扩大会议上发表的《党和国家领导制度的改革》的重要讲话。

④ 1984年党的十二届三中全会通过的《中共中央关于经济体制改革的决定》。

⑤ 1986年10月发布的《全民所有制工业企业厂长工作条例》。

⑥ 1988年3月第七届全国人大通过的《中华人民共和国全民所有者工业企业法》。

⑦ 1989年中共中央政治局发布的《中共弘扬关于加强党的地方建设的通知》。

⑧ 1992年10月党的十四大修订的《中国共产党党章》。

责权明确、政企分开、管理科学的现代公司治理结构①。因此，传统的国有企业开始向现代公司制企业转变，《中华人民共和国公司法》（以下简称《公司法》）（1993）规定改制后的国有公司“依法自主经营，自负盈亏”，确立了公司的法律地位，结束了国有企业中“党管一切”的局面。对国有公司中的党建工作，《公司法》（1993）要求按照《中国共产党章程》（以下简称《党章》）办理，而十四大《党章》则规定，党组织在国有企业中发挥“政治核心”的作用，并保持了党组织在国有企业中对重大经营管理事项的决策权。因此，在国有企业向现代公司制企业转变以后，从法律上规定了公司的经营自主权，而党组织在国有公司中保留了参与重大经营决策的权力的同时，主要起监督和思想政治教育的“政治核心”作用。企业中的党组织要围绕企业的生产经营开展工作，并将党组织的政治优势和组织优势与现代公司治理结构相融合，以促进中国特色现代企业制度的建立②。国有公司党组织的“政治核心”作用并不意味着能够“以党代政、以党代企”，党组织参与公司制国有企业重大问题决策的范围则一般是指需要提交给公司股东大会或董事会的议题③。在此背景下，传统国有企业中的党委会、职工代表大会和工会（以下简称“老三会”）和现代公司治理结构中的股东大会、董事会和监事会（以下简称“新三会”）共存于改制后的国有公司之中，“老三会”和“新三会”职能的划分一度困扰着实务界，也引发了理论界激烈的讨论。最终，对于二者关系，中共十五届四中全会又提出采用“双向进入、交叉任职”的领导管理体制④，即国有企业党组织成员可以依法进入董事会、监事会和经理层，而董事、监事和经理也可以根据《党章》和有关规定进入企业党组织，而且可以由一人同时兼任党委书记和董事长。

这一时期，随着经济改革的深化，传统国有企业完成了向现代公司制企

① 1993年11月党的十四届三中全会通过的《中共中央关于建立市场经济体制若干问题的决定》。

② 1994年党的十四届四中全会《关于加强党的建设几个重大问题的决定》。

③ 1997年中共中央发布了《中共中央关于进一步加强和改进国有企业党的建设工作的通知》。

④ 1999年9月党的十五届四中全会通过的《中共中央关于国有企业改革和发展若干重大问题的决定》。

业的转变，国有企业党组织的建设方针也随之调整，结束了传统国有企业中“党管一切”的局面，强调了党组织在国有企业中起“政治核心”的作用。该时期一些国有企业中党建工作出现弱化的现象，党组织在参与企业经营管理决策及监督干部和企业经营中的作用有限。

（4）完善国有企业公司治理结构初期

在完善国有公司现代治理结构的初期，党的十六大新修订的《党章》依然坚持党组织在国有企业中发挥“政治核心”功能的原则，要求国有企业的党建工作要围绕生产经营开展。2004 年，党的十六届四中全会强调了在国有企业中坚持和完善“双向进入、交叉任职”体制作为党组织参与重大经营决策的主要途径。新修订的《公司法》（2005）要求国有公司设立党组织，并提供必要的条件支持党组织的活动。“双向进入、交叉任职”的领导体制急需懂经营、懂管理的党组织成员，因此，该时期的党建工作侧重于党员队伍建设，提高党建的科学性以适应新时期国有企业的发展和国有企业人才建设的需要①。国有企业党组织同企业发展之间的关系是党建工作要以发展为中心，以党建促发展②。

这一时期，改革的目标是在国有企业中建立更加完善的现代公司治理结构，并积极探索国有企业党组织与现代公司治理结构相融合的途径。阐明要以发展为中心开展国有企业党建工作，抓好党建，促进企业发展。

（5）完善中国特色现代国有企业制度的新阶段

2012 年党的十八大报告提出要“建设学习型、服务型、创新型的马克思主义执政党”，并要求基层党组织增强“自我净化、自我完善、自我更新、自我提高”四个能力，进一步强调党的反腐倡廉建设，标志着我国国有企业党建领域的改革迈入了新的历史时期。在国有企业已经基本建立了现代公司治理结构的新时期，保持党组织在国有企业中处于“政治核心”地位的定位以及参与企业重大经营管理决策权不改变的同时，强调企业党组织与公司治理

① 2009 年党的十七届四中全会发布的《中共中央关于加强和改进新形势下党的建设若干重大问题的决定》。

② 2009 年 8 月全国国企党建工作会议上的讲话。

结构的融合，将党组织决策权的实现融入公司决策程序，提出在董事会或经理层对重大经营管理事项做出决策之前应当先由党组织进行研究讨论的“讨论前置”机制①，并规定所有的国有企业都必须采用该机制②。为了避免企业党组织的作用被弱化，管党治党的责任落不到实处，也为了改善国有企业公司治理结构缺陷导致的一系列所有者缺位、内部人控制、国有资产流失、经营管理较混乱等治理问题，党组织在国有企业中的“政治核心”作用的发挥要与完善现代公司治理结构相统一，企业党组织应当是法人治理结构的有机组成部分，在继续坚持实行“双向进入、交叉任职”的领导体制的同时逐步明确党组织在国有企业公司治理结构中的法定地位③④。中共中央总书记习近平指出，中国特色现代企业制度的“中国特色”主要就体现在国有企业中党组织的作用和现代公司治理结构的有机结合⑤，因此，在保持建立中国特色现代企业制度的改革方向时，国有企业的党建工作就是要把党组织的影响融入公司治理的各个环节。2017 年召开的党的十九大提出坚持全面从严治党，加强党建工作中的反腐倡廉工作，同时对《党章》（2017）进行了修订，对企业党组织的作用提出了整体要求，即把方向、管大局、保落实，并强调党组织根据相关规定讨论和决定企业重大经营决策。《公司法》（2018）如前版，保证了党组织在国有企业中的法律地位。国有企业党组织在国有企业治理结构中的地位及重大经营管理的决策权逐步得到加强。

党的十八大以后的一系列文件深刻阐明了在国有企业改革的新时期党组织和公司治理结构之间的逻辑关系，即党组织是国有公司治理结构中不可或缺的有机组成部分，党组织的领导是具有中国特色的现代国有企业制度之中重要的组成部分。这些重要的论述肯定了企业党组织在公司法人治理结构中的法定地位，对新时期党建工作提出了新的要求，也使国有企业党建工作的改革以及公司

---

① 2015 年 6 月颁布的《中国共产党党组工作条例（试行）》。

② 2016 年 10 月《关于印发〈贯彻落实全国国有企业党的建设工作会议精神重点任务〉的通知》。

③ 2015 年 6 月 5 日，中央全面深化改革领导小组第十三次会议审议通过了《关于在深化国有企业改革中坚持党的领导加强党的建设的若干意见》。

④ 中共中央、国务院于 2015 年 8 月 24 日发布了《关于深化国有企业改革的指导意见》。

⑤ 习近平总书记在 2016 年 10 月 10 日召开的全国国有企业党建工作会议上的讲话。

治理结构的完善进入了新的历史阶段。

可以看出，自20世纪80年代开始，我国国有企业在40年的历史中经历了一系列的改革，但党组织在国有企业中的“政治核心”地位一直不曾改变。2012年党的十八大以后，随着我国改革开放的进一步深入，对党建工作提出了更高的要求。2015年，中共中央印发的《关于深化国有企业改革的指导意见》和《关于在深化国有企业改革中坚持党的领导加强党的建设的若干意见》，要求“国企重大决策须经党委讨论后再由董事会决定”，进一步加强了党组织在企业中的政治核心作用。《党章》和《公司法》的相关规定，更是表明了社会主义市场经济下的国有企业与中国共产党的领导、社会主义制度建设之间存在着深刻的政治逻辑，党组织是国有企业不可缺少的重要组织之一，它的存在具备很强的法律基础。

3.1.2　党组织在国有企业的主要职能

（1）开展思想政治工作

无论是在计划经济时期，还是在改革开放以后，国有企业党组织一直非常重视党建思想政治工作。党建思想政治工作是我国国有企业经营管理的重要内容。自2002年党的十六大《党章》至现行的《党章》均明确规定，国有企业中的党组织不仅要加强自身建设，还要领导企业的思想政治工作和精神文明建设。因此，国有企业不仅要在自身经营发展的过程中努力维护市场秩序，采用公平合理的手段参与市场竞争，对遇到的实际问题进行分析并制定和实施有效的管理控制，还要有责任和义务在管理实践中通过做好党建思想政治工作，普及和贯彻党和国家的路线、方针和政策以及国家有关文件的精神实质和具体要求，以提升国有企业领导和员工的思想觉悟，强化职工的党政意识，使其不断提高思想道德水平和岗位素养，并助力企业文化的塑造。

（2）“把关定向”的监督职能

自2002年党的十六大《党章》开始，便规定了国有企业党组织有责任“保证监督党和国家的方针、政策在本企业的贯彻执行”。现行《党章》更是进一步要求国有企业党组织要“把方向、管大局、保落实”。国有企业党组织通过党的组织制度监督党和国家的路线、方针和政策在企业中的有效执行，并监督国家有关文件的精神实质和具体要求在企业中得到体现，保证国有企业进行生产经营的过程中在注重经济效益和行业竞争力的同时依法经营、依法纳税、依法治理，在我国社会主义市场经济发展中起到支柱性作用和标志性作用。

另外，国有企业党组织的监督职能还体现在，针对我国国有上市公司目前存在的“内部人控制”“所有者缺位”等现象，从《党章》和《公司法》的角度赋予国有企业党组织明确的监督权力，可以有效地弥补国有上市公司治理内、外部监督的不完善，从而改善公司治理状况。企业党组织在围绕生产开展工作的过程中，对公司各方利益主体合法利益的协调与整合也是其监督职能的组成部分，其有责任维护公司职工、股东（尤其是中小股东）的利益得到保障，在使各利益主体的利益得到平衡的基础上促进民主管理和科学管理，维护企业稳定有序的经营环境，以发挥各利益主体的主观能动性，使国有企业产生良好的经济和社会效益，在一定程度上起到“代股东”的作用。

（3）参与重大问题决策

在计划经济时期，党组织负责国有企业的一切经营管理实务，随着改革开放的进行以及国有企业改制的完成，党组织逐渐脱离了企业的日常实务，但其在国有企业中处于“政治核心”的地位，而且《党章》赋予了其参与重大经营管理问题决策的权力。这样，在我国国有上市公司的治理结构中便同时存在作为“政治中心”的企业党组织和作为“经济中心”的企业高管层，二者要协调运作，党组织的职能定位就至关重要。党组织在参与重大问题决策中，应当充分发挥“参与者”的职能，同时也应当发挥“监督者”的职能，保证企业的重大决策符合党和国家的路线、方针和政策，保障企业发展的社会主义方向。企业党组织参与重大问题的范围主要为“三重一大”项目，一般指公司中须提交股东大会、董事会进行讨论决策的内容①。随着国有企业改革的逐步深入，党组织参与的决策内容主要包括有关贯彻党的路线、方针、政策，国家法律法规和上级决定，企业战略和中长期规划，生产经营，资本

① 1997 年 3 月 11 日中共中央的《中共中央关于进一步加强和改进国有企业党的建设工作的通知》。

运作，重大改革方案，企业分立和合并等，高管人才管理，职工切身利益以及社会稳定等的决策。可以预见，随着国有企业改革的进一步推进，以上内容也会不断地发展和变化。

（4）干部管理权

为了保证党对国有企业主要干部的管理权，也为了保证党对干部人事的领导权，我国国有企业中一贯坚持“党管干部”的重要原则，以便党组织引导、支持人民选拔、管理、监督干部。党组织通过建立中长期的人才政策和规划，主导选拔任用优秀人才，并采取积极有力的人才激励措施，大幅度提高了各类人才的素质，使之成为党执政的重要政治优势和组织优势。随着改革开放和经济体制改革的深入，党管干部原则的内涵不断地发展和完善，越来越体现出科学化、民主化和制度化的趋势。

在对干部的具体考核方面，2002 年颁发的中国共产党《党政领导干部选拔任用工作条例》（以下简称《条例》），及其 2014 年的修订版，均强调“党管干部”的原则。对国有企业领导的考核，中央国有企业和地方国有企业则有所不同。对于直接隶属于国务院国有资产管理委员会的中央国有企业领导的考核，在 2003 年国务院国资委成立之初颁布的《中央企业负责人经营业绩考核暂行办法》（以下简称《暂行办法》），及其 2007 年、2012 年修订版，均将企业经营业绩作为央企负责人的主要考核内容，并将考核结果作为央企负责人的薪酬和职务任免的重要依据；而对于隶属于各级地方政府的地方国有企业负责人的考核，则更多地受当地政府的影响。

3.1.3 党组织参与决策的途径与程序

经过我国经济体制改革和国有企业改革过程的一系列探讨，提出和确认了“双向进入、交叉任职”作为党组织参与重大问题决策的主要途径和方式。“双向进入”主要是指依据相应的法律规定和程序，企业党组织成员可以进入董事会、监事会或经理层，董事会、监事会或经理层的成员也可以进入企业党组织；“交叉任职”主要是指党委书记和董事长可以由同一人兼任，也可由党委书记兼任副董事长、董事长兼任党委副书记或副董事长兼任党委副书记等。每个企业可以根据所处的行业特征以及企业的人员素质特征选择相适应的"双向进入、交叉任职"形式。"双向进入、交叉任职"的领导体制从组织形式上保证了国有企业党组织能够有效地参与经营管理决策，从治理结构上使国有企业中"经济中心"和"政治中心"之间的矛盾得到很好的调和，党组织的政治核心作用得到了保障。

国有企业党组织的决策程序遵循民主集中制原则。具体来讲，在国有企业中，董事会做出决议之前，与企业党组织充分交换意见。企业党组织就拟决策的重大问题，通过主要领导事先磋商、召开党委扩大会议共同讨论，或通过党的组织生活发动党员关心与参与等方式广泛听取党员和职工等有关方面的意见，并组织相关专家进行论证，进行充分的民主讨论，召开党委会或党委扩大会，对议题进行研究后向董事会提出党组织的意见，党委负责人负责介绍企业党组织意见的意图和理由。在董事会进行决策时，进入董事会的企业党组织成员应当充分表达企业党组织的意见和建议，通过自身努力使企业党组织的意见尽可能被采纳，并将决策情况及时汇报企业党组织，若发现拟决策的重大问题可能有损职工合法权益或有损国家、社会公众、企业利益，或违背党的路线、方针、政策或国家法律法规时，应当提出缓议甚至撤销拟决策的事项，并报经企业党组织形成明确的意见反馈给董事会。如仍得不到纠正，应及时汇报上级党组织。党组织参与决策前与董事会的事前沟通以及企业党组织内部的民主讨论机制，决策中的积极参与和"把关定向"的责任追究等，保障了决策程序的有效性和科学性。

3.2 理论基础

3.2.1 公司治理理论

公司治理是伴随着现代股份制公司的出现而产生的。股东财产所有权与企业所有权相分离是现代股份制公司最本质的特征，这两种权力的分离导致了投资者和经营者的利益冲突，为了研究和解决这种利益冲突带来的问题，公司治理应运而生。公司治理理论起源于股份制企业发展较早的西方市场经济国家，基本上自近代公司产生之际，便开始了对公司治理理论的探索，伴随着西方国家股份制企业的完善以及西方古典经济学、新古典经济学、制度经济学、信息经济学、交易成本经济学的研究方法和成果对公司治理逐步深入探索，公司治理理论至 20 世纪 90 年代便形成了包括不完全契约理论、产权理论、委托—代理理论、利益相关者理论、管家理论等在内的完整理论体系，更成为西方经济学界占有重要地位的主要理论体系之一。本书仅对与后文分析直接相关的委托—代理理论、不完全契约理论、利益相关者理论及管家理论进行阐述。

（1）委托—代理理论

随着现代企业制度的逐渐建立，企业的股权越来越分散，所有者对企业具体经营问题的难以全部掌握导致了企业所有者和经营者之间的两权分离。两权分离理论通常被认为是建立公司治理理论的前提。20 世纪 20 年代末期开始，西方国家现代化公司制企业中的所有者逐渐退出具体的生产经营决策，而将之委托给在企业中并无所有权的职业经理人，由职业经理人对具体生产经营决策负责，由此，企业的所有权和经营权实现了分离。两权分离使拥有所有权的委托人与实际经营企业的代理人之间形成了委托—代理关系，委托人不直接参与企业的生产经营活动，由代理人代为进行，但代理人经营企业的最终结果要由委托人承担。在经济人假设的前提下，委托人和代理人在企业中的经营目标并不完全一致，委托人的经营目标是实现自身财富尽可能地增值，即利润最大化，而代理人的经营目标则是获得尽可能多的自身利益，即个人效用的最大化。二者追求目标的非一致性导致了委托—代理问题的产生。

20 世纪 70 年代，在经理层（代理人）牢牢掌握公司控制权的情况下，美国公司经济下滑，学者们开始将美国公司经济下滑归咎于公司管理层，委托—代理理论应运而生。Jensne 和 Meckling（1976）在其代理理论的开创性论文中，将代理问题明确界定为所有者和管理层之间的利益冲突。由于管理层追求的目标与股东并非完全一致，且无须承担经营决策的后果及风险，管理层的投机主义倾向及行为几乎是注定的，因此现代公司治理问题主要在于剩余风险承担者（委托人或股东）不能确保公司管理者（代理人）按照股东利益行事。决策管理与剩余风险承担的相互分离和专业化导致的决策者和剩余索取者之间的代理问题，是长期以来研究所有权和控制权相分离公司的学者的困扰（Fama and Jensen，1983）。如何有效规避经理层的机会主义倾向及行为，寻找有助于缓解股东与管理层之间代理问题的机制，是解决委托—代理问题的关键所在。公司治理机制一般由公司内部治理机制（包括薪酬合同激励、董事会治理、大股东治理及公司融资结构等）和公司外部治理机制（包括法律和政治途径、产品和要素市场竞争、公司控制权市场及声誉市场等）组成。可见委托—代理理论的公司治理研究主要是寻找合理的公司治理结构和治理机制以有效约束管理层的投机倾向及行为，使管理层的行为更符合股东利益，以实现股东价值最大化。

（2）不完全契约理论

依据契约经济学的观点，企业是一系列契约的集合，但是，由于缔约双方的有限理性、信息不对称以及交易成本的存在，签订的契约不可能罗列所有有关的情况，很多情况的不可预见性导致人们不可能考虑到全部受影响的权利和责任后果，更不可能做出相应的应对计划，因此企业构建的是一种不完全契约（Grossman and Hart，1986；Hart and Moore，1990）。在现代公司制企业中，为了解决委托—代理关系中存在的目标不一致问题，往往以契约的形式弥补由于两权分离而割裂开来的委托方和代理方权责利益关系，以使双方都不能独自实现自身利益最大化而置对方的利益于不顾，也不能规避自身风险而不顾对方。而现实的情况是，任何契约和规章制度都不是完美的，契约的不完全性导致其并不能完全客观公正地规定所有者和管理层的权力和责任。当委托—代理契约无法实现对所有者和管理层的有效监督和激励时，管理层很可能利用自身掌握的专有信息优势为牟取自身利益而牺牲所有者利益，比如提供虚假会计信息、进行盈余管理等，以使自身利益最大化并逃避法律和契约的约束。从某种程度上来说，委托—代理契约天然的不完备性为管理层操控会计信息的行为提供了制度上的可行性（李鑫，2014）。

（3）利益相关者理论

如前所述，传统的委托—代理理论是以股东价值最大化作为公司治理目标的。但是随着以斯蒂格利茨为代表的新经济发展理论的产生和发展，委托—代理理论日益受到挑战，一些学者提出了在公司治理领域有着较大影响力的利益相关者理论。

利益相关者理论认为，虽然股东拥有企业所有权，但企业的利益不完全归属于股东，还应该归属于各类利益相关者。这些相关者包括与企业经营业绩密切相关的各类主体——股东、管理者、职工、供应商、债权人、客户、社区居民、政府等。这些主体是公司不同要素的提供者，因此公司经营是为各类利益相关者创造财富，而不仅仅是追求股东价值的最大化。Blair（1995）对利益相关者的典型论述指出，应当认识到公司是一种治理和管理者的专业化的制度安排，而且应当促使人们认识到员工、债权人、供应商或其他人都可以（并且经常这样做）进行专业投资，这些投资与股东的投资面临完全相同的风险。虽然股东的权益资本是公司整体投入中极为重要的构成部分，但公司的投入并不仅限于股东，其他利益相关者往往也都做出了特殊的投资，比如，长期雇员很可能拥有专业技能，技能作为人力资本对特定的公司可能具有特定的价值，供应商可能在一个特殊的位置建造一家工厂，仅为了满足特定公司的需求，等等。

从财产份额的角度来讲，在现代公司制企业中，股东财产是股东持有的股份所代表的企业资产份额。企业作为时间永续的具有人格化特征的实体以其全部资产拥有独立的法人产权。法人的财产包括所有者的出资、对债权人的负债、各类的无形资产和生产经营活动产生的增值。企业以全部财产进行生产经营活动并产生增值，而所有者的出资只是企业财产的一部分，可见企业的全部收益并不应当由出资者独享，而是应当由共同缔造了企业法人财产的各类利益相关者共享。

在世界各国经济发展的实践中，利益相关者理论得到了越来越多的体现。在日本和德国的公司中，公司员工的利益能够在公司决策中得到特别的保护，供应商和多数客户会通过互相持股或交叉任职的董事与公司的决策紧密相连，银行在公司治理中也发挥着重要的作用，可见，员工、供应商、客户和银行等利益相关者已经通过不同的方式不同程度地参与公司治理。在美国，自20世纪80年代起，美国已有29个州修改了《公司法》，要求经理层不仅要为股东服务，还应为其他利益相关者服务。经合组织1999年5月通过的《OECD公司治理结构原则》明确规定，应当在公司治理结构中明确利益相关者的合法权利，并且公司应当和利益相关者在财富积累、工作机会提供及财务健全的保持中积极进行合作。我国证监会2002年发布的《上市公司治理准则》第六章对“利益相关者”进行了规定，以确保银行及其他债权人、职工、消费者、供应商、社区等利益相关者的合法权益。

利益相关者理论大大拓宽了公司治理的范畴，使公司治理不再仅仅局限于股东和管理层之间的委托—代理关系，而是一个需要协调公司内部管理层与各类利益相关者之间关系的系统工程，将委托—代理关系扩展到公司股东及其他利益相关者与管理层等主体之间。

（4）管家理论

与委托—代理理论不同，管家理论从不同的角度揭示了企业所有者与经营者之间的关系。委托—代理理论基于经理人自利和机会主义的假设，认为他们总是尽可能追求自身利益最大化，且尽可能地规避惩罚。而古典管家理论则认为企业所有者和经营者之间是一种无私的信托关系，并在基于信息完全的假设中认为所有者和经营者之间不存在代理问题，股东主权是至上的，而经营者是所有者的忠实“管家”。但是信息完全的假设显然是与现实不符的，Donaldson在现代组织理论和组织行为学的基础上于20世纪90年代提出了现代管家理论，这是一种与当时占统治地位的委托—代理理论完全不同的理论，认为委托—代理理论关于经营者自利和机会主义的假定是不合适的，经营者出于对自身尊严、信仰以及内在工作满足等的追求会成为企业的好“管家”而尽心经营企业（Boyd，1995）。

现代管家理论强调经营者自律的作用，认为在自律的约束下经营者和股东及其他相关利益主体的利益是一致的（吴淑琨、席酉民，2000），其核心概念主要体现在集体主义、自我实现、组织贡献、忠诚和信任等方面。企业经营者不再是机会主义的偷懒者或者简单的代理人的决策者，而是力图通过承担责任、完成挑战性工作及树立权威等方式获得激励，并达到内心满足的好管家（Davis，Shoorman and Donaldson，1997）。由于管理者自我实现的非经济需求，其具有更强的利他主义倾向，会把企业股东财富和企业价值最大化作为决策的目标。因此，管家理论诠释了经理人除了自利主义之外的利他主义特性，但是管家理论的经理人自我实现假设及其着重强调的经理人自律在公司治理实践中广泛存在的内部人控制与代理问题面前，无疑显得过于理想化。

3.2.2 信息不对称理论

古典经济学认为市场会在亚当·斯密的“看不见的手”的作用下达到供需平衡，从而达到资源的有效配置，其重要的前提条件是：信息必须是充分的、对称的。其实这就隐含了信息不对称的思想，只不过这是一个问题的两个方面。现实生活中，信息往往不是对称的，也不是充分的。在古典经济学逐渐成熟之后，信息必须是充分的、对称的这一非常基础的前提条件慢慢开始被学者质疑。比如，威廉·鲍莫尔（Willianm Baumol）把信息划分为完全和不完全信息并分析了二者之间的区别；赫伯特·西蒙（Herbert Simon）认为市场参与者的有限理性导致了信息的不完全；乔治·斯蒂格勒（George Stigler）提出信息具有搜寻成本。直到 1970 年 Stigler 发表了经典论文《柠檬市场：质量不确定性和市场机制》，认为在二手车市场上，买卖双方对于二手车质量信息的掌握是不对称的，卖方拥有比买方更多的信息，进而提出了柠檬市场模型逆向市场理论，为信息不对称理论奠定了基础。自此，学术界开始对信息不对称问题进行系统的研究，基于经济生活的各个领域，提出了逆向选择理论、市场信号理论以及委托—代理理论等信息经济学的基本理论。

信息不对称是指参与双方对有关事件的知识或概率分布的把握程度不同，某些参与人拥有信息，但另一些参与人不拥有信息或拥有部分信息（张维迎，1996）。从不同的角度划分，不对称信息有着不同的类型。从发生的时间来看，不对称信息可能发生在行为人进行交易之前，称为事前不对称信息（研究事前信息不对称的博弈模型为逆向选择模型），指具有信息优势的一方（代理人）与另一方（委托人）签订合同时，代理人知道自己的类型，而委托人不知道；不对称信息也可能发生在交易之后，称为事后不对称信息（研究事后不对称信息的博弈模型称为道德风险模型），指委托人和代理人签订合同后，代理人为了自身利益最大化而刻意隐藏相关信息，从而对委托人造成损害。从不对称信息的不同内容划分，信息不对称有可能是参与者的行为（研究不可观察行为的模型称为隐藏行动模型），是指代理人的行为对委托人来说具有不可预测性；非对称信息有可能是参与者的知识（不可观测知识的研究模型称为隐藏知识模型），是指代理人所具备的知识条件对委托人不具有可知性。

3.2.3 资源依赖理论

资源依赖理论属于组织理论研究的一个重要流派。20 世纪 60 年代兴起的开放系统理论认为组织的外部环境限制、渗透和革新着组织本身（斯格特，2010），对组织而言具有非常重要的作用。开放系统理论使组织与环境的关系日益受到组织理论界的重视，这一研究范式的代表流派之一便是资源依赖理论。其代表学者杰弗里·菲佛和杰勒尔德·R. 萨兰基克于 1978 年合著了《组织的外部控制：对组织资源依赖的分析》一书，认为组织为了获取资源不得不依赖于外部环境，一个组织必须积极有效地管理其对环境的需求以获得和保持其赖以生存的关键性因素——资源。资源依赖理论认为所有的组织都不可能是自给自足的，处于具有各种各样的联系并相互连接的网络之中，其需要的财政资源、物质资源以及信息资源等都必须在与外部环境进行的资源交换中才能获得，组织才能生存。资源依赖理论中的“依赖”可以理解为“在环境中对资源的需求程度和资源的可用程度（短缺或充裕）”（Frooman，1999）。然而，环境时刻在发生着变化，资源也具有稀缺性。组织必须依赖环境这一事实使组织在面临环境变化时必须做出要么死亡要么适应环境的选择。因此，为了生存，一个组织必须有效地管理其对环境的需求，特别是对那些能够为其提供资源和支持的组织的需求进行管理。

因此，组织的成功与否取决于其从外部环境获取主要资源的能力，对于一个组织来讲，外部环境往往具有不确定性，为了减少这种不确定性，组织或企业往往会通过采取一些交换策略减少对外部环境或资源的依赖性。有些组织会通过任命能够带来关键性资源的人员进入组织的治理董事会来获得外部环境的支持，但是如果这些人员带有最初不协调的利益，将会使组织很容易受到这些人员的影响，在这一过程中，组织对外部环境产生了依赖（杰弗里·菲佛和杰勒尔德·R. 萨兰基克，2006）。因此，资源依赖理论在一定意义上揭示了组织可以通过试图寻找替代性的依赖资源来减少"唯一性依赖"，从而更好地应对环境的能力，其重要的贡献就是使人们认识到组织采用不同的策略来改变自己、选择环境和适应环境以生存。

3.3 本章小结

本章首先从国有企业中党组织参与公司治理的历史进程、党组织在国有企业中的主要职能以及党组织参与决策的途径与程序三个方面阐述了政治治理的制度背景。从本章梳理的国有企业改革历程中体现党组织在企业中的地位和作用变迁的相关政策、法律、法规与规定（见表3-1）可以看出，党组织一直是国有企业中不可缺少的组织机构之一，其在企业中的政治核心地位始终不曾动摇。其次，阐述了与本研究相关的理论基础，包括委托—代理理论、不完全契约理论、利益相关者理论及管家理论的公司治理相关理论，信息不对称理论以及资源依赖理论，为本书奠定了理论基础。

表3-1 国有企业改革过程中的主要相关规定

年份	颁布部门/会议	文件/依据	相关规定
1978	中共中央	《关于加快工业发展若干问题的决定（草案）》	实行党委领导下的厂长分工负责制，确定党组织在国企改革中的主要地位
1989	中共中央政治局	《中共中央关于加强党的地方建设的通知》	首次明确提出了党组织在企业处于核心的地位
1993	人大常务委员会	《中华人民共和国公司法》	公司中中国共产党基层组织的活动，依照中国共产党章程办理
1994	党的十四届四中全会	《中共中央关于加强党的建设几个重大问题的决定》	要把党的政治优势、组织优势与现代企业制度相结合，创造中国特色的企业制度，坚持党对国有企业的政治领导，发挥国有企业党组织的政治核心作用
1997	中共中央	《中共中央关于进一步加强和改进国有企业党的建设工作的通知》	

续表

年份	颁布部门/会议	文件/依据	相关规定
1999	党的十五届四中全会	《中共中央关于国有企业改革和发展若干重大问题的决定》	加强企业领导班子建设，发挥国有企业党组织的政治核心作用，努力建设高素质的经营管理者队伍
2002	党的十六大	会议指出	企业党组织要积极参与企业重大问题的决策，发挥政治核心作用
2004	党的十六届四中全会	《中共中央关于加强党的执政能力建设的决定》	国有企业党组织要适应现代企业制度的要求，充分发挥政治核心作用
2009	全国国企党建工作会	会议指出	要以发展为中心开展国有企业党建工作，抓好党建促进企业发展
2012	党的十八大	报告指出	要求基层党组织增强自我净化、自我完善、自我更新、自我提高四个能力
2015	中共中央、国务院	《中共中央 国务院关于深化国有企业改革的指导意见》	国有企业党组织要适应现代企业制度的要求，充分发挥政治核心作用
2015	中共中央办公厅	《关于深化国有企业改革中坚持党的领导加强党的建设的若干意见》	对在深化国有企业改革中坚持党的领导提出要求
2016		《关于印发〈贯彻落实全国国有企业党的建设工作会议精神重点任务〉的通知》	落实党组织研究讨论是董事会、经理层决策重大问题前置程序的要求
2016	全国国有企业党的建设工作会议	习近平总书记提出	中国特色现代国有企业制度，要把企业党组织内嵌到公司治理结构中
2017	党的十九大	《中国共产党党章》	国有企业党委（党组）发挥领导作用，把方向、管大局、保落实，依照规定讨论和决定企业重大事项
2018	人大常委会	《中华人民共和国公司法》	在公司中，设立中国共产党的组织

4 概念模型与研究假设

4.1 概念模型

根据利益相关者理论，股东虽然拥有企业的所有权，但企业的利益应该归属于包括股东、管理者、职工、供应商、债权人、客户、社区居民、政府等在内的各类利益相关者，因为这些利益相关者提供了公司所需要的各种要素，都是企业财富的缔造者。我国国有企业在性质上是全民所有的企业，其利益相关者除以上所述之外，还应当包括全体人民，因为全体人民既是企业所有者，也有可能是企业的员工、国有上市公司的投资者等，与国有企业之间具有错综复杂的关系。由于国有企业的内部治理存在“所有者缺位”“内部人控制”等问题，外部治理由于处于非发达的资本市场中而存在各类监管问题，使企业管理者有动机和可能为了自身利益向外界披露有选择性倾向的信息，甚至隐瞒重要信息，从而导致信息披露不规范。而国有企业中的党组织出于其“把关定向”的监督职能，有责任协调包括全体人民在内的各利益相关者的利益，以维护社会公平，发挥各利益主体的主观能动性。当党组织参与公司决策时，在听取专家对相关问题见解的同时，也会收集群众的意见，从而在很大程度上抑制了内部人行为，有力促进会计盈余等信息的披露，提高国有企业盈余质量。

管家理论认为，企业经营者并不是完全的机会主义者或简单的代理人，他们的行为并非完全出于经济需求的动机，还出于包括自我实现在内的各种非经济需求的动机，因而会具有很强的利他主义倾向。苏启林（2007）认为管理者是忠诚可信的利他或利组织的集体主义者，并且以严格的职责、诚信和高度的组织承诺“管家”。我国国有企业自成立至今一直进行着以产权改革为主要内容的改革，从最初的国有独资，到后来的国有控股，再到产权多元化（白云霞、吴连生，2008），国有持股逐渐减少，可见国有企业改革的过程，即是国有股逐渐退出国有企业的过程。但一直以来，国家掌握着国有企业人事任免权，党组织也一直强调“党管干部”的原则，政治晋升一直是激发国有企业管理层努力敬业的主要动力与机制。因此，国有企业高管层更偏向于是党和政府甚至人民财富的“管家”。当企业党组织成员进入企业董事会、监事会或管理层后，既是企业管理者又是企业党组织成员。这种双重身份不仅能够更好地发挥其“管家”职能，降低其自利行为和机会主义倾向，而且能够更好地发挥党组织在国有企业中的监督职能，使企业的各项经营决策既符合市场规律，又能够符合党和国家及人民的利益，从而使国有上市公司更为规范地向外界披露包括盈余在内的各类信息，提高盈余质量。

根据委托—代理理论，由于委托人和代理人之间目标的差异，代理人可以凭借信息优势采取使自身利益最大化并避免受到惩罚的行为，并最终损害了委托人的利益，形成代理冲突（Jensen and Meckling，1976）。在国有企业中，作为国有公司股东的国家本身并不是一个具体的概念，只是法律角度上的所有者，其无法也无力对代理人进行监督约束，只能由政府官员代替其监控企业的剩余控制权和剩余索取权，因而只是一种“廉价投票权”（张维迎，1995）。这种现象被学者们称为国有产权的“所有者缺位”，而所有者职能的长期“缺位”则会形成“内部人控制”问题（马连福等，2013）。在国有企业中，将党、政职位配置形成一种政治与制度安排并作为正式制度的一种替代治理机制，使党组织成为公司内部治理的有机组成部分并有权参与公司重大经营决策，可以充分发挥国有企业中党组织“把关定向”的监督功能，使其在一定程度上起到“代股东”的作用，从而改善“所有者缺位”“内部人控制”等问题，提高公司治理水平；再者，企业党组织的思想教育工作对爱岗敬业、无私奉献等企业文化的塑造，可以有效缓解企业的代理冲突，降低代理成本，从而提高公司治理水平。

根据信息不对称理论，市场中各个信息使用者对信息的掌握程度存在着较大差异。以会计信息市场为例，公司内部信息实现外部化的重要途径之一即为财务会计报告。在此过程中，公司经理层往往掌握了更为充分的内外部信息，使其进行会计信息操纵成为可能。在公司提供会计信息的过程中，内部管理层如果最先关注自身利益，故意粉饰会计信息，则会使会计信息使用者受到误导，做出错误决策，导致资源配置不合理。在此过程中，公司治理在监督激励管理层方面发挥着重要作用。高效率的公司治理通过对公司各项权力的分配和制衡来规范、制约管理层的越权行为和违规行为，对其损害外部利益相关者及中小股东的行为和后果进行纠正及补救。因此，较为完善的公司治理能够在很大程度上抑制管理层对外提供虚假或经过“粉饰”的会计信息，从而提高盈余质量。

根据资源依赖理论，与外部环境进行交换是所有组织为了生存而不可避免的活动，组织所需的财务资源、物质资源以及信息资源等均来自环境，组织的成功与否取决于能否从外部环境中获得关键性资源，因此，有些组织会通过任命能够带来关键性资源的人员进入组织来获得外部环境支持。在我国，行政权力对资源的再分配具有重要的影响（Xin and Pearce，1996），比如企业所依赖的银行贷款、税收优惠、土地、补贴等资源的分配均受到政府部门的重要影响。Pfeffer（1972）认为董事会结构和董事会的规模并不是随意的、独立的，而是企业对公司内外部因素做出的理性反应，董事会加强与外部的联系，董事会成员为公司带来什么样的专业资源和社会资源是企业获得成功的重要因素。可见董事会成员与外部联系为公司获得更多的资源能够提高董事会治理的效率。我国社会经济交往更为注重人际关系（黄文锋、张建琦、黄亮，2017），国有企业党组织的组织形式和运作规则要求的党组织生活的制度性安排与开展使得不同部门、地区和企业的党员具有较多的互动交流与情感的联结。如果国有企业党组织成员甚至企业党组织领导进入董事会，其相较于其他人可能在这种政治联系中获得更多对企业发展有利的信息、资源以及外部生存环境的改善，从而提高董事会治理的效率以及整体公司治理水平。理论框架见图 4－1。

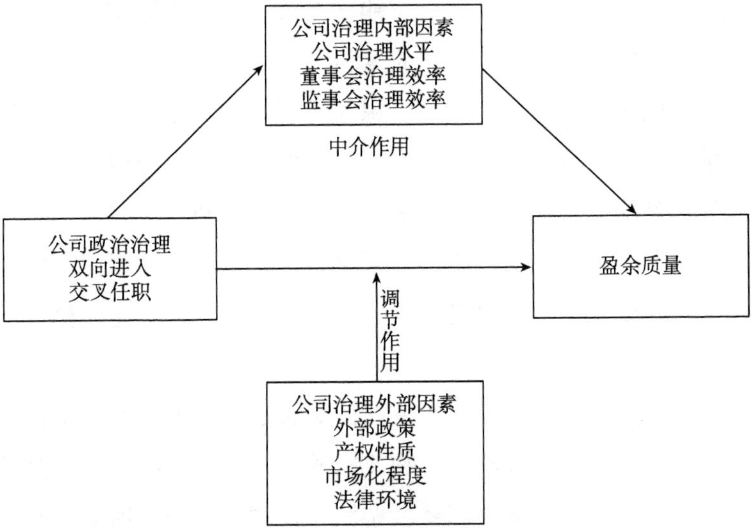

图 4－1　理论框架

4.2　研究假设

4.2.1　公司政治治理与盈余质量

在我国，国有公司一般是由原来的国有企业改制而来，并在自20世纪80年代开始的改革过程中逐步建立了现代化的公司治理结构。在这些国有公司的治理结构中，国家作为投资人将国有资产注入国有性质的公司，并在改革过程中逐步下放了企业经营管理权。这些掌握了经营管理权的国有公司，管理国有资产进行自主经营，成为国有资产的代理人，与作为委托人的国家之间形成了委托—代理关系。根据代理理论，代理人往往会利用比委托人拥有的更多信息，出于自我寻利的动机，违背股东利益最大化目标，做出使自身利益最大化的决策（Jensen and Meckling，1976）。青木昌彦等研究了20世纪七八十年代中欧和东欧的转型经济，指出计划经济体制的停滞导致了中央计划官员的权力下放和计划指标的下放，使企业的管理者获得了管理权，中央计划经济解体后留下的真空进一步使那些已经获得相当大控制权的管理者获得了权力，而内部人控制是由公有制经济演化而来的一种内生趋势，是指在国有企业公司化过程中，原有的经营者或者职工取得相当一部分企业控制权的现象（青木昌彦、张春霖，1994）。对于我国的国有企业，改革的过程就是逐步下放权力的过程，而政府在将经营管理权下放给企业的同时，却没有对企业经营者的行为进行有效的监督和控制，从而导致企业经营者的机会主义行为（黄兴孪、沈伟淘，2009），诸如高额在职消费、信息披露不规范、经理层短视行为、超额薪酬、国有资产流失、侵占小股东利益和债务延期等（费方域，1996）。“内部人控制”问题往往还会导致诸如代理成本增加、国有资产流失、企业效率低、腐败、社会不公平（钱颖一，1995；陈湘永等，2000）等不良后果的产生。一般来说，“内部人控制”会为企业的健康发展带来负面影响（青木昌彦，1994；张春霖，1995）。

在此背景下，将国有公司中党、政职位配置形成一种政治制度安排并作为正式制度的一种替代治理机制，使党组织有效参与公司内部治理，影响公司重大决策，在一定程度上可以弥补国有上市公司内外部治理环境的劣势，起到对国有企业管理者的监督作用，从而缓解“所有者缺位”和“内部人控制”等问题产生的代理冲突（马连福、王元芳、沈小秀，2012）。在实行了“双向进入、交叉任职”的领导制度以后，国有企业党组织成员可以直接进入董事会、监事会或经理层，甚至担任董事长、监事会主席或总经理。这样，企业党组织不仅参与企业重大经营决策，而且可以直接参与公司的各项经营活动，提高对企业各项决策和经营活动的知情度，缓解政府监管部门与企业经营者之间由信息不对称带来的监管困难。委托人与公司管理者之间的信息不对称是盈余管理存在的必要条件（Tureman and Itman，1988；Dye，1988）。股东与管理层之间的信息不对称程度越高，管理层进行盈余管理的动机往往越强（白云霞、吴联生，1998），相反地，二者之间信息不对称程度的降低，会减弱管理层进行盈余管理的动机。因此可以推断，企业党组织成员进入董事会、监事会或经理层会因信息不对称程度的降低而提高盈余质量。且党组织在国有公司中具有思想政治教育的职能，对公司经营管理活动充分知情的企业党组织成员作为公司思想政治教育的主体，会由于自身的政治觉悟而把党和人民的利益放在靠前的位置。因此，党组织成员兼任企业的董事、监事或经理，会缓解他们在决策中的机会主义倾向，更多地体现为“管家”的特质，会减弱其因私利而进行盈余操控的动机，从而提高盈余质量。

另外，党组织具有为国有企业“把关定向”的职能，其有责任监督企业遵守相关政策、法规与规定，同时也要帮助企业更好地理解国家政策导向（Ang and Boyer，2007）。自2002年党的十六大开始，《党章》一直规定“保证监督党和国家的方针、政策在本企业的贯彻执行”是企业党组织的责任。企业党组织参与公司治理的主要任务是把好政治关和政策关，保证和监督党和国家的方针政策在企业贯彻执行（尹元金，2012）。参与公司治理的企业党组织成员既是企业遵守相关政策法规与规定的监督者，同时又是实施者。党组织生活的制度性安排使得企业党组织成员对相关政策法规与规定及国家政策导向有着准确的理解与定位，从而使党组织对相关政策法规与规定在企业中的实施产生有效的促进作用。例如，在经济体制改革不断推进的情况下，《企业会计准则》也与时俱进地不断修订与更新，企业党组织则会根据改革大局对《企业会计准则》在企业中的准确理解与实施提出要求；在全面从严治党的背景下，参与企业经营管理的企业党组织成员会更加注重《会计法》的普及和实施，对企业财会人员进行思想政治教育，并进行更为严格的监督管理；2008年，财政部等五部委联合颁布了《企业内部控制基本规范》及配套指引要求上市公司实施内部控制并披露其相关信息，各有关部门尝试通过推动中央国有企业加强内部控制建设，发挥其示范作用，从而推进《企业内部控制基本规范》及配套指引的实施，引导我国公司整体提高内部控制建设水平（荣刚、李一，2016），而参与公司治理的企业党组织成员理应发挥“把关定向”的功能，对《企业内部控制基本规范》的执行起促进作用；等等。无论是《企业会计准则》的准确理解与实施，还是按照《会计法》的要求增强会计人员专业、道德素养及法律意识，无疑均会对企业会计盈余等信息的规范披露产生正向影响，并相应地提高企业盈余质量。而建设高质量的内部控制体系也可以提高企业盈余质量（Doyle，Ge and Mcvay，2007；Goh and Li，2011；Mitra，Jaggi and Hossain，2013；Ashbaugh – Skaife，Collins and Kinney，2008；刘启亮等，2013；方红星、金玉娜，2013）。

利益相关者理论认为，任何能够对企业实现其利益目标的过程产生影响的群体或者个人均为企业的利益相关者（Freeman，1984）。Campbell（2007）认为，国有企业中的党组织是加强企业社会监管的一种制度力量，能够对企业的非社会责任行为起到抑制作用，从而促进社会的和谐健康发展。党组织在国有企业中代表国家和人民对企业的生产经营管理进行监管，并具有参与重大经营管理决策的权力，其在国有企业中有责任协调和整合股东、债权人、雇员、供应商、监管部门等各利益相关者的合法权益，尤其要维护雇员、中小股东和债权人等的利益，以维护社会公平和经济社会和谐稳定。财务会计信息是向外部利益相关者传递公司财务状况和经营成果等相关方面的信息以缓解市场中广泛存在的信息不对称问题和代理冲突的主要渠道。高质量的财务会计信息可以提高资源配置效率（Biddle and Hilary，2006；曾颖、陆正飞，2006；潘红波、余明桂，2014），而当低质量会计信息累积到一定的程度，一旦被市场发现隐藏了坏消息，则会带来股价的剧烈波动，甚至引起股价崩盘（Jinand Myers，2006；Kothari，Shuand Wysocki，2009；Hutton and Marcus，2009），不利于经济社会稳定和资本市场的健康发展。作为一种生产经营组织形式，与非国有企业相比，国有企业在具有营利性的同时还具有公益性，其营利性体现在追求经济利益的最大化，保障国有资产的保值和增值，其公益性体现在具有调节经济的功能，保障国民经济的各个方面均衡发展，因此，国有企业同时具有双重的功能，即营利功能和社会功能（陈世瑞，2012）。国有企业不仅仅是追求利润最大化的普通企业，还是承担社会稳定和经济增长多重任务的主体（Lin，Cai and Li，1998；Bai，Lu and Tao，2006）。在本质上，党的根本利益与国家和全体人民的利益具有高度的同质性（董学群，2009）。因此，参与企业重大经营决策和经营活动的企业党组织成员出于大局观的考虑，会更有效地监督企业对包括会计盈余在内的各类信息的披露，从而保护各利益相关者的利益以及督促企业的社会责任行为，以维护资本市场、经济和社会的和谐健康发展。

因此，本书认为，公司政治治理能够提高国有上市公司的盈余质量。具体到“双向进入、交叉任职”的不同形式，企业党组织成员与董事会、监事会或经理层成员的交叉程度越高，越能够体现企业党组织的意志，对盈余质量的提高作用越显著；同样地，国有企业党组织领导进入董事会、监事会或经理层可以提高盈余质量。基于以上分析，本书提出如下假设：

H1：公司政治治理能显著提高国有上市公司盈余质量。

H1a：国有上市公司党组织成员与董事会、监事会或经理层成员重合的程度与盈余质量正相关。

H1b：国有上市公司党组织领导进入董事会、监事会或经理层能够提高盈余质量。

4.2.2 公司政治治理与公司治理内部因素

（1）公司政治治理与公司治理

与西方国家现代公司治理机制的建立不同，我国是在党领导下的经济改革中建立的现代公司治理机制，党组织在绝大多数的国有上市公司中起着重要的作用（Chang and Wong，2014）。我国国有上市公司绝大部分由原来的国有企业改制而来，建立了股东大会、董事会、监事会和经理层等现代公司治理结构。在国有上市公司建立初期，大部分国有公司的董事会和经理层成员都是由原企业的高级管理人员原班人马组成的（陈湘永、张剑文、张伟文，2000）。至今，国有上市公司高层管理人员的行政级别依然存在，他们大多具有政府官员和职业经理人“亦官亦商”的双重身份，且在很多情况下作为政府官员的倾向性更强（郑志刚等，2012；杨瑞龙、王元、聂辉华，2013），具有“准官员”的特征（杨瑞龙、王元、聂辉华，2013）。我国的经济制度和企业制度经过几十年的改革虽然经历了很大程度的变迁，但是“党管干部”和“党管人才”的人事管理制度是一直坚持的重要原则，国有企业的高层管理人员由政府直接任命。钱颖一（1995）认为，国有企业经理人员在资产使用方面获得相当控制权之后，“党管干部”的原则对约束国有企业高管人员以缓解“内部人控制”问题具有重要作用，党组织通过对高管人员做出惩戒性解职而有效约束国有企业高层管理人员的行为。Qian（2000）认为在我国国有上市公司内部治理机制和外部治理环境都不能有效激励和约束经理人员的情况下，行政监督仍是抑制国有上市公司经理人员滥用职权的重要手段。

如前所述，国有企业的双重属性决定了其不仅有营利功能，还有社会功能，相应地，国有企业高管的决策与行为须兼顾这两种功能。Chen，Guan 和 Ke（2013）以香港上市红筹股公司的高管薪酬为研究对象，发现出于国家“限薪令”的要求以及维护社会公平的舆论压力，公司高管并非一定要获得高额薪酬。实行了“双向进入、交叉任职”的国有上市公司，党组织领导一般由上级党委直接任命或选举产生，以确保党的方针和政策在企业中得到有效的贯彻执行，使国家利益得到有效保障（董学群，2009），“亦官亦商”的双重特质决定了激发其努力敬业的主要动力是政治晋升（郑志刚等，2012；杨瑞龙、王元、聂辉华，2013；王曾等，2014），而非薪酬。《公司法》和《党章》赋予了党组织在国有企业中“政治核心”的法定地位，“双向进入、交叉任职”的领导体制从制度上明确了党组织参与国有企业治理的具体路径和方式以保障党组织能够有效地参与公司经营决策。按照法定程序进入董事会、监事会或经理层的企业党组织领导和成员，出于政治晋升的考虑，更有动力履行党组织在国有企业中的职责和权力，有效监督党和国家的路线、方针和政策在企业中得到有效贯彻执行，以及促使国家有关文件的精神实质和具体要求在企业中得到体现，以兼顾国有企业营利功能和社会功能。而直接参与企业的经营和决策活动也为党组织在企业中有效执行职责和权力提供了更好的实践基础和条件。党委会成员以“双向进入、交叉任职”的方式进入国有上市公司的董事会、监事会或经理层后，可以更好地了解企业经营管理活动，为参与企业重大经营决策掌握更多的信息以利于更好地决策，并在很大程度上缓解了政府监管企业高管人员行为时的信息不对称问题，为更好地履行其在国有上市公司中的监督职能提供条件。在国有企业中，党代表的是国家和全体人民的利益（董学群，2009）。企业党组织领导或成员兼任的高管在经营决策中会由于其双重属性综合考虑营利和社会双重影响，比非兼任的高管更倾向于增加对国家和全体人民利益的关注，而减少其损害公司价值的私利行为，从而缓解包括“内部人控制”在内的各种代理问题，提高公司治理水平。马连福、王元芳、沈小秀（2012）及王元芳、马连福（2014）的实证研究也证实了党组织成员进入董事会、监事会或经理层对国有上市公司代理成本和公司治理水平产生显著影响。基于以上分析，本书提出如下假设：

H2：公司政治治理能显著提高国有上市公司治理水平。

H2a：国有上市公司党组织成员与公司董事会、监事会或经理层成员重合的程度与公司治理水平正相关。

H2b：国有上市公司党组织领导进入董事会、监事会或经理层能够提高公司治理水平。

（2）政治治理与董事会治理

董事会是公司的最高控制系统（Fama，1980）。在上市公司治理结构中一般存在两个层次的委托—代理关系：股东与董事之间的委托—代理关系以及董事与经理之间的委托—代理关系。就我国国有上市公司而言，政府（或国有资产管理部门）将国有资产委托给企业董事会，董事会将企业的经营管理权委托给经理层，其中董事会处于治理结构中的枢纽位置——既是代理人（相对于政府或国有资产管理部门），也是委托人（相对于经理层），其发挥作用的程度将对法人治理结构的有效性产生决定性的影响（陈湘永、张剑文、张伟文，2000）。在国有上市公司中，党组织参与重大经营管理决策主要体现为与董事会的关系，董事会是企业最主要的决策机构，为减少甚至避免其决策失误，党组织在公司治理中的主要作用是为董事会的科学决策提供支持（马连福、王元芳、沈小秀，2012）。如前文所述，国有企业的重大问题在董事会做出决议之前，应当与企业党组织充分交换意见，在董事会决策之前首先形成党组织的参考意见。在董事会决策过程中，进入董事会的党组织成员应当充分发表意见，努力使党组织的意见被采纳。因此，企业党组织成员与董事会成员的重合，有助于降低党组织与董事会之间的沟通成本，从而提高决策效率，保证董事会的高效运转（马连福、王元芳、沈小秀，2012）。另外，在具有“官员”特质的国有企业董事监管经理人员动力不足（陈湘永、张剑文、张伟文，2000）的情况下，企业党组织与董事会的“双向进入、交叉任职”能够以党组织在企业中的监督职能有效弥补这一董事会治理的缺陷，从而提高董事会治理的效率。

董事会成员为公司带来什么样的专业资源和社会资源是企业获得成功的重要因素，而董事会结构不仅受公司股权结构、公司经营范围和规模的影响，还受其他环境因素的影响，董事会规模也是对外部环境条件的理性反应（Pfeffer，1972）。董事会与外部环境相互作用，是公司重要的边界管理者，其通过获取与公司发展相匹配的专业知识和外部资源并及时向管理者提供有价值的信息来保障重大经营决策制定的正确性。相较于其他企业，党组织领导或成员进入董事会的国有企业可能在这种政治联系中获得更多对企业发展有利的信息和资源。另外，由于党组织完善的组织形式和运作规则，企业党组织对国家的方针、路线和政策有着更为准确的把握，这无疑增加了有党组织领导或成员的董事会对外部经营环境的准确判断，从而降低经营风险，提高董事会治理效率。同时，企业党组织的成员兼任董事会的成员，也会使董事会在制定重大经营决策时，与企业党组织进行沟通之前就把关决策与国家政策、方针和政策的一致性，从而降低沟通成本，提高董事会决策效率。

董事会作为一种集体决策型机构，包括董事长在内的所有董事必须通过董事会参与决策，并实行一人一票的议事规则，即董事之间在决策时地位平等，不存在正式的上下级关系，即使董事长是董事会的召集人和主持人，他也并不具备对其他董事的强制权力，在此制度下，董事之间的非正式层级关系在董事会决策中发挥着重要的作用（张耀伟、陈世山、李维安，2015）。非正式层级是指组织成员由于其在外界权威或声望的不同而在组织中受到尊敬程度的不同，体现在董事会中，表现为具有较高权威或声望的高层级董事受到其他董事较多的尊敬，相应地，权威或声望较低的低层级董事则受到其他董事较少的尊敬。在董事会决策过程中，高层级的董事往往对较低层级的董事具有较强的指引作用，从而有利于提高董事会的决策效率（Beliveau，Oreilly and Wade，1996；He and Huang，2011）。在我国国有上市公司中，党组织是公司治理结构中重要的组成部分，出于其政治功能，不同于其他公司治理参与主体会在决策中做出短视或私利行为，党组织能够对公司整体利益和关系进行平衡（黄文锋、张建琦、黄亮，2017）。因此，党组织在国有企业的重大决策中会从“大局观”的视角兼顾各方利益相关者的利益，董事会中的党组织成员代表的更多是包括国家和人民在内的多方利益主体的利益而非自身利益，这无疑会增加其在董事会的权威和声望，提高其在非正式层级中的地位，从而提高董事会决策效率。基于以上分析，本书提出如下假设：

H3a：国有上市公司党组织与董事会成员的重合程度与董事会治理效率正相关。

H3b：国有上市公司党组织领导进入董事会能够提高董事会治理效率。

（3）政治治理与监事会治理

监事会是现代公司治理结构中重要的监督机构。在以“内部人控制”为特征的治理体系中设立监事会作为独立的监督机构可以有效地在董事会外部制约和平衡管理者权力，保护利益相关者的利益（李维安、张亚双，2002），因此我国上市公司采用监事会制度是与公司治理体制相适应的选择。但是长期以来，监事会的治理效果被认为不尽如人意（李爽、吴溪，2003；李维安、王世权，2005；袁萍、刘士余、高峰，2006；Dahye，Karbhari and Xiao，2002；Xiao，Dahya and Lin，2004）。Dahye，Karbhari 和 Xiao（2002）通过询问投资人对监事会看法的方式，研究分析后认为监事会的独立性不强是影响监事会治理效果的重要因素之一。但近年来也出现了一些研究，表明我国监事会制度并非全无作用。Ding 等（2010）研究发现，2006 年的《公司法》实施以后，监事会对高管薪酬的影响显著加强。王淑慧等（2009）研究表明，监事会年度会议次数、外部监事比例、监事会持股比例和持股监事人数比例四个因素均与公司业绩显著正相关。王彦超、辛清泉、王娅娅（2007）研究认为，国有企业中随着第一大股东持股比例上升，监事会治理绩效逐渐增强。程晓陵、王怀明（2008）研究表明，监事会的规模越大，内部控制有效性越强。冉光圭、方巧玲、罗帅（2015）以及王兵、吕梦、苏文兵（2018）研究表明，监事会的特征利于抑制公司的盈余管理行为，从而认为中国上市公司监事会发挥着积极的财务监督作用。

监事会是监督企业经营管理和财务活动的制衡机制，同时也是股东等利益相关者的参与机制（王世权，2011）。监事会对于公司治理的作用在于对董事会进行监督，并监督董事、经理和其他高级管理人员职责的履行。《公司法》规定监事会成员中需有股东和职工代表。在现有的公司治理结构中，监事会中职工代表的选取以及职工监事的工资水平一般由经理层决定，这导致员工监事的监督职能受限，“所有者缺位”“内部人控制”和信息不对称问题为股东履行监督职能带来困难。如前所述，党组织是国有企业中另一个重要的监督机构，而且党组织作用于国有上市公司内部，代表国家和人民的利益，在一定程度上起到“代股东”的作用，可以更有效地对公司董事、经理和其他高级管理人员进行监督。企业党组织成员进入监事会，会同时发挥基层党组织和监事会的双重监督作用，可以缓解股东监事与企业“内部人”的信息不对称；兼任企业党组织成员的员工监事受到经理人管理的同时还对企业党组织负责，会增加员工监事的责任心和话语权，从而提高监事会的治理效率。基于以上分析，本书提出如下假设：

H4a：国有上市公司党组织成员与监事会成员交叉的程度与监事会治理效率正相关。

H4b：国有上市公司党组织领导进入监事会能够提高监事会治理效率。

4.2.3 公司治理内部因素的中介效应

由于党组织参与经营管理决策对公司“内部人”与“外部人”的信息不对称现象有一定程度的缓解，党组织成员具备的“管家”特质，党组织对企业遵守和执行国家方针、政策和法规具备的“监督”作用，党组织对于各“利益相关者”利益的协调与维护等，公司政治治理对国有上市公司盈余质量有正向影响。同时，公司政治治理一定程度上可以弥补国有上市公司内外部治理环境的劣势，起到监督管理者的作用，缓解“所有者缺位”和“内部人控制”等问题产生的代理冲突（马连福、王元芳、沈小秀，2012），从而提高公司治理水平。在我国，一般情况下公司治理水平的提高可以显著提高盈余质量（马忠、陈登彪、张红艳，2011；陈俊、陈汉文，2007；张兆国、刘晓霞、邢道勇，2009；赵景文，2006；陈旭东、黄登仕，2007；等等）。亦即政治治理一方面会对盈余质量直接产生影响，另一方面会以公司治理为中介对盈余质量产生间接的影响。同样地，公司治理水平对公司政治治理与盈余质量之间关系的中介作用亦会体现在公司治理水平的两个重要方面——董事会治理效率和监事会治理效率。基于以上分析，本书提出如下假设。

H5：公司治理水平在公司政治治理与国有上市公司盈余质量之间的关系中起中介作用。

H5a：公司治理水平在企业党组织成员与公司董事会、监事会或经理层成员重合的程度和国有上市公司盈余质量之间的关系中起中介作用。

H5b：公司治理水平在企业党组织领导进入董事会、监事会或经理层与国有上市公司盈余质量之间的关系中起中介作用。

H6a：董事会治理效率在企业党组织成员与公司董事会成员重合的程度和国有上市公司盈余质量之间的关系中起中介作用。

H6b：董事会治理效率在企业党组织领导进入董事会和国有上市公司盈余质量的关系中起中介作用。

H7a：监事会治理效率在企业党组织成员与公司监事会成员重合的程度和国有上市公司盈余质量之间的关系中起中介作用。

H7b：监事会治理效率在企业党组织领导进入监事会和国有上市公司盈余质量之间的关系中起中介作用。

4.2.4 公司治理外部因素的调节作用

公司外部治理环境主要是指企业进行生产、交换与分配的外部政治、社会和法律法规基础，其在经济发展中是个经久不衰的话题，会对企业行为产生重要的影响（李延喜、陈克兢，2014）。国内外大量的研究证实了不同的外部治理环境对盈余质量的影响（Leuz，Nanda and Wysocki，2003；Francis and Wang，2008；Ball and Sadka，2008；李延喜等，2012；李延喜、陈克兢，2014；崔艳娟、李延喜、陈克兢，2018；等等）。因此，本书接下来研究在不同的外部治理因素下，公司政治治理对盈余质量影响的差异。

（1）外部政策的调节作用

一个国家的外部治理环境会显著地影响公司报告的盈余（Land and Lang，

2002），而政府治理是企业重要的外部治理因素之一（陈辉发、蒋义宏、王芳，2012）。公司政治治理是我国国有企业治理结构区别于西方国家的一个重要特征，其存在具有独特的历史及制度原因，并在我国经济发展和国有企业改革中起到了重要的作用。从3.1.1节党组织参与公司治理的历史进程可以看出，为适应我国的经济发展和国有企业改革，党组织在国有企业中的地位和功能一直在进行着调整。因此，党和政府的路线、方针和政策不断与时俱进地变革，必然会导致国有企业党组织对企业行为的影响发生变化。

2012年党的十八大报告要求基层党组织增强“自我净化、自我完善、自我更新、自我提高”的能力，强调从严治党以及党的反腐倡廉建设，并在“十三五”规划中强调要继续加强党风廉政建设和反腐败工作，从此党风、政风焕然一新。在深化国企国资改革的关键时期，2015年中共中央印发了《关于深化国有企业改革的指导意见》（以下简称《指导意见》）和《关于在深化国有企业改革中坚持党的领导加强党的建设的若干意见》（以下简称《若干意见》），这两份文件是新时期加强国有企业党的建设的指导性文件，要求把加强党的领导和完善公司治理统一起来，明确了党组织在法人治理结构中的法律地位，并要求坚持和完善“双向进入、交叉任职”的领导体制，针对国有企业中的“一些企业管理混乱，内部人控制、利益输送、国有资产流失等问题”充分发挥董事会、监事会、经理层以及企业党组织的作用。《指导意见》和《若干意见》不仅要求企业重大决策必须先由党委（党组）研究提出建议，而且强调落实国有企业党风廉政建设，建立健全党风廉政建设和反腐败工作体系（国资委，2016）。2016年10月将“讨论前置”确立为所有国有企业都必须采用的决策机制，意味着被党组织提出否定意见的事项将无法进入高管的决策程序，该机制更加保证了企业党组织在生产经营和选人用人方面把好决策的政治关（强舸，2018）。2016年中共中央总书记习近平在全国国有企业党建工作会议上提出，企业党组织内嵌于国有企业治理结构之中，是国有企业治理结构的有机构成，这对党组织在企业中的作用给出了公司治理角度的科学定位。作为一种国家治理机制，反腐工作在很大程度上改变了国有企业所处的政治环境，并且显著地影响了国有企业行为（金玉超等，

2016）。在此背景下，鉴于我国国有企业高管“经济人”和“政治人”的双重身份（杨瑞龙、王元、聂辉华，2013），党的十八大以后，企业党组织在国有企业重大经营决策中的影响方式和影响力度将会发生重大转变。因此，2012 年党的十八大后，公司政治治理对盈余质量的影响力度比之前更大。基于上述分析，本书提出如下假设：

H8：2012 年党的十八大以后，公司政治治理对盈余质量的正向影响比之前更显著。

（2）产权性质的调节作用

我国国有企业是指所有国有独资、国有控股及国有参股的企业，它们（金融业除外）现阶段主要由中央和地方各级国资委进行监管，一般情况下，由国务院国资委监管的国有企业为中央国有企业，由地方各级国资委监管的国有企业为地方国有企业。虽然同为国有企业，二者之间在企业规模和实力、在国民经济中的地位以及企业领导的考核等方面存在着较大的差异。相对于地方国有企业，中央国有企业一般规模更为庞大，实力也更为雄厚，一般在关系国家安全和国民经济命脉的主要产业和关键领域占据主导地位。

与西方国家具有较为完善的经理人市场不同，我国国有企业的各级管理者主要由上级政府主管部门行政任命（谭亚莉、廖建桥、李骥，2011），党组织对企业管理人员的任用和罢免一直保持着控制权（Fan，Wong and Zhang，2007）。国有企业的负责人由各级党委的组织部管辖，即在现阶段，我国国有企业领导职位的行政级别依然存在（杨瑞龙、王元、聂辉华，2013），国有企业领导呈现出“亦官亦商”的双重角色（刘小玄，2001）。相对于薪酬，具备行政级别的国有企业高管对政治升迁更为敏感。因此，虽然中央国有企业和地方国有企业的高管人员的考核均被纳入行政体系，业绩较高的公司高管将被晋升到级别更高的职位（廖冠民、张广婷，2012），这很大程度上调动了高管提升公司业绩的积极性（姜付秀、朱冰、王运通，2014；王曾等，2014；金玉超、靳庆鲁、宣扬，2016），但激发国有企业高管积极性的还有行政级别的提升等因素。

对中央国有企业领导的考核方面，国务院国有资产监督管理委员会于

2003年刚成立时即颁布了《中央企业负责人经营业绩考核暂行办法》，将企业经营业绩作为中央企业负责人的主要考核内容，并在其以后的修订版中继续坚持了该原则。考核采用年度考核和任期考核相结合的方式，分别采用利润总额、经济增加值（EVA）、主营业务收入平均增长率及国有资本保值增值率为主要指标。考核的结果将作为中央企业负责人薪酬高低和职务任免的重要依据。而地方国有企业的情况则有所不同。我国以"放权让利"为主线的改革取得了举世瞩目的成绩，其中"分权制"在调动地方政府的积极性方面起了重要作用。1994年的分税制改革直接扩大了地方政府对地方经济的管理权限（Jin, Qian and Weingast, 2005；王文剑、仉建涛、覃成林，2007）。在改革过程中，地方政府的政绩主要依赖于当地GDP的增长。宏观经济的增长往往具有微观基础，地方经济的增长很大程度上依赖于地方企业的发展与增长，规模的扩张是地方国有企业实现增长最为直接的方式。因此，地方国有企业负责人除了注重业绩增长之外，还肩负着支持当地政府官员在GDP增长的晋升锦标赛中获胜的重任，比中央国有企业更注重规模的扩张。而企业规模的扩张往往意味着更多的非价值最大化目标（Baumol, 1967；Jensen and Meckling, 1976）等。

如前文所述，国有上市公司中的党组织有责任保证党和国家的方针、政策在本企业的贯彻执行，并监督企业遵守相关政策、法规与规定的情况。而且为了维护企业各利益相关者的利益，尤其是维护资本市场中小投资者利益以求经济与社会的稳定，国有上市公司中的党组织更倾向于促使企业对外提供质量较高的会计盈余信息。因此，国有上市公司中的政治治理对更有利润操控动机的地方国有企业的盈余质量有更显著的正向影响。基于以上分析，本书提出如下假设：

H9：公司政治治理对地方国有企业的盈余质量的影响比对中央国有企业更显著。

（3）市场化水平的调节作用

市场化最基本的特征是将社会的全部经济活动纳入市场，建立市场为主导的管理体制，以市场作为基础手段，利用价格机能解决政治、经济等一系列问题，全面推进市场经济发展。我国经历了长时间的市场化改革之后，市场已经在我国多数经济领域起到了主导作用。但是，政策、地理、交通和历史等的地区间差异，导致了各地区的市场化程度参差不齐（夏立军、陈信元，2007），比如，经济发展较快的东部沿海地区和中部核心的市场化程度较高，而发展较为落后的西部市场化程度较低。较高的市场化程度往往意味着更为完善和成熟的市场，处于其中的公司也面临着更激励和充分的市场竞争，相应地，市场环境对会计信息操控行为的抑制作用更显著（程新生等，2011；李延喜等，2012；王东清、李静，2017）。这是因为，在市场化程度较高的地区，一方面，法治水平较高导致不规范的信息披露行为更有可能被发现且面临更严格的惩戒，另一方面，由于政府干预程度较低，政府与企业之间保持着一定的距离，且这些地区的非国有经济发展水平较高，导致处于其中的国有企业承担着较少的社会责任（夏立军、陈信元，2007），从而操控会计信息的动机减弱。而且，在市场化程度较高的国家和地区，市场的资源（包括会计信息）配置能力较强，从而能够有效地识别企业的盈余管理行为，从而导致企业契约各方的代理冲突加剧，代理成本提高，并且会计信息诉讼风险和成本也会加大，因而，企业更倾向于选择披露较高质量的会计信息以规避这些负面影响（刘永泽、张多蕾、唐大鹏，2013）。我国国有企业中党组织的存在，一是与我国的社会主义性质存在着深刻的政治逻辑；二是在我国内外部公司治理机制不尽完善的情况下缓解各种代理问题。因此，在市场化程度较低、市场机制不能够有效发挥基础作用的情况下，企业中的党组织的“监督”作用则较为重要，“监督”效果也更为显著。因此，在市场化程度较低的情况下，政治治理对国有上市公司盈余质量的正向影响比市场化程度较高的情况下更为显著。基于以上分析，本书提出如下假设：

H10：相对于市场化程度较高的情况，市场化程度较低的情况下政治治理对盈余质量的正向影响更显著。

（4）法治水平的调节作用

自 La Porta 等（1997，1999，2002）对法和金融的开创性研究以来，法治环境及投资者保护研究日益受到国内外学者的关注。法治环境是政府治理的重要构成之一，处于较好的法治环境中的公司往往面临着较少的生产性制约和较低的交易成本，其盈余管理的动机较低，相反，较差的法治环境也往往意味着政府制度性供给资源的配置效率较低，其中的企业进行盈余管理的动机则较强（崔艳娟、李延喜、陈克兢，2018）。国内外大量的研究证实了法治环境和投资者法治保护程度能够降低上市公司盈余操控的程度（Che and Qian，1998；La Porta et al.，1999；La Porta，Lopez – de – Silanes and Zamarripa，2003；Leuz，Nands and Wysockj，2003；Haw et al.，2004；Nenova，2003；Francis and Wang，2008；吴永明、袁春生，2007；张玲、刘启亮，2009；李延喜等，2012；崔艳娟、李延喜、陈克兢，2018）以及较差的法治环境能够导致较低的盈余质量（Lang，Smith and Wilson，2006；Nabar and Boonlert – U – Thai，2007）。近年来，随着改革的逐步深入和依法治国的不断推进，我国整体的法治水平逐步提高，但是各地区实际情况的差异导致执法水平也不尽相同，从而不同地区的法治水平和法律对投资者保护力度也存在不小的差异。法治水平较高的地区往往执法效果也较好，该地区的公司产权受到更好的保护，生产经营也具有更好的法律保障，相应地，也能够更好地约束公司的盈余操控行为（崔艳娟、李延喜、陈克兢，2018）。因此可以认为，在法治环境较好的地区，上市公司盈余质量较好，反之，法治环境较差的地区，上市公司盈余质量则较差。国有上市公司中的党组织出于对公司经营管理活动合法合规性的监督以及对各利益相关者（尤其是中小股东及债权人）利益的保护，会对法治环境较差地区的国有上市公司盈余质量产生更显著的影响。基于以上分析，本书提出如下假设：

H11：相对于法治环境较好的地区，法治环境较差的地区政治治理对盈余质量的正向影响更显著。

4.3 本章小结

本章首先将公司政治治理、公司治理和盈余质量纳入统一的概念框架，构建了本书的概念模型。本书的概念模型主要用来研究公司政治治理对盈余质量的影响、公司内部治理水平对这一关系的中介作用，以及公司外部治理环境对这一关系的调节作用。其次根据前述提出的概念模型，提出了本书的主要假设，包括公司政治治理对盈余质量影响假设、公司政治治理对公司内部治理水平影响假设、公司内部治理水平在公司政治治理与盈余质量关系中的中介作用，以及公司外部治理环境对公司政治治理与盈余质量关系的调节作用，具体如表4-1所示。

表4-1 研究假设汇总

类别	研究假设
公司政治治理与盈余质量	H1：公司政治治理能显著提高国有上市公司盈余质量 H1a：国有上市公司党组织成员与董事会、监事会或经理层成员重合的程度与盈余质量正相关 H1b：国有上市公司党组织领导进入董事会、监事会或经理层能够提高盈余质量
公司政治治理与公司治理水平	H2：公司政治治理能显著提高国有上市公司治理水平 H2a：国有上市公司党组织成员与公司董事会、监事会或经理层成员重合的程度与公司治理水平正相关 H2b：国有上市公司党组织领导进入董事会、监事会或经理层能够提高公司治理水平
政治治理与董事会治理效率	H3a：国有上市公司党组织与董事会成员的重合程度与董事会治理效率正相关 H3b：国有上市公司党组织领导进入董事会能够提高董事会治理效率
政治治理与监事会治理效率	H4a：国有上市公司党组织成员与监事会成员交叉的程度与监事会治理效率正相关 H4b：国有上市公司党组织领导进入监事会能够提高监事会治理效率
公司内部治理的中介效应	H5：公司治理水平在公司政治治理与国有上市公司盈余质量之间的关系中起中介作用 H5a：公司治理水平在企业党组织成员与公司董事会、监事会或经理层成员重合的程度和国有上市公司盈余质量之间的关系中起中介作用 H5b：公司治理水平在企业党组织领导进入董事会、监事会或经理层与国有上市公司盈余质量之间的关系中起中介作用
公司内部治理的中介效应	H6a：董事会治理效率在企业党组织成员与公司董事会成员重合的程度和国有上市公司盈余质量之间的关系中起中介作用 H6b：董事会治理效率在企业党组织领导进入董事会和国有上市公司盈余质量的关系中起中介作用 H7a：监事会治理效率在企业党组织成员与公司监事会成员重合的程度和国有上市公司盈余质量之间的关系中起中介作用 H7b：监事会治理效率在企业党组织领导进入监事会和国有上市公司盈余质量之间的关系中起中介作用

续表

类别	研究假设
公司外部治理环境的调节作用	H8：2012 年党的十八大以后，公司政治治理对盈余质量的正向影响比之前更显著 H9：公司政治治理对地方国有企业的盈余质量的影响比对中央国有企业更显著 H10：相对于市场化程度较高的情况，市场化程度较低的情况下政治治理对盈余质量的正向影响更显著 H11：相对于法治环境较好的地区，在法治环境较差的地区政治治理对盈余质量的正向影响更显著

5 实证研究设计

5.1 样本选择与数据来源

5.1.1 样本选择

本书所选取的初始样本为我国深沪两市主板A股国有上市公司面板数据。自1999年9月党的十五届四中全会通过的《中共中央关于国有企业改革和发展若干重大问题的决定》明确提出国有企业的党委书记可以依照法定程序进入董事会、监事会或经理层，董事会、监事会或经理层成员也可以依照党章及有关规定进入企业党组织，党委书记和董事长可由一人担任的“双向进入、交叉任职”理念，到2004年党的十六届四中全会强调要坚持和完善“双向进入、交叉任职”的企业领导体制，再到2015年中共中央、国务院发布的《关于深化国有企业改革的指导意见》要求“把加强党的领导和完善公司治理统一起来……明确国有企业党组织在公司法人治理结构中的法定地位”并要求坚持和完善“双向进入、交叉任职”的领导体制，“双向进入、交叉任职”一直是国有企业党组织参与企业重大经营决策的重要方式。因此本书以“双向进入、交叉任职”领导体制作为公司政治治理的主要形式展开研究。2003年3月的十届全国人大一次会议审议并通过成立专职的国有资产监督管理委员会方案，将原来分散于国家经贸委、国有资产管理局、计委、中组部、中央企业工委和财政部等各个部门的国有资产管理职能由新成立的国务院国有资产监督管理委员会（简称“国务院国资委”）统一行使。在国务院国资委成立之前，党的监管权力随着国有资产的监管权力散布于各个部门，在国务院国资委成立之后成立了党委，履行党中央规定的职责。随后，在中央这一改革思路的指导下，各省、市也先后设立了各级国有资产监督管理机构，逐步形成了国务院国资委、省（自治区、直辖市）国资委和地级市国资委的“三级国有资产监管体系”。因此，结合2003年国务院国资委党委的成立及2004年党中央有关坚持和完善“双向进入、交叉任职”企业领导体制的要求，本书主要采用2004年及以后年度的数据资料，终止年限为2017年。

为了有效地验证假设，本书对选取的样本数据进行了如下优化和筛选：①剔除金融和保险行业公司样本，因该行业的行业特点，其公司经营特征及会计准则解释等方面与其他普通行业存在着本质的差异；②剔除2004—2017年被ST或*ST的公司；③为保证数据的完整性，对样本区间内主要变量在CSMAR数据库和Wind数据库中缺失或财务数据资料不全的公司进行剔除；④因公司政治治理相关指标的获取来自公开披露的管理者背景资料，故剔除管理者背景资料披露不完全的公司；⑤在进行分析之前将主要连续变量在1%分位进行缩尾处理。经过以上筛选和优化，本书最终得到10981个样本。样本的具体年度、行业分布见表5-1。

表5-1中行业的分类按照各年度中国证监会颁布的《上市公司行业分类指引》进行，本书所涵盖的15个行业的样本分别是：农、林、牧、渔业（A）152个，采矿业（B）488个，制造业（C）5599个，电力、热力、燃气及水的生产和供应业（D）927个，建筑业（E）315个，批发和零售业（F）975个，交通运输、仓储和邮政业（G）767个，住宿和餐饮业（H）79个，信息传输、软件和信息技术服务业（I）242个，房地产业（K）813个，租赁和商务服务业（L）121个，科学研究和技术服务业（M）29个，水利、环境和公共设施管理业（N）128个，文化、体育和娱乐业（R）189个以及综合（S）157个。其中，制造业（C）样本最多，占全体样本的50.99%，其余样本较多的行业依次为：批发和零售业（F），电力、热力、燃气及水的生产和供应业（D）以及交通运输、仓储和邮政业（G），分别占全体样本的8.88%、8.44%以及6.98%。此四个行业的样本占总体样本的3/4以上。各年度的样本合计分别为：2004年780个，2005年822个，2006年790个，2007年783个，2008年789个，2009年812个，2010年793个，2011年748个，2012年794个，2013年788个，2014年783个，2015年773个，2016年773个

表 5－1　样本观测值的行业、年度分布情况统计

序号	行业	2004 年	2005 年	2006 年	2007 年	2008 年	2009 年	2010 年	2011 年	2012 年	2013 年	2014 年	2015 年	2016 年	2017 年	合计	占比/%
1	A	8	12	11	11	11	12	12	9	11	11	12	11	11	10	152	1.38
2	B	29	30	31	32	35	40	36	38	39	37	37	36	36	32	488	4.44
3	C	420	445	431	413	410	424	404	373	395	392	387	381	369	355	5599	50.99
4	D	57	63	62	67	65	65	68	63	70	66	66	68	74	73	927	8.44
5	E	16	19	20	19	20	21	23	23	25	25	26	26	27	25	315	2.87
6	F	81	82	73	72	71	72	68	65	67	67	65	66	64	62	975	8.88
7	G	43	43	45	50	56	54	55	60	58	60	62	59	61	61	767	6.98
8	H	5	5	5	5	6	6	6	6	6	6	5	6	6	6	79	0.72
9	I	19	20	19	19	20	18	17	15	16	16	15	14	15	19	242	2.20
10	K	61	64	59	59	56	60	61	57	59	58	60	54	53	52	813	7.40
11	L	8	9	7	8	8	8	9	8	10	9	9	8	10	10	121	1.10
12	M	2	1	1	2	2	2	2	2	2	1	0	3	4	5	29	0.26
13	N	6	6	7	8	8	8	10	8	10	11	10	12	13	11	128	1.17
14	R	12	11	8	9	10	10	12	12	15	17	16	17	18	22	189	1.72
15	S	13	12	11	9	11	12	10	9	11	12	13	12	12	10	157	1.45
合计		780	822	790	783	789	812	793	748	794	788	783	773	773	753	10981	100
占比(%)		7.10	7.49	7.19	7.13	7.19	7.39	7.22	6.81	7.23	7.18	7.13	7.04	7.04	6.86	100	

以及2017年753个。本书使用Excel 2007和Stata 14.0等数据处理软件进行相关数据的整理、计算和分析。

5.1.2　数据来源

本书的数据主要来自国泰安数据库（CSMAR）和万得（Wind）数据库，其中，企业党组织成员在董事会、监事会或经理层的任职状况以及党委书记、党委副书记在董事会、监事会或管理层的任职状况主要以Wind数据库披露的公司资料中董事会与高管相关信息为原始资料，逐家公司逐年进行手工搜集和筛选而得，并与CSMAR数据库披露的公司高管任职状况以及各上市公司官方网站披露的有关公司高管任职状况进行了核对；有关国有上市公司的财务数据主要来自Wind数据库，并部分与上市公司年度财务报告进行了核对；有关国有上市公司的企业性质划分主要来自Wind数据库；有关国有上市公司所处地区和年度的市场化进程指数和法治水平指数来自樊纲、王小鲁、余静文所著的《中国市场化指数（2016）》，该书中相关的指数为2008—2014年数据，由于相近的年份的指数变化并不太大，因此样本中2004—2007年的市场化进程指数和法治水平指数采用2008年的数据，2015—2017年的市场化进程指数和法治水平指数采用2014年的数据。

5.2　变量设定

5.2.1　盈余质量

对于Dechow，Ge和Schrand（2010）所述的盈余质量三大类指标，盈余属性重在探究会计盈余的生成过程及其与其他科目的勾稽关系，是通过追溯经济业务活动的本源来衡量盈余质量（王化成、刘亭立、卢闯，2007）。投资者对盈余信息的反应重在研究投资回报与盈余或股票价格与盈余之间的关系，通过观察盈余公告前后股票的市场回报、股票价格和交易量等指标的变化来衡量盈余的信息含量，并据此对盈余质量进行评价。反映盈余错报的外部性指标包括美国证券交易委员会发布的会计与审计提升公告（SEC）、财务重述、根据《萨班斯法案》要求披露的内部控制缺陷等，通过这些外部指示器来判断盈余质量，其优势在于不用设计模型来判别可疑企业，劣势在于其判断结果依赖于样本企业的选择，并且无法判别盈余误报是有意的还是无意的。从逻辑关系来看，根据盈余的本质属性，盈余质量本质上是内生的，因此从盈余属性的角度评价盈余质量可以反馈会计准则的完善程度以及企业的会计处理方法真正反映企业的经营活动特征的程度。投资者对盈余信息的反应和反映盈余错报的外部性指标对于盈余质量的评价则是综合的市场反应，是以会计计量的有效性为假设前提的。因此，本书选取盈余属性指标衡量盈余质量。

基于盈余属性的各种衡量方法对盈余质量从不同的侧面进行了测度，其中，应计利润模型在文献中得到了广泛的应用。因为，上市公司在提供会计信息的过程中，管理部门往往会通过发生真实的业务来改变财务会计报告或通过职业判断编制财务会计报告，以误导以公司业绩作为决策基础的会计信息使用者或影响以财务会计报告为基础形成的契约，这是上市公司中的一种常见现象。管理部门的盈余操控行为一般通过两种途径实现（Healy and Wahlen，1999），一是以应计项目为基础，利用会计政策选择、会计政策变更或会计估计调整、会计差错更正等方式改变会计盈余在不同会计期间的分配，以达到操控应计利润的目的，但这种方式从长期来看并不会改变盈余总量；二是以真实交易为基础，通过构建真实交易操控当期会计盈余，同时也会影响当期的现金净流量，这种操控盈余的方式比较隐蔽，但以牺牲公司价值为代价。相对来讲，通过制造真实交易操控盈余的难度较高，有时会受到客观条件的制约，而通过会计政策选择、会计政策或会计估计变更等方式进行盈余操控较容易实现，而且成本较低，因而在上市公司中更为普遍。因此，本书选取应计利润模型测度盈余质量。应计利润模型主要包括琼斯模型、修正的琼斯模型、业绩匹配琼斯模型、非线性琼斯模型和 DD 模型等。本书主要对学术界使用较多的应计利润模型、琼斯模型、修正的琼斯模型、DD 模型、修正的 DD 模型进行阐述。

（1）琼斯模型

琼斯模型来自 Jones（1991）的经典文献，其基本思路为：首先假定企业的应计利润总额与年度销售收入变动和固定资产变动之间存在线性关系，并据此估计企业的非操控性应计利润；其次用应计利润总额减去非操控性应计利润，二者之差即为操控性应计利润，取其绝对值，绝对值越大，表示盈余质量越差。模型如下：

$$\frac{TA_{i,t}}{A_{i,t-1}} = \alpha_{0,i} + \alpha_{1,i}\frac{1}{A_{i,t-1}} + \alpha_{2,i}\frac{\Delta REV_{i,t}}{A_{i,t-1}} + \alpha_{3,i}\frac{PPE_{i,t}}{A_{i,t-1}} + \varepsilon_i \tag{5-1}$$

其中，i 表示公司，t 表示会计期间（下同）。$TA_{i,t}$为公司 i 当期期末应计利润总额，定义为（$\Delta CA_{i,t} - \Delta CL_{i,t} - \Delta Cash_{i,t} + \Delta STD_{i,t} - DEP_{i,t}$），$\Delta CA_{i,t}$ 为公司 i 当期流动资产净增加额，$\Delta CL_{i,t}$ 为公司 i 当期流动负债净增加额，$\Delta Cash_{i,t}$ 为公司 i 当年现金流量净额，$\Delta STD_{i,t}$ 为公司 i 当期短期借款净增加额，$DEP_{i,t}$ 为公司 i 当年计提的折旧。$A_{i,t-1}$为公司 i 上一年资产，$\Delta REV_{i,t}$ 为公司 i 当年主营业务收入净增加额，$PPE_{i,t}$ 为公司 i 当年固定资产净增加额。

首先，对模型（5－1）进行分年度分行业回归，对各系数的值进行估计，分别为：$\hat{\alpha}_{0,t}$、$\hat{\alpha}_{1,t}$、$\hat{\alpha}_{2,t}$ 和 $\hat{\alpha}_{3,t}$。

其次，将各系数的估计值 $\hat{\alpha}_0$、$\hat{\alpha}_1$、$\hat{\alpha}_2$ 和 $\hat{\alpha}_3$ 代入如下模型，分别计算出各公司 i 第 t 年的非操控性应计利润：

$$NDA_{i,t} = \hat{\alpha}_{0,i} + \hat{\alpha}_{1,i}\frac{1}{A_{i,t-1}} + \hat{\alpha}_{2,i}\frac{\Delta REV_{i,t}}{A_{i,t-1}} + \hat{\alpha}_{3,i}\frac{PPE_{i,t}}{A_{i,t-1}} \tag{5-2}$$

最后，根据以下模型计算公司 i 当年的操控性应计利润：

$$DA_{i,t} = TA_{i,t}/A_{i,t-1} - NDA_{i,t} \tag{5-3}$$

（2）修正的琼斯模型

Dechow，Sloan 和 Sweeney（1995）认为如果收入被操控，那么琼斯模型估算出的非操控性应计利润有可能偏离其实际值，并在此基础上提出了修正的琼斯模型，其以琼斯模型为基础，以当期主营业务收入减去当期应收账款余额增加额代替琼斯模型中的主营业务收入来计算当期操控性应计利润。具体模型如下：

$$\frac{TA_{i,t}}{A_{i,t-1}} = \alpha_{0,i} + \alpha_{1,i}\frac{1}{A_{i,t-1}} + \alpha_{2,i}\frac{(\Delta REV_{i,t} - \Delta REC_{i,t})}{A_{i,t-1}} + \alpha_{3,i}\frac{PPE_{i,t}}{A_{i,t-1}} + \varepsilon_t \tag{5-4}$$

其中，$\Delta REC_{i,t}$ 为公司 i 当年应收账款余额净增加额。

修正的琼斯模型对操控性应计的估计过程与琼斯模型相同。

（3）DD 模型

Dechow 和 Dichev（2002）假设企业当期利润总额与前期、当期和未来的现金流量存在线性相关关系，并由此建立了如下模型，该模型被称为 DD 模型：

$$\Delta WC_{i,t} = \alpha_{0,t} + \alpha_{1,t}CFO_{i,t-1} + \alpha_{2,t}CFO_{i,t} + \alpha_{3,t}CFO_{i,t+1} + \varepsilon_{i,t} \quad (5-5)$$

其中，$\Delta WC_{i,t}$ 为公司 i 当年营运资本变动额，$CFO_{i,t-1}$、$CFO_{i,t}$ 和 $CFO_{i,t+1}$ 分别为公司 i 上一年、当年和下一年经营活动产生的现金流量净额。

对模型（5－5）进行分年度分行业回归，取得各系数的估计值 $\hat{\alpha}_{0,t}$、$\hat{\alpha}_{1,t}$、$\hat{\alpha}_{2,t}$ 和 $\hat{\alpha}_{3,t}$。

然后将各系数的估计值代入如下模型，求取公司 i 当期非操控性应计利润：

$$\Delta \hat{WC}_{i,t} = \hat{\alpha}_{0,t} + \hat{\alpha}_{1,t}CFO_{i,t-1} + \hat{\alpha}_{2,t}CFO_{i,t} + \hat{\alpha}_{3,t}CFO_{i,t+1} \quad (5-6)$$

最后，用 i 公司 t 年度营运资本变动额的实际值（$\Delta WC_{i,t}$）减去估计值（$\Delta \hat{WC}_{i,t}$），求得操控性应计利润（EM）：

$$EM = \Delta WC_{i,t} - \Delta \hat{WC}_{i,t} \quad (5-7)$$

（4）修正的 DD 模型

修正的 DD 模型又称 McNichols 模型，是 McNichols（2002）在 DD 模型的基础上加入主营业务收入增加额和固定资产增加额后建立的模型，具体如下：

$$\Delta WC_{i,t} = \alpha_{0,t} + \alpha_{1,t}CFO_{i,t-1} + \alpha_{2,t}CFO_{i,t} + \alpha_{3,t}CFO_{i,t+1} + \alpha_{4,t}\Delta REV_{i,t} + \alpha_{5,t}\Delta PPE_{i,t} + \varepsilon_{i,t} \quad (5-8)$$

其估计非操控性应计利润的过程如同 DD 模型。

（5）应计利润模型

在应计利润模型中，应计利润总额包含两部分，即操控性应计利润和非操控性应计利润，很多文献直接用操控性利润（或其绝对值）衡量盈余质量。但当会计信息使用者利用操控性应计是否在一定时期内保持稳定来衡量盈余质量时，则无法正确判断一家操控性应计利润较高但在一定时期内保持稳定的公司与一家操控性利润较低但在一定时期内波动较大的公司的盈余质量孰高孰低。因此，Francis 等（2005）认为，在使用 DD 模型时，应计利润的质量不应当简单以操控性利润单一年度的绝对值大小来衡量，而是应当以操控性应计利润在一定期间内的标准差来衡量。

即在使用 DD 模型（5－5）或修正的 DD 模型（5－8）时，应当将模型先进行分行业分年度回归，获取模型的残差（$\hat{\varepsilon}_{i,t}$）。应计利润质量则定义为近 5 年模型残差的标准差，具体公式如下：

$$AQ_{i,t} = \sqrt{\sum_{t-4}^{t} (\hat{\varepsilon}_{i,t} - mean\hat{\varepsilon}_{i,t})^2} \quad (5-9)$$

以上五种模型中，以 DD 模型或修正的 DD 模型计算的应计利润标准差衡量盈余质量一般要求每一家公司至少连续 5 年的数据（Francis et al.，2005），在使用中会损耗一些样本并使数据的研究跨度受到一定的限制。因此本书选取上市公司研究文献中使用广泛的修正的琼斯模型来衡量盈余质量。

5.2.2 公司政治治理的衡量

如前所述，本书以“双向进入、交叉任职”的领导体制作为公司政治治理的主要形式展开研究，并参照马连福等（2012，2013）使用的政治治理代理变量对本书政治治理指标进行了具体的设定。首先是“双向进入”相关指标，主要包括企业党组织成员与董事会成员的重合程度、企业党组织成员与监事会成员的重合程度、企业党组织成员与经理层成员的重合程度以及三者的综合指标——企业党组织成员与董事会、监事会或经理层的重合程度。其次是“交叉任职”相关指标，主要是指企业党组织领导进入企业董事会、监事会或经理层，鉴于一些国有上市公司党委书记并无兼职，而是由党委副书记兼任董事长、董事、总经理或经理职务，这种情况下，党委副书记则体现了企业党组织在董事会和管理层中的影响，因此本书不仅考虑党委书记在董事会、监事会或经理层的兼职状况，同时也考虑了党委副书记的兼职状况。因此，“交叉任职”相关指标主要包括企业党组织领导兼任董事长、企业党组织领导兼任监事会主席、企业党组织领导兼任总经理、企业党组织领导兼任董事（非董事长，下同）、企业党组织领导兼任监事（非监事会主席，下同）、企业党组织领导兼任经理（非总经理，下同）以及综合指标——企业党组织领导在董事会、监事会或经理层任职等。指标的具体设定及含义见表5-2。

表5-2　公司政治治理变量定义

变量名称	变量符号	变量描述
企业党组织成员和董事会成员重合程度	$PB_{i,t}$	企业党组织和董事会重合人数/董事会人数
企业党组织成员和监事会成员重合程度	$PS_{i,t}$	企业党组织和监事会重合人数/监事会人数
企业党组织成员和经理层成员重合程度	$PC_{i,t}$	企业党组织和经理层重合人数/经理层人数
企业党组织成员参与公司治理	$ParAll_{i,t}$	企业党组织与董事会、监事会或管理层重合人数/（董事会人数+监事会人数+经理层人数）
企业党组织领导兼任董事长	$SPPre_{i,t}$	若党委书记或党委副书记兼任董事长，则取值为1，否则为0
企业党组织领导兼任监事长	$SPSup_{i,t}$	若党委书记或党委副书记兼任监事长，则取值为1，否则为0
企业党组织领导兼任总经理	$SPCEO_{i,t}$	若党委书记或党委副书记兼任总经理，则取值为1，否则为0
企业党组织领导兼任董事	$SPB_{i,t}$	若党委书记或党委副书记兼任董事，则取值为1，否则为0
企业党组织领导兼任监事	$SPS_{i,t}$	若党委书记或党委副书记兼任监事，则取值为1，否则为0
企业党组织领导兼任经理	$SPC_{i,t}$	若党委书记或党委副书记兼任经理，则取值为1，否则为0
企业党组织领导参与公司治理	$SPAll_{i,t}$	若党委书记或党委副书记进入董事会、监事会或管理层，则取值为1，否则为0

5.2.3　公司治理相关变量的选取

公司治理是确保投资者获得收益的一系列制度安排（Shleifer and Vishny, 1997），包含两个方面：公司治理内部机制和公司治理外部环境。公司治理内部机制主要涉及公司的股权结构、董事会特征、监事会特征和管理层薪酬特征等内容，公司治理外部治理环境主要涉及影响公司治理的政治、法律、社会文化环境等层面的内容。

（1）公司治理内部机制

由于每个国家或地区公司治理情景的不同，对于公司治理内部机制的评价在世界范围内并无一致的定论，不同国家分别构建了适用于本国的公司治理评价体系和公司治理指数。在我国，影响较广的公司治理评价体系分别是南开大学公司治理研究中心推出的“中国上市公司治理评价体系”和香港大学推出的“香港大学G指数”（李维安、程新生，2005）。“中国上市公司治理评价体系”主要包括六个维度：控股股东行为、董事会治理、监事会治理、经理层、信息披露、利益相关者，共有77个具体评价指标；“香港大学G指数”则仅包括八个指标，分别为CEO是否兼任董事长或副董事长、外部董事比例、五大高管人员的持股比例、第一大股东持股比例、第二至第十大股东持股量的集中度、企业是否拥有母公司、是否在其他股票交易市场上市以及是否为国有控股股东。本书根据上述两个公司治理评价体系和国内学术研究中使用较多的公司治理评价指标选择如下4个维度的14个指标衡量公司治理水平：股权结构（包括第一大股东持股比例、第二至第十大股东持股比例之和、前五大股东持股比例的平方和、前十大股东持股比例的平方和及第一大股东持股比例/第二大股东持股比例）、董事会治理（独立董事比例、董事会规模、董事会会议次数及董事持股比例）、监事会治理（监事会人数、监事会会议次数、监事持股比例）、管理层薪酬特征（高管持股比例、高管持股数量），指标的具体设定及含义见表5-3。

对于公司治理指数、董事会治理效率和监事会治理效率的综合评价，本书使用TOPSIS综合评价方法进行计算。TOPSIS综合评价方法（又称密切值法或距离法）是一种能够简洁有效地对某几个评价对象（或指标）进行全面、合理、准确的优劣排序的多指标综合评价方法。其基本原理是确定一个基本标准，实际值在其左右变动，以接近标准值为最优。计算原理如下：

首先，使用如下公式将评价指标（V_{ij}）进行标准化处理，得到指标的标准化值（Z_{ij}）：

$$Z_{ij} = V_{xj} / \sqrt{\sum (V_{ij})^2} \tag{5-10}$$

其次，根据各指标的标准化值（V_{ij}），获得指标的最优值（最大值

$Z\max_i$）和最劣值（最小值 $Z\min_i$），再使用如下公式计算出各指标与最优值的距离（$D\max_i$）和最劣值的距离（$D\min_i$）：

$$D\max_i = \sqrt{\sum (V_{ij} - Z\max_i)^2} \quad (5-11)$$

$$D\min_i = \sqrt{\sum (V_{ij} - Z\min_i)^2} \quad (5-12)$$

最后由 $D\max_i$ 和 $D\min_i$ 计算出各个指标的综合评价得分（C_i）：

$$C_i = D\min_i / (D\max_i + D\min_i) \quad (5-13)$$

其中 $i=1, 2, 3, \cdots, n$ 表示样本的数量（公司），$j=1, 2, 3, \cdots, n$，表示指标的数量。

（2）公司治理外部影响因素

公司治理外部环境主要涉及影响公司治理的政治、法律、社会文化环境等多层面的内容。根据本书假设中的分析，对政治治理与盈余质量关系影响较大的公司治理外部环境因素主要包括：外部政策的变化、产权性质、市场化程度和法治化程度四个方面，指标的具体设定及含义见表 5－3，其他影响盈余质量的公司治理外部环境因素则作为控制变量。

表 5－3　公司治理相关变量的定义

变量类型	变量名称	变量符号	变量描述
股权结构	公司治理水平	$CG_{i,t}$	对股权结构、董事会治理效率、监事会治理效率和经理层薪酬特征 4 个维度的 14 个指标使用 TOPSIS 综合评价方法计算综合指数
	股权集中度	$\mathrm{Ln}Con1_{i,t}$	第一大股东持股比例
		$\mathrm{Ln}Con2_{i,t}$	第二至第十大股东持股比例之和
		$\mathrm{Ln}Con3_{i,t}$	前五大股东持股比例的平方和，即赫芬达尔指数 HER5
		$\mathrm{Ln}Con4_{i,t}$	前十大股东持股比例的平方和，即赫芬达尔指数 HER10
	股权制衡度	$Z_{i,t}$	第一大股东持股比例／第二大股东持股比例

续表

变量类型	变量名称	变量符号	变量描述
董事会治理	董事会治理效率	$BGov_{i,t}$	对董事会治理的4个指标使用TOPSIS综合评价方法计算综合指数
	独立董事比例	$Indep_{i,t}$	独立董事人数/董事会人数
	董事会规模	$Bsize_{i,t}$	董事会人数
	董事会会议次数	$BMN_{i,t}$	当年董事会召开会议的次数
	董事持股比例	$DirSh_{i,t}$	董事持股比例之和
监事会治理	监事会治理效率	$SGov_{i,t}$	对监事会治理的3个指标使用TOPSIS综合评价方法计算综合指数
	监事会人数	$Ssize_{i,t}$	监事会人数
	监事会会议次数	$SMN_{i,t}$	当年监事会召开会议的次数
	监事持股比例	$SupSh_{i,t}$	监事持股比例之和
管理层薪酬特征	高管持股数量	$ManShNum_{i,t}$	公司高管持股数量之和
	高管持股比例	$ManSh_{i,t}$	公司高管持股比例之和
公司治理外部环境	产权性质	$Nature_{i,t}$	如果公司为地方国有，取值为1，否则为0
	外部政策	$Policy_{i,t}$	2012年及以后，取值为1，否则为0
	市场化指数	$MarI_{i,t}$	来自樊纲、王小鲁《中国市场化指数（2016）》，低于均值表示市场化和法治化程度较低，取值为1，否则为0
	法治化指数	$Law_{i,t}$	

5.2.4　控制变量的选取

如前文所述，公司治理因素显著影响盈余质量。由于本书着重研究了公司治理内部因素对政治治理与盈余质量的中介作用以及部分公司治理外部因素的影响，因此，为了保证研究的可靠性，根据以往文献，本书主要选取如下显著影响盈余质量的公司治理因素及其他与盈余质量相关的变量作为控制变量。

董事长与总经理两职合一（$DUAL_{i,t}$）：现有的研究普遍将两职合一作为影响盈余质量的因素之一（黄海杰、吕长江、丁慧，2016；杜兴强、赖少娟、裴红梅，2017；等等）。该变量衡量管理层权力的集中程度，往往管理层权力越大，权力寻租行为动机越强烈，而公司的盈余质量越差（谢盛纹、刘杨辉，

2015）。而王克敏、王志超（2007）的研究则表明，总经理兼任董事长增加了高管报酬水平的同时降低了高管进行盈余管理的程度。

总之，两职合一显著影响了公司盈余质量。

会计师事务所是否为“四大”（$Big4_{i,t}$）：由于审计服务质量本身难以直接观测和度量，会计信息使用者只能通过会计师事务所的声誉对其提供的审计服务质量做出间接的判断（Kanagaretnam，Lim and Lobo，2010；Magnis and Iatridis，2017）。Puri（1999）；Firth，Mo 和 Wong（2012）认为具有高审计质量的会计师事务所为了缓解逆向选择带来的道德风险，通常会选择向市场释放高声誉的信号，且会计师事务所的声誉越高，其维护声誉的动机也越强。因此，一般认为，高声誉的会计师事务所会保持较为谨慎的态度，提供更高质量的审计服务，从而保证更高质量的会计盈余信息质量。通常认为“四大”是全球声誉最高的几个会计师事务所，也认为其审计质量相对较高，可以带来更高质量的会计盈余信息。

审计意见（$Opin_{i,t}$）：国内外大量的学者通过实证检验得出非标准审计意见和盈余质量之间呈显著正相关关系（Francis and Krishnan，1999；李维安、王新汉、王威，2004；等等）。因此，本书认为，被出具了非标准审计意见的公司盈余质量较差。

总资产收益率（$ROA_{i,t}$）和是否亏损（$Loss_{i,t}$）：基于公司业绩的盈余操控几乎是学术界的共识，无论是公司业绩较好的年份出于利润平滑动机进行向下的盈余操控，还是在业绩较差的年份进行向上的盈余操控以达到公司盈利目的而避免来自资本市场的惩罚，抑或在业绩较差的年份以“洗大澡”行为进行向下的盈余操控为来年盈利做铺垫，都说明了上市公司的业绩对上市公司盈余操控有显著影响。

公司规模（$Size_{i,t}$）和主营业务收入增长率（$Growth_{i,t}$）：一般认为，主营业务收入增长率较高的公司处于成长期。较大规模的公司经营活动稳定性较强，从而进行盈余操控的动机较弱；而较小规模的公司面对成长压力，首先其实现规模扩张和扩展投资的过程需要大量的资金，因而形成比其他企业更多的债务契约，债务契约尤其是短期债务契约会对企业提出有关盈余的约束性条款，从而增加了企业盈余操控的动机以满足这些条款；其次成长期企业不断扩张的经营范围和业务事项为盈余操控提供了更大的可能性和更多的空间。

经营活动产生的现金（$OCash_{i,t}$）：经营活动产生现金较多，说明企业的现金状况较好，从而其偿债压力（尤其是短期债务的偿债压力）较小，从而进行盈余操控的动机会减弱。

资产负债率（$Lev_{i,t}$）：资产负债率较高说明公司有着较多的债务，如前所述，债务契约的约束会增强盈余操控的动机。

除以上控制变量外，本书还控制了公司年份（*Year*）。指标的具体设定及含义见表5－4。

表5－4　控制变量定义

变量名称	变量符号	变量描述
总资产收益率	$ROA_{i,t}$	年末净利润／（年初总资产＋年末总资产）/2
公司规模	$Size_{i,t}$	年末资产总额
主营业务收入增长率	$Growth_{i,t}$	（当年主营业务收入－上一年主营业务收入）／上一年主营业务收入
经营活动产生的现金	$OCash_{i,t}$	公司当年经营活动产生的现金流量净额/（年初总资产＋年末总资产）/2
资产负债率	$Lev_{i,t}$	年末负债总额/年末资产总额
董事长与总经理两职合一	$DUAL_{i,t}$	若董事长与总经理两职合一，则取值为1，否则为0
会计师事务所是否为“四大”	$Big4_{i,t}$	若公司合作的会计师事务所是国际“四大”之一，则取值为1，否则为0
审计意见	$Opin_{i,t}$	若审计意见不是标准无保留意见，取值为1，否则为0
是否亏损	$Loss_{i,t}$	若当年公司净利润小于0，则取值为1，否则为0
年份	*Year*	年份虚拟变量

5.3　检验模型

5.3.1　中介效应的检验

本书主要采用Sobel（1982，1988）提出并由温忠麟等（2004），温忠麟、叶宝娟（2014）总结的Sobel检验方法，对公司治理在政治治理对盈余质量影响中的中介效应进行检验。Sobel 检验的原理如下：

考虑自变量 X 对因变量 Y 具有影响，且 X 通过变量 M 来影响 Y，则 M 为 X 和 Y 之间的中介变量。则因变量 Y、自变量 X 和中介变量 M 的关系如下列方程组和路径图所示：

$$
\begin{aligned}
Y &= cX + e_1 \\
M &= aX + e_2 \\
Y &= c'X + bM + e_3
\end{aligned}
\qquad (5-14)
$$

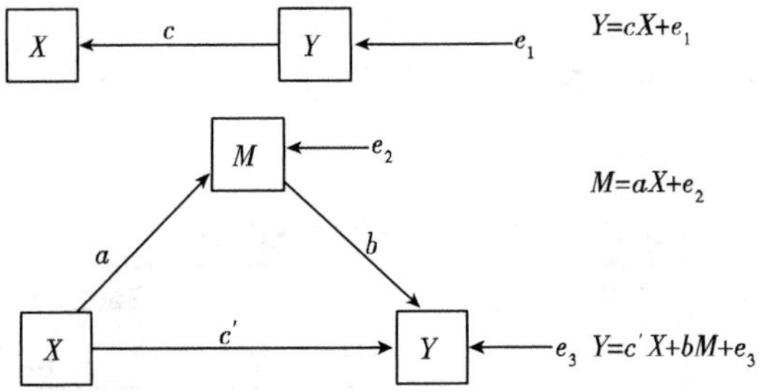

图 5－1　中介变量示意图

图 5－1 中，X 对 Y 的总效应为 c，M 发挥的中介效应为 ab，直接效应是 c'。温忠麟等（2004）中介效应检验程序如下：

第一步，检验回归系数 c，如果该系数显著，则具备继续分析的条件。如果不显著，则无须再进行中介效应分析，检验结束。

第二步，依次检验系数 a 和 b（Baron and Kenny，1986），若二者都显著，表明 X 至少有一部分通过中介变量 M 实现对 Y 的影响，则有必要继续检验系数 c'（Judd and Kenny，1981）。如果 c' 不显著，说明 X 完全通过中介变量 M 实现对 Y 的影响，是完全中介过程；如果 c' 显著，表示 X 只有一部分通过中介变量 M 对 Y 产生影响，是部分中介过程，检验结束。

另外，若 a 和 b 中只有一个显著或者两者均不显著，则需要做 Sobel 检验。Sobel 检验统计量 $z = \hat{a}\hat{b}/s_{ab}$，其中 $s_{ab} = \sqrt{\hat{a}^2 s_b^{\ 2} + \hat{b}^2 s_a^{\ 2}}$，$\hat{a}$、$\hat{b}$ 为 a、b 的估计量，s_a 和 s_b 分别是 $\hat{a}$、$\hat{b}$ 的标准差。如果 Sobel 统计量显著，说明 M 的中介效应显著；如果 Sobel 检验不显著，则中介效应不显著，检验结束。如图 5－2 所示。

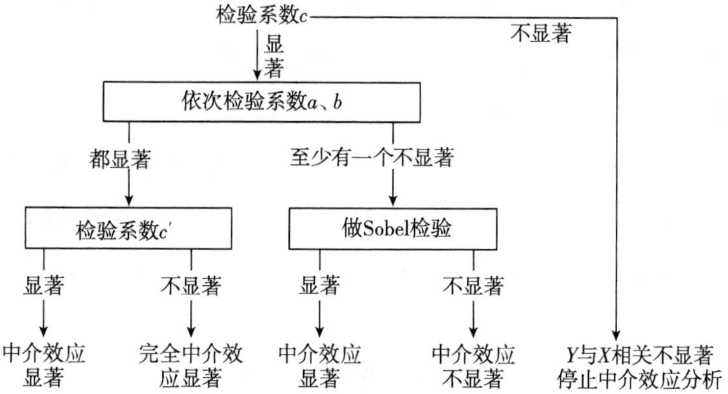

图 5-2 温忠麟等（2004）中介效应检验程序

5.3.2 本研究的检验模型

为了验证公司政治治理对盈余质量的影响，以及公司治理水平在二者之间的中介作用，基于相关研究成果及中介变量检验过程，构建了以下多元回归固定效应模型以检验政治治理、公司治理水平与盈余质量的关系。

$$MABSDA_{i,t} = \alpha_{0,t} + \alpha_{1,t}Party_{i,t} + \alpha_{2,t}ROA_{i,t} + \alpha_{3,t}Size_{i,t} + \alpha_{4,t}Growth_{i,t} + \alpha_{5,t}OCash_{i,t} + \alpha_{6,t}Lev_{i,t} + \alpha_{7,t}Dual_{i,t} + \alpha_{8,t}Big4_{i,t} + \alpha_{9,t}Opin_{i,t} + \alpha_{10,t}Loss_{i,t} + \sum Year + \varepsilon_{i,t} \quad (5-15)$$

$$CG_{i,t} = \alpha_{0,t} + \alpha_{1,t}Party_{i,t} + \alpha_{2,t}ROA_{i,t} + \alpha_{3,t}Size_{i,t} + \alpha_{4,t}Growth_{i,t} + \alpha_{5,t}OCash_{i,t} + \alpha_{6,t}Lev_{i,t} + \alpha_{7,t}Dual_{i,t} + \alpha_{8,t}Big4_{i,t} + \alpha_{9,t}Opin_{i,t} + \alpha_{10,t}Loss_{i,t} + \sum Year + \varepsilon_{i,t} \quad (5-16)$$

$$MABSDA_{i,t} = \alpha_{0,t} + \alpha_{1,t}Party_{i,t} + \alpha_{2,t}CG_{i,t} + \alpha_{3,t}ROA_{i,t} + \alpha_{4,t}Size_{i,t} + \alpha_{5,t}Growth_{i,t} + \alpha_{6,t}OCash_{i,t} + \alpha_{7,t}Lev_{i,t} + \alpha_{8,t}Dual_{i,t} + \alpha_{9,t}Big4_{i,t} + \alpha_{10,t}Opin_{i,t} + \alpha_{11,t}Loss_{i,t} + \sum Year + \varepsilon_{i,t} \quad (5-17)$$

其中，为了符合中介效应检验的方法，$MABSDA_{i,t}$是根据修正的琼斯模型计算出的操控性应计（$DA_{i,t}$）的绝对值的负数，其值越大，表示盈余质量越高。$Party_{i,t}$是指公司政治治理指标，具体包括表 5-2 中：“双向进入”相关指标——企业党组织成员和董事会成员的重合程度（$PB_{i,t}$）、企业党组织成员和监事会成员的重合程度（$PS_{i,t}$）、企业党组织成员和经理层成员的重合程度（$PC_{i,t}$）以及企业党组织成员与董事会、监事会或经理层的重合程度（$ParAll_{i,t}$）；“交叉任职”相关指标——企业党组织领导兼任董事长（$SPPre_{i,t}$）、企业党组织领导兼任监事会主席（$SPSup_{i,t}$）、企业党组织领导兼任总经理（$SPCEO_{i,t}$）、企业党组织领导兼任董事（$SPB_{i,t}$）、企业党组织领导兼任监事（$SPS_{i,t}$）、企业党组织领导兼任经理（$SPC_{i,t}$）以及企业党组织领导在董事会、监事会或经理层任职（$SPAll_{i,t}$）等。

在检验董事会治理效率对董事会政治治理与盈余质量关系的中介作用时，将模型（5－16）和模型（5－17）分别替换为如下模型进行多元线性固定效应回归，然后利用中介效应检验程序进行检验：

$$BGov_{i,t} = \alpha_{0,t} + \alpha_{1,t}PB_{i,t}/SPPre_{i,t}/SPB_{i,t} + \alpha_{2,t}ROA_{i,t} + \alpha_{3,t}Size_{i,t} + \alpha_{4,t}Growth_{i,t} + \alpha_{5,t}OCash_{i,t} + \alpha_{6,t}Lev_{i,t} + \alpha_{7,t}Dual_{i,t} + \alpha_{8,t}Big4_{i,t} + \alpha_{9,t}Opin_{i,t} + \alpha_{10,t}Loss_{i,t} + \sum Year + \varepsilon_{i,t} \quad (5-18)$$

$$MABSDA_{i,t} = \alpha_{0,t} + \alpha_{1,t}PB_{i,t}/SPPre_{i,t}/PB_{i,t} + \alpha_{2,t}BGov_{i,t} + \alpha_{3,t}ROA_{i,t} + \alpha_{4,t}Size_{i,t} + \alpha_{5,t}Growth_{i,t} + \alpha_{6,t}OCash_{i,t} + \alpha_{7,t}Lev_{i,t} + \alpha_{8,t}Dual_{i,t} + \alpha_{9,t}Big4_{i,t} + \alpha_{10,t}Opin_{i,t} + \alpha_{11,t}Loss_{i,t} + \sum Year + \varepsilon_{i,t} \quad (5-19)$$

在检验监事会治理效率对董事会政治治理与盈余质量关系的中介作用时，将模型（5－16）和模型（5－17）分别替换为如下模型进行多元线性固定效应回归，然后利用中介效应检验程序进行检验：

$$SGov_{i,t} = \alpha_{0,t} + \alpha_{1,t}PS_{i,t}/SPSup_{i,t}/SPS_{i,t} + \alpha_{2,t}ROA_{i,t} + \alpha_{3,t}Size_{i,t} + \alpha_{4,t}Growth_{i,t} + \alpha_{5,t}OCash_{i,t} + \alpha_{6,t}Lev_{i,t} + \alpha_{7,t}Dual_{i,t} + \alpha_{8,t}Big4_{i,t} + \alpha_{9,t}Opin_{i,t} + \alpha_{10,t}Loss_{i,t} + \sum Year + \varepsilon_{i,t} \quad (5-20)$$

$$MABSDA_{i,t} = \alpha_{0,t} + \alpha_{1,t}PS_{i,t}/SPSup_{i,t}/PS_{i,t} + \alpha_{2,t}SGov_{i,t} + \alpha_{3,t}ROA_{i,t} + \alpha_{4,t}Size_{i,t} + \alpha_{5,t}Growth_{i,t} + \alpha_{6,t}OCash_{i,t} + \alpha_{7,t}Lev_{i,t} + \alpha_{8,t}Dual_{i,t} + \alpha_{9,t}Big4_{i,t} + \alpha_{10,t}Opin_{i,t} + \alpha_{11,t}Loss_{i,t} + \sum Year + \varepsilon_{i,t} \quad (5-21)$$

而对于不同的公司治理外部环境下政治治理对盈余质量的不同影响（H8～H11）的检验，本书使用以下模型进行检验加以验证。

$$MABSDA_{i,t} = \alpha_{0,t} + \alpha_{1,t}Party_{i,t} + \alpha_{2,t}Policy_{i,t}/Natrue_{i,t}/MarI_{i,t}/Law_{i,t} + \alpha_{3,t}Party_{i,t} \times Policy_{i,t}/Natrue_{i,t}/MarI_{i,t}/Law_{i,t} + \alpha_{4,t}ROA_{i,t} + \alpha_{5,t}Size_{i,t} + \alpha_{6,t}Growth_{i,t} + \alpha_{7,t}OCash_{i,t} + \alpha_{8,t}Lev_{i,t} + \alpha_{9,t}Dual_{i,t} + \alpha_{10,t}Big4_{i,t} + \alpha_{11,t}Opin_{i,t} + \alpha_{12,t}Loss_{i,t} + \sum Year + \varepsilon_{i,t} \quad (5-22)$$

5.4 本章小结

本章对我国国有上市公司的政治治理、公司治理和盈余质量之间关系的实证分析做了详细设计，用以验证上述假设。首先，详细介绍了样本选择方法、数据来源和数据采集过程，并对最终选择的样本观测值进行了年度和行业分布状况统计。其次，在前人研究成果的基础上，详细介绍了政治治理、公司治理水平、董事会治理效率、监事会治理效率、公司外部治理环境因素和盈余质量相关变量以及各控制变量的选择和计量方法。最后，详细阐述了验证前述假设所使用的实证检验方法，并设计了相应的实证模型用以验证上述研究假设，为后面进行实证检验做好准备。

6 实证检验结果

6.1 描述性统计与相关性分析

6.1.1 描述性统计

表6-1为主要变量观测值的描述性统计结果，其中全部样本量为10981个。从表6-1中的Panel A可以发现，我国A股国有上市公司应计利润总额（$TA_{i,t}$）的均值为-0.021，中位数为-0.025，最小值为-0.354，最大值为0.447，标准差为0.117，说明我国A股国有上市公司的应计利润平均处于亏损状态。上年末资产总额（A_{t-1}）均值为14亿元，中位数为3.5亿元，最小值为0.32亿元，最大值为250亿元，标准差为34亿元，说明我国A股国有上市公司中存在少数超大规模的公司。同样可以看出，我国A股国有上市公司主营业务收入净增加额（$\Delta REV_{i,t}$）公司间差异较大，存在少数公司当年增长较快的情况；应收账款余额净增加额（$\Delta REC_{i,t}$）和固定资产净增加额（$PPE_{i,t}$）的差异也较大，同样存在少数公司当年增长较快的情况。

表6-1中Panel B为公司治理相关变量的描述性统计结果，从中可以看出，股权集中度指标——第一大股东持股比例（$\mathrm{Ln}Con1_{i,t}$）、第二至第十大股东持股比例之和（$\mathrm{Ln}Con2_{i,t}$）、前五大股东持股比例的平方和（$\mathrm{Ln}Con3_{i,t}$）和前十大股东持股比例的平方和（$\mathrm{Ln}Con4_{i,t}$）虽然最大值和最小值差异较大，但整体分布较为均衡。而股权制衡度指标（第一大股东持股比例/第二大股东持股比例$Z_{i,t}$）均值为23.479，中位数为8.023，最小值为1.026，最大值为288，标准差为43.551，说明公司间股权制衡度差异巨大，而且有少数公司数值较大。高管持股数量（$ManShNum_{i,t}$）均值为54万元，中位数为1.2万元，最小值为0，最大值为2300万元，标准差为280万元，可见，我国A股国有

上市公司高管持股数量差异较大，有少数公司高管持股数量较大，且有不少公司高管并不持有公司股份。

表6－1中Panel C为假设检验模型相关变量的描述性统计结果，从中可以看出，盈余质量（$MABSDA_{i,t}$）均值为－0.341，中位数为－0.188，最小值为－2.866，最大值为－0.003，标准差为0.463，说明我国A股国有上市公司间操控性应计利润绝对值差异较大，且有部分公司操控性应计利润绝对值较大。企业党组织成员和董事会成员重合程度（$PB_{i,t}$）的均值为0.052，最大值为0.667，企业党组织成员和监事会成员重合程度（$PS_{i,t}$）的均值为0.054，最大值为1，企业党组织成员和经理层重合程度（$PC_{i,t}$）的均值为0.055，最大值为1，说明企业党组织成员和监事会成员和经理层成员均存在完全重合的情况。整体而言，企业党组织成员和董事会、监事会和经理层整体的重合程度（$ParAll_{i,t}$）均值为0.052，最大值为0.727。整体样本中，有16.1%的公司由企业党组织领导兼任董事长（$SPPre_{i,t}$），有9.4%的公司由企业党组织领导兼任监事会主席（$SPSup_{i,t}$），有13.2%的公司由企业党组织领导兼任总经理（$SPCEO_{i,t}$），有22.8%的公司由企业党组织领导任董事（$SPB_{i,t}$），有7.3%的公司由企业党组织领导兼任监事（$SPS_{i,t}$），有10.5%的公司由企业党组织领导兼任经理（$SPC_{i,t}$），整体上有43.5%的公司存在企业党组织领导进入董事会、监事会或经理层的情况。公司治理方面，整体公司治理水平（$CG_{i,t}$）均值为0.086，中位数为0.085，最小值为0.073，最大值为0.125，标准差为0.008；董事会治理效率（$BGov_{i,t}$）均值为0.029，中位数为0.028，最小值为0.020，最大值为0.059，标准差为0.006；监事会治理效率（$SGov_{i,t}$）均值为0.015，中位数为0.014，最小值0.006，最大值为0.036，标准差为0.006，说明整体样本公司治理水平、董事会治理效率和监事会治理效率分布比较均衡。控制变量中，主营业务收入增长率（$Growth_{i,t}$）均值为0.18，中位数为0.108，最小值为－0.572，最大值为3.038，标准差为0.455，公司间差异较大，而总资产收益率（$ROA_{i,t}$）、公司规模（$Size_{i,t}$）、经营活动产生的现金（$OCash_{i,t}$）和资产负债率（$Lev_{i,t}$）的分布则较为均衡，整体样本中有9.1%的公司由总经理担任董事长，有9.6%的公司选择了“四

大”会计师事务所之一进行了审计，有3.9%的公司被出具了非标准无保留意见，有11.1%的公司当年发生了亏损。

表6－1　描述性统计

Panel A　修正的 Jones 模型相关变量的描述性统计						
变量	样本量	均值	中位数	最小值	最大值	标准差
$TA_{i,t}$	10981	-0.021	-0.025	-0.354	0.447	0.117
A_{t-1}	10981	1.40E+10	3.50E+09	3.20E+08	2.50E+11	3.40E+10
$\Delta REV_{i,t}$	10981	0.103	0.053	-0.466	1.599	0.268
$\Delta REC_{i,t}$	10981	0.011	0.002	-0.089	0.235	0.042
$PPE_{i,t}$	10981	0.031	0.003	-0.188	0.597	0.102
Panel B　公司治理相关变量的描述性统计						
变量	样本量	均值	中位数	最小值	最大值	标准差
$\mathrm{Ln}Con1_{i,t}$	10981	0.403	0.397	0.048	0.891	0.156
$\mathrm{Ln}Con2_{i,t}$	10981	0.167	0.134	0.004	0.66	0.123
$\mathrm{Ln}Con3_{i,t}$	10981	0.202	0.177	0.004	0.794	0.131
$\mathrm{Ln}Con4_{i,t}$	10981	0.202	0.177	0.004	0.794	0.131
$Z_{i,t}$	10981	23.479	8.023	1.026	288	43.551
$Bsize_{i,t}$	10981	9.452	9	3	19	1.993
$Indep_{i,t}$	10981	0.362	0.333	0	0.8	0.055
$BMN_{i,t}$	10981	8.988	8	4	23	3.626
$DirSh_{i,t}$	10981	0.001	0	0	0.474	0.01
$Size_{i,t}$	10981	4.233	4	1	13	1.409
$SMN_{i,t}$	10981	4.196	4	1	19	1.966
$SupSh_{i,t}$	10981	0	0	0	0.102	0.002
$ManSh_{i,t}$	10981	0.001	0	0	0.576	0.011
$ManShNum_{i,t}$	10981	5.40E+05	1.20E+04	0	2.30E+07	2.80E+06
Panel C　假设检验模型相关变量的描述性统计						
变量	样本量	均值	中位数	最小值	最大值	标准差
$MABSDA_{i,t}$	10981	-0.341	-0.188	-2.866	-0.003	0.463
$PB_{i,t}$	10981	0.052	0	0	0.667	0.092
$PS_{i,t}$	10981	0.054	0	0	1	0.117
$PC_{i,t}$	10981	0.055	0	0	1	0.133

续表

Panel C 假设检验模型相关变量的描述性统计						
变量	样本量	均值	中位数	最小值	最大值	标准差
$ParAll_{i,t}$	10981	0.052	0	0	0.727	0.084
$SPPre_{i,t}$	10981	0.161	0	0	1	0.367
$SPSup_{i,t}$	10981	0.094	0	0	1	0.292
$SPCEO_{i,t}$	10981	0.132	0	0	1	0.338
$SPB_{i,t}$	10981	0.228	0	0	1	0.42
$SPS_{i,t}$	10981	0.073	0	0	1	0.26
$SPC_{i,t}$	10981	0.105	0	0	1	0.306
$SPAll_{i,t}$	10981	0.435	0	0	1	0.496
$CG_{i,t}$	10981	0.086	0.085	0.073	0.125	0.008
$BGov_{i,t}$	10981	0.029	0.028	0.020	0.059	0.006
$SGov_{i,t}$	10981	0.015	0.014	0.006	0.036	0.006
$ROA_{i,t}$	10981	0.032	0.028	-0.187	0.192	0.055
$Size_{i,t}$	10981	22.293	22.093	19.608	26.369	1.387
$Growth_{i,t}$	10981	0.18	0.108	-0.572	3.038	0.455
$OCash_{i,t}$	10981	0.049	0.048	-0.173	0.261	0.075
$Lev_{i,t}$	10981	0.526	0.536	0.091	0.993	0.195
$DUAL_{i,t}$	10981	0.091	0	0	1	0.287
$Big4_{i,t}$	10981	0.096	0	0	1	0.294
$Opin_{i,t}$	10981	0.039	0	0	1	0.193
$Loss_{i,t}$	10981	0.111	0	0	1	0.314

为了更具体地描述我国 A 股国有上市公司中的政治治理分布情况，本书进一步对政治治理按具体变量和年度进行了分类统计，统计结果见表 6-2。从中可以看出，各个政治治埋变量无论是从每年的公司数量上还是从占当年国有上市公司的比例上看，整体上都是随着时间的推移而增加的。从“双向进入”的综合变量 $ParAll_{i,t}$ 来看，有企业党组织成员进入公司董事会、监事会或经理层的公司从 2004 年的 265 家，占当年国有上市公司的 34.0%，到 2017 年的 397 家，占当年国有上市公司的 52.7%，从数量上增加了 132 家，增加了 49.8%，占当年国有上市公司的比例增加 18.7%，提高了 55%。从“交叉

任职”的综合变量 $SPAll_{i,t}$来看，有企业党组织领导进入董事会、监事会或经理层的公司从 2004 年的 261 家，占当年国有上市公司的 33.5%，到 2017 年的 370 家，占当年国有上市公司的 49.1%，从数量上增加了 109 家，增加了 41.8%，占当年国有上市公司比例增加了 15.6%，提高了 46.6%。提高的幅度都较大。

综观整个样本期间的各个阶段，2004—2009 年，公司政治治理各个变量无论是公司数量还是公司占比均呈递增趋势。这主要是因为，自党的十六届四中全会上强调要坚持和完善“双向进入、交叉任职”的企业领导体制后，该体制在企业中作为党组织参与重大经营决策的重要方式逐步明朗，并在实践中积累了大量的经验，因此越来越多的国有上市公司采用党组织参与公司治理的方式。但在 2010—2011 年，采用“双向进入、交叉任职”的公司数量和比例有所下滑，而在 2012 年和 2013 年则达到了整个样本期间的最高值，并在以后期间一直保持着 50% 左右的较高水平。2012 年党的十八大召开，进一步强调了党的反腐倡廉建设，并加强基层党组织的建设。2015 年颁布的《中国共产党党组工作条例（试行）》更是首次提出了党组织“讨论前置”决策机制，2015 年颁布的另外两个文件《关于在深化国有企业改革中坚持党的领导加强党的建设的若干意见》和《关于深化国有企业改革的指导意见》强调了党组织的领导核心作用以及在公司法人治理结构中的法定地位，并要求坚持和完善“双向进入、交叉任职的领导体制”。2016 年 10 月颁布的《关于印发〈贯彻落实全国国有企业党的建设工作会议精神重点任务〉的通知》则正式确立了“讨论前置”是所有国有企业都必须采用的决策机制。以上文件逐步确立了党组织在公司决策中的“前置”地位，明确了党组织治理是国有企业公司治理的有机组成部分，使党组织在企业中的地位日益提高，从而“双向进入、交叉任职”的领导体制在国有上市公司中得到了进一步的贯彻执行。

从政治治理的各个指标来看，样本期间内历年企业党组织成员与董事会成员的重合程度（$PB_{i,t}$）相对于“双向进入”的另外两个指标（$PS_{i,t}$ 和 $PC_{i,t}$）公司数量较高；企业党组织领导兼任董事长（$SPPre_{i,t}$）的公司数比企业党组织领导兼任监事会主席（$SPSup_{i,t}$）和企业党组织领导兼任总经理（$SPCEO_{i,t}$）多；企业党组织领导兼任董事（$SPB_{i,t}$）的公司数比企业党组织领导兼任监事（$SPS_{i,t}$）和企业党组织领导兼任经理（$SP_{i,t}$）多。说明国有上市公司中“双向进入、交叉任职”的主要方式为企业党组织与董事会互相兼职。整体来看，“双向进入”的整体变量（$ParAll_{i,t}$）和“交叉任职”的整体变量（$SPAll_{i,t}$）公司数量相差很小，说明采用“双向进入、交叉任职”领导体制的公司绝大部分都有企业党组织领导在董事会、监事会或经理层中任职。

表6-2 政治治理的指标、年度分布统计

单位：家

		$PB_{i,t}$	$PS_{i,t}$	$PC_{i,t}$	$ParAll_{i,t}$	$SPPre_{i,t}$	$SPSup_{i,t}$	$SPCEO_{i,t}$	$SPB_{i,t}$	$SPS_{i,t}$	$SPC_{i,t}$	$SPAll_{i,t}$
2004年	数量	171	94	104	265	92	59	56	116	44	58	261
	占比/%	21.9	12.1	13.3	34.0	11.8	7.6	7.2	14.9	5.6	7.4	33.5
2005年	数量	171	113	92	274	87	72	57	120	48	50	265
	占比/%	20.8	13.7	11.2	33.3	10.6	8.8	6.9	14.6	5.8	6.1	32.2
2006年	数量	167	112	84	264	90	72	50	115	41	43	255
	占比/%	21.1	14.2	10.6	33.4	11.4	9.1	6.3	14.6	5.2	5.4	32.3
2007年	数量	242	172	156	346	112	96	78	170	68	85	337
	占比/%	30.9	22.0	19.9	44.2	14.3	12.3	10.0	21.7	8.7	10.9	43.0
2008年	数量	263	174	175	375	123	101	101	195	67	91	367
	占比/%	33.3	22.1	22.2	47.5	15.6	12.8	12.8	24.7	8.5	11.5	46.5
2009年	数量	293	176	195	398	127	93	117	210	70	94	390
	占比/%	36.1	21.7	24.0	49.0	15.6	11.5	14.4	25.9	8.6	11.6	48.0
2010年	数量	197	80	133	258	126	46	82	123	30	51	258
	占比/%	24.8	10.1	16.8	32.5	15.9	5.8	10.3	15.5	3.8	6.4	32.5
2011年	数量	222	112	160	312	121	56	85	149	43	69	308
	占比/%	29.7	15.0	21.4	41.7	16.2	7.5	11.4	19.9	5.7	9.2	41.2
2012年	数量	328	192	260	430	166	89	154	238	82	116	425
	占比/%	41.3	24.2	32.7	54.2	20.9	11.2	19.4	30.0	10.3	14.6	53.5

续表

		$PB_{i,t}$	$PS_{i,t}$	$PC_{i,t}$	$ParAll_{i,t}$	$SPPre_{i,t}$	$SPSup_{i,t}$	$SPCEO_{i,t}$	$SPB_{i,t}$	$SPS_{i,t}$	$SPC_{i,t}$	$SPAll_{i,t}$
2013 年	数量	337	202	256	455	149	80	136	232	73	125	434
	占比/%	42.8	25.6	32.5	57.7	18.9	10.2	17.3	29.4	9.3	15.9	55.1
2014 年	数量	298	201	208	398	137	73	127	213	63	103	378
	占比/%	38.1	25.7	26.6	50.8	17.5	9.3	16.2	27.2	8.0	13.2	48.3
2015 年	数量	285	182	206	381	131	73	116	203	57	87	353
	占比/%	36.9	23.5	26.6	49.3	16.9	9.4	15.0	26.3	7.4	11.3	45.7
2016 年	数量	298	172	240	404	144	60	134	210	61	97	380
	占比/%	38.6	22.3	31.0	52.3	18.6	7.8	17.3	27.2	7.9	12.5	49.2
2017 年	数量	323	187	237	397	160	62	156	215	56	80	370
	占比/%	42.9	24.8	31.5	52.7	21.2	8.2	20.7	28.6	7.4	10.6	49.1

6.1.2 变量的两两相关关系分析

表6－3为各回归变量两两之间的Pearson相关性检验结果，从中可以看出，国有上市公司盈余质量（$MABSDA_{i,t}$）与“双向进入”综合变量（$ParAll_{i,t}$）的相关系数为0.057，与“交叉任职”综合变量（$SPAll_{i,t}$）的相关系数为0.037，且都在1%的水平上显著，因此假设1得到了初步验证。盈余质量（$MABSDA_{i,t}$）与“双向进入”的3个具体变量：企业党组织成员和董事会成员的重合程度（$PB_{i,t}$）、企业党组织成员和监事会成员的重合程度（$PS_{i,t}$）及企业党组织成员和经理层的重合程度（$PC_{i,t}$）的系数均为正，且均在1%的水平上显著，假设1a得到了初步验证。盈余质量（$MABSDA_{i,t}$）与“交叉任职”的6个具体变量中的企业党组织领导兼任董事长（$SPPre_{i,t}$）的相关系数为0.033、与企业党组织领导兼任总经理（$SPCEO_{i,t}$）的相关系数为0.036、与企业党组织领导兼任董事（$SPB_{i,t}$）的相关系数为0.038，且都在1%的水平上显著；与企业党组织领导兼任经理（$SPC_{i,t}$）的相关系数为0.016，并在10%的水平上显著；与企业党组织领导兼任监事会主席（$SPSup_{i,t}$）或监事（$SPS_{i,t}$）的系数虽然为正，但并不显著，因此，假设1b仅得到了初步部分验证。盈余质量（$MABSDA_{i,t}$）与董事会治理效率（$BGov_{i,t}$）的相关系数为0.022，并在5%的水平上显著，说明董事会治理效率较高时，企业的操控性应计利润越低，盈余质量越好，但是盈余质量（$MABSDA_{i,t}$）与监事会治理效率的相关系数为0.030，且在1%的水平上显著，说明监事会治理效率与盈余质量显著正相关。

国有上市公司治理水平与政治治理的关系方面，公司治理水平（$CG_{i,t}$）与“双向进入”综合变量（$ParAll_{i,t}$）的相关系数为0.059，与“交叉任职”综合变量（$SPAll_{i,t}$）的相关系数为0.055，且都在1%的水平上显著，因此假设2得到了初步验证。公司治理水平（$CG_{i,t}$）与“双向进入”的3个具体变量：企业党组织成员和董事会成员的重合程度（$PB_{i,t}$）的相关系数为0.064，与企业党组织成员和经理层的重合程度（$PC_{i,t}$）的相关系数为0.055，且均在1%的水平上显著，与企业党组织成员和监事会成员的重合程度（$PS_{i,t}$）的相关系数为－0.001，但并不显著。假设2a得到了初步部分验证。公司治理水平（$CG_{i,t}$）与“交叉任职”的6个具体变量中的企业党组织领导兼任董事长（$SPPre_{i,t}$）的相关系数为0.041、与企业党组织领导兼任总经理（$SPCEO_{i,t}$）的相关系数为0.042、与企业党组织领导兼任董事（$SPB_{i,t}$）的相关系数为0.068、与企业党组织领导兼任经理（$SPC_{i,t}$）的相关系数为0.044，且都在1%的水平上显著；与企业党组织领导兼任监事会主席（$SPSup_{i,t}$）或监事（$SPS_{i,t}$）的系数为负，但并不显著，因此，假设2b仅得到了初步部分验证。董事会治理效率（$BGov_{i,t}$）与企业党组织成员和董事会成员的重合程度（$PB_{i,t}$）、企业党组织领导兼任董事长（$SPPre_{i,t}$）和企业党组织领导兼任董事（$SPB_{i,t}$）的相关系数均为正，且在1%的水平上显著，假设3a和假设3b得到了初步验证。监事会治理效率（$SGov_{i,t}$）与企业党组织成员和监事会成员的重合程度（$PS_{i,t}$）和企业党组织领导兼任监事（$SPS_{i,t}$）的相关系数为正，且在1%的水平上显著，与企业党组织领导兼任监事会主席（$SPSup_{i,t}$）的系数并不显著，因此假设4a得到了初步验证，假设4b仅得到了初步部分验证。

从控制变量来看，国有上市公司盈余质量（$MABSDA_{i,t}$）与总资产收益率（$ROA_{i,t}$）、主营业务收入增长率（$Growth_{i,t}$）和资产负债率（$Lev_{i,t}$）的相关系数均为负，且均在1%的水平上显著，说明总资产收益率、主营业务收入增长率和资产负债率越高的公司操控性应计利润越高，盈余质量越差。同时可以看出，国有上市公司盈余质量（$MABSDA_{i,t}$）与公司规模（$Size_{i,t}$）和公司经营活动产生的现金（$OCash_{i,t}$）的相关系数均为正，且在1%的水平上显著，说明公司规模越大、经营活动产生的现金流量净额越高的公司盈余质量越高；与审计单位是否为“四大”（$Big4_{i,t}$）的相关系数为正，显著性水平为5%，说明采用国际“四大”会计师事务所的公司盈余质量较高。以上均与前文的理论分析相符，需要在多元回归模型中加以控制。但国有上市公司盈余质量（$MABSDA_{i,t}$）与是否董事长和总经理“两职合一”（$DUAL_{i,t}$）、是否被出具非标准无保留意见（$Opin_{i,t}$）及是否亏损（$Loss_{i,t}$）之间的关系并不显著，但出于其经济意义的重要性，本书也将在多元回归模型中控制这几个变量。公司治理水平（$CG_{i,t}$）除与控制变量中的是否董事长和总经理“两职合一”（$DUAL_{i,t}$）之间的相关系数不显著外，与其他控制变量的相关系数均显著。

多元回归模型的所有变量中，公司政治治理的相关变量企业党组织成员和董事会成员的重合程度（$PB_{i,t}$）、企业党组织成员和监事会成员的重合程度（$PS_{i,t}$）、企业党组织成员和经理层的重合程度（$PC_{i,t}$）、“双向进入”综合变量（$ParAll_{i,t}$）、企业党组织领导兼任董事长（$SPPre_{i,t}$）、企业党组织领导兼任监事会主席（$SPSup_{i,t}$）、企业党组织领导兼任总经理（$SPCEO_{i,t}$）、企业党组织领导兼任董事（$SPB_{i,t}$）、企业党组织领导兼任监事（$SPS_{i,t}$）、企业党组织领导兼任经理（$SPC_{i,t}$）及“交叉任职”综合变量（$SPAll_{i,t}$）不会同时出现在同一个回归模型中。公司治理水平的相关变量公司治理水平（$CG_{i,t}$）、董事会治理效率（$BGov_{i,t}$）和监事会治理效率（$SGov_{i,t}$）亦不会同时出现在同一个回归模型中。因此除政治治理相关变量间和公司治理相关变量间的相关系数不考虑，政治治理相关变量与其他变量、公司治理相关变量与其他变量以及其他变量之间的相关系数除总资产收益率（$ROA_{i,t}$）和是否亏损（$Loss_{i,t}$）之间的相关系数为 -0.551 之外，其他变量之间的相关系数均未超过 0.400，因此这些变量在同一个回归模型中不会出现严重的多重共线性问题。

表 6-3 回归变量两两之间的 Pearson 相关系数

变量	$MABSDA_{i,t}$	$PB_{i,t}$	$PS_{i,t}$	$PC_{i,t}$	$ParAll_{i,t}$	$SPPre_{i,t}$	$SPSup_{i,t}$	$SPCEO_{i,t}$	$SPB_{i,t}$	$SPS_{i,t}$	$SPC_{i,t}$
$MABSDA_{i,t}$	1										
$PB_{i,t}$	0.052***	1									
$PS_{i,t}$	0.040***	0.204***	1								
$PC_{i,t}$	0.039***	0.586***	0.189***	1							
$ParAll_{i,t}$	0.057***	0.854***	0.466***	0.852***	1						
$SPPre_{i,t}$	0.033***	0.616***	0.153***	0.240***	0.472***	1					
$SPSup_{i,t}$	0.004	0.119***	0.594***	0.063***	0.254***	0.174***	1				
$SPCEO_{i,t}$	0.036***	0.556***	0.143***	0.555***	0.600***	0.296***	0.058***	1			
$SPB_{i,t}$	0.038***	0.694***	0.140***	0.446***	0.614***	0.187***	0.049***	0.560***	1		
$SPS_{i,t}$	0.0023	0.054***	0.504***	0.074***	0.207***	-0.0039	-0.049***	0.083***	0.080***	1	
$SPC_{i,t}$	0.016*	0.210***	0.024**	0.435***	0.338***	0.030***	-0.021**	0.168***	0.318***	0.046***	1
$SPAll_{i,t}$	0.037***	0.627***	0.467***	0.431***	0.664***	0.499***	0.367***	0.444***	0.620***	0.320***	0.389***
$CG_{i,t}$	0.015	0.064***	-0.001	0.055***	0.059***	0.041***	-0.0004	0.042***	0.068***	-0.003	0.044***
$BGov_{i,t}$	0.022**	0.068***	0.009	0.061***	0.067***	0.048***	0.007	0.041***	0.069***	0.0001	0.050***
$SGov_{i,t}$	0.03***	0.042***	0.033***	0.037***	0.026***	0.038***	0.012	0.046***	0.047***	0.037***	0.020**
$ROA_{i,t}$	-0.032***	-0.014	-0.017*	0.003	-0.007	0.001	-0.030***	0.005	-0.021**	0.001	-0.005
$Size_{i,t}$	0.046***	0.127***	0.017*	0.117***	0.126***	0.053***	-0.019*	0.086***	0.101***	0.022**	0.071***
$Growth_{i,t}$	-0.319***	-0.038***	-0.046***	-0.016*	-0.039***	-0.019*	-0.031***	-0.022**	-0.031***	-0.002	-0.001
$OCash_{i,t}$	0.126***	-0.020**	0.001	-0.006	-0.010	0.006	0.0004	0.003	-0.022**	0.024**	-0.016

续表

变量	$MABSDA_{i,t}$	$PB_{i,t}$	$PS_{i,t}$	$PC_{i,t}$	$ParAll_{i,t}$	$SPPre_{i,t}$	$SPSup_{i,t}$	$SPCEO_{i,t}$	$SPB_{i,t}$	$SPS_{i,t}$	$SPC_{i,t}$
$Lev_{i,t}$	-0.050***	0.050***	0.008	0.003	0.028***	0.018*	0.038***	0.028***	0.056***	-0.003	0.024**
$DUAL_{i,t}$	0.014	-0.026***	0.004	0.011	-0.005	0.022**	0.022**	0.040***	-0.054***	-0.0121	0.002
$Big4_{i,t}$	0.020**	-0.0002	-0.012	-0.011	-0.013	0.007	-0.014	0.029***	0.021**	0.016	0.003
$Opin_{i,t}$	0.009	-0.034***	-0.009	-0.040***	-0.041***	-0.007	-0.003	-0.027***	-0.034***	-0.008	-0.033***
$Loss_{i,t}$	-0.003	-0.011	0.015	-0.011	-0.008	-0.013	0.034***	0.001	0.004	0.002	0.002

变量	$SPAll_{i,t}$	$CG_{i,t}$	$BGov_{i,t}$	$SGov_{i,t}$	$ROA_{i,t}$	$Size_{i,t}$	$Growth_{i,t}$	$OCash_{i,t}$	$Lev_{i,t}$	$DUAL_{i,t}$	$Big4_{i,t}$	$Opin_{i,t}$	$Loss_{i,t}$
$MABSDA_{i,t}$													
$PB_{i,t}$													
$PS_{i,t}$													
$PC_{i,t}$													
$ParAll_{i,t}$													
$SPPre_{i,t}$													
$SPSup_{i,t}$													
$SPCEO_{i,t}$													
$SPB_{i,t}$													
$SPS_{i,t}$													
$SPC_{i,t}$													
$SPAll_{i,t}$	1												
$CG_{i,t}$	0.055***	1											

续表

变量	$SPAll_{i,t}$	$CG_{i,t}$	$BGov_{i,t}$	$SGov_{i,t}$	$ROA_{i,t}$	$Size_{i,t}$	$Growth_{i,t}$	$OCash_{i,t}$	$Lev_{i,t}$	$DUAL_{i,t}$	$Big4_{i,t}$	$Opin_{i,t}$	$Loss_{i,t}$
$BGov_{i,t}$	0.067***	0.967***	1										
$SGov_{i,t}$	0.049***	0.290***	0.257***	1									
$ROA_{i,t}$	-0.023**	0.018*	0.010	0.046***	1								
$Size_{i,t}$	0.079***	0.344***	0.316***	0.19***8	0.141***	1							
$Growth_{i,t}$	-0.038***	0.056***	0.050***	0.037***	0.211***	0.037***	1						
$OCash_{i,t}$	-0.008	0.071***	-0.086***	0.025***	0.368***	0.053***	0.082***	1					
$Lev_{i,t}$	0.047***	0.147***	0.154***	0.037***	-0.391***	0.262***	0.049***	-0.183***	1				
$DUAL_{i,t}$	-0.039***	0.0062	0.015	-0.008	-0.024**	-0.034***	-0.024**	-0.017*	0.027***	1			
$Big4_{i,t}$	-0.0069	0.127***	0.105***	0.080***	0.109***	0.400***	-0.010	0.095***	-0.003	-0.025***	1		
$Opin_{i,t}$	-0.030***	-0.051***	-0.048***	-0.033***	-0.305***	-0.172***	-0.067***	-0.093***	0.199***	0.015	-0.042***	1	
$Loss_{i,t}$	0.014	-0.042***	-0.037***	-0.029***	-0.551***	-0.125***	-0.165***	-0.176***	0.209***	0.016*	-0.056***	0.276***	1

注：*、**、***分别表示在10%、5%、1%的水平上显著。

6.2 回归结果分析

6.2.1 公司内部治理对政治治理与盈余质量关系的中介作用

(1) 公司政治治理对盈余质量的总效应回归分析

表6-4列示了在控制其他变量的情况下，公司政治治理的各代理变量分别与盈余质量关系的回归结果，亦即模型（5-15）的回归结果。表6-4中模型（4）和模型（11）的回归结果表明盈余质量（$MABSDA_{i,t}$）与“双向进入”的综合变量（$ParAll_{i,t}$）的相关系数为0.280，并在1%的水平上显著，与“交叉任职”的综合变量（$SPAll_{i,t}$）的相关系数为0.022，且在10%的水平上显著，说明企业党组织成员与董事会、监事会或经理层成员的重合程度与国有上市公司盈余质量显著正相关，企业党组织领导在董事会、监事会或经理层任职能够显著提升国有上市公司盈余质量，即从整体上来看，国有上市公司政治治理与盈余质量显著正相关，假设1得到了验证。

从“双向进入”的具体变量来看，模型（1）至模型（3）的回归结果表明盈余质量（$MABSDA_{i,t}$）与企业党组织成员和董事会成员的重合程度（$PB_{i,t}$）的相关性系数为0.186，并在1%的水平上显著；与企业党组织成员和监事会成员的重合程度（$PS_{i,t}$）的相关系数为0.101，并在5%的水平上显著；与企业党组织成员和经理层的重合程度（$PC_{i,t}$）的相关系数为0.142，并在1%的水平上显著，说明企业党组织成员与董事会、监事会和经理层成员的重合程度分别与盈余质量显著正相关，假设1a得到了验证。从“交叉任职”的具体变量来看，模型（5）至模型（7）的回归结果表明盈余质量（$MABSDA_{i,t}$）与企业党组织领导兼任董事长（$SPCEO_{i,t}$）的相关系数为0.030，与企业党组织领导兼任总经理（$SPCEO_{i,t}$）的相关系数为0.030，且均在5%的水平上显著，但与企业党组织领导兼任监事会主席（$SPSup_{i,t}$）的相关性并不显著，说明企业党组织领导无论兼任董事长还是兼任总经理均能提高国有上市公司盈余质量，但兼任监事会主席却对国有上市公司盈余质量无显著影响。模型（8）至模型（10）的回归结果表明盈余质量（$MABSDA_{i,t}$）与企业党组织领导兼任董事（$SPB_{i,t}$）的相关系数为0.026，与企业党组织领导兼任经理

（$SPC_{i,t}$）的相关系数为 0.029，且显著水平均为 5%，但与企业党组织领导兼任监事（$SPS_{i,t}$）的相关关系并不显著。可见，在“交叉任职”的具体模式中，企业党组织领导兼任董事长、总经理、董事或经理均能显著提高国有上市公司盈余质量，而企业党组织领导无论是兼任监事会主席还是兼任监事均对国有上市公司盈余质量无显著影响。假设 1b 仅得到了部分验证。

（2）公司政治治理对公司治理水平的影响分析

表 6－5 列示了在控制其他变量的情况下，公司政治治理的各代理变量分别与公司治理水平的回归结果，亦即模型（5－16）的回归结果。表 6－5 中模型（4）和模型（11）表明公司治理水平与“双向进入”的综合变量（$ParAll_{i,t}$）的相关系数为 0.006，与“交叉任职”的综合变量（$SPAll_{i,t}$）的相关系数为 0.001，并均在 1% 的水平上显著，说明整体上来看公司治理水平与政治治理显著正相关。假设 2 得到了验证。从“双向进入”的具体代理变量来看，模型（1）至模型（3）的回归结果显示，公司治理水平（$CG_{i,t}$）与企业党组织成员和董事会成员的重合程度（$PB_{i,t}$）的相关性系数为 0.006，与企业党组织成员和经理层的重合程度（$PC_{i,t}$）的相关系数为 0.003，且均在 1% 的水平上显著，但与企业党组织成员和监事会成员的重合程度（$PS_{i,t}$）的相关系数并不显著，说明企业党组织成员和董事会成员的重合程度及企业党组织成员和经理层的重合程度越高，对公司治理水平的提高作用越显著，但企业党组织成员和监事会成员的重合程度并无此治理效果。假设 2a 得到了部分验证。从“交叉任职”的具体代理变量来看，模型（5）至模型（7）的回归结果显示，公司治理水平（$CG_{i,t}$）与企业党组织领导兼任董事长（$SPPre_{i,t}$）与盈余质量的相关系数为 0.001，与企业党组织领导兼任总经理（$SPCEO_{i,t}$）的相关系数为 0.001，且均在 1% 的水平上显著，与企业党组织领导兼任监事会主席（$SPSup_{i,t}$）的相关性并不显著；模型（8）至模型（10）的回归结果显示，公司治理水平（$CG_{i,t}$）与企业党组织领导兼任董事（$SPB_{i,t}$）的相关系数为 0.001，显著性水平为 1%，与企业党组织领导兼任经理（$SPC_{i,t}$）的相关系数为 0.001，显著性水平为 5%，但与企业党组织领导兼任监事（$SPS_{i,t}$）的相关关系并不显著。假设 2b 得到了部分验证。说明企业党组

表 6-4　盈余质量与公司政治治理的回归结果

变量	(1)	(2)	(3)	(4)	(5)	(6)	(7)	(8)	(9)	(10)	(11)
	$MABSDA_{i,t}$	$MABSDA_{i,t}$	$MABSDA_{i,t}$	$MABSDA_{i,t}$	$MABSDA_{i,t}$	$MABSDA_{i,t}$	$MABSDA_{i,t}$	$MABSDA_{i,t}$	$MABSDA_{i,t}$	$MABSDA_{i,t}$	$MABSDA_{i,t}$
$PB_{i,t}$	0.186*** (0.062)										
$PS_{i,t}$		0.101** (0.043)									
$PC_{i,t}$			0.142*** (0.040)								
$ParAll_{i,t}$				0.280*** (0.067)							
$SPPre_{i,t}$					0.030** (0.015)						
$SPSup_{i,t}$						-0.017 (0.018)					
$SPCEO_{i,t}$							0.030** (0.015)				
$SPB_{i,t}$								0.026** (0.012)			
$SPS_{i,t}$									-0.005 (0.019)		

续表

变量	(1)	(2)	(3)	(4)	(5)	(6)	(7)	(8)	(9)	(10)	(11)
	$MABSDA_{i,t}$	$MABSDA_{i,t}$	$MABSDA_{i,t}$	$MABSDA_{i,t}$	$MABSDA_{i,t}$	$MABSDA_{i,t}$	$MABSDA_{i,t}$	$MABSDA_{i,t}$	$MABSDA_{i,t}$	$MABSDA_{i,t}$	$MABSDA_{i,t}$
$SPC_{i,t}$										0.029 **	
										(0.016)	
$SPAll_{i,t}$											0.022 *
											(0.011)
$ROA_{i,t}$	0.019	0.015	0.011	0.020	0.012	0.005	0.009	0.012	0.007	0.009	0.014
	(0.137)	(0.137)	(0.137)	(0.137)	(0.137)	(0.137)	(0.137)	(0.137)	(0.137)	(0.137)	(0.137)
$Size_{i,t}$	0.073 ***	0.073 ***	0.072 ***	0.071 ***	0.073 ***	0.074 ***	0.073 ***	0.073 ***	0.074 ***	0.074 ***	0.074 ***
	(0.007)	(0.007)	(0.007)	(0.007)	(0.007)	(0.007)	(0.007)	(0.007)	(0.007)	(0.007)	(0.007)
$Growth_{i,t}$	-0.323 ***	-0.324 ***	-0.324 ***	-0.323 ***	-0.324 ***	-0.325 ***	-0.324 ***	-0.324 ***	-0.324 ***	-0.324 ***	-0.324 ***
	(0.010)	(0.010)	(0.010)	(0.010)	(0.010)	(0.010)	(0.010)	(0.010)	(0.010)	(0.010)	(0.010)
$OCash_{i,t}$	0.243 ***	0.244 ***	0.242 ***	0.243 ***	0.243 ***	0.243 ***	0.244 ***	0.244 ***	0.243 ***	0.244 ***	0.245 ***
	(0.068)	(0.068)	(0.068)	(0.068)	(0.068)	(0.068)	(0.068)	(0.068)	(0.068)	(0.068)	(0.068)
$Lev_{i,t}$	-0.220 ***	-0.217 ***	-0.219 ***	-0.222 ***	-0.216 ***	-0.215 ***	-0.219 ***	-0.219 ***	-0.215 ***	-0.217 ***	-0.220 ***
	(0.042)	(0.042)	(0.041)	(0.042)	(0.042)	(0.042)	(0.042)	(0.042)	(0.042)	(0.042)	(0.042)
$DUAL_{i,t}$	-0.017	-0.017	-0.020	-0.019	-0.018	-0.017	-0.019	-0.016	-0.017	-0.017	-0.017
	(0.019)	(0.019)	(0.019)	(0.019)	(0.019)	(0.019)	(0.019)	(0.019)	(0.019)	(0.019)	(0.019)
$Big4_{i,t}$	0.047	0.046	0.045	0.047	0.045	0.045	0.044	0.046	0.045	0.046	0.046
	(0.031)	(0.031)	(0.031)	(0.031)	(0.031)	(0.031)	(0.031)	(0.031)	(0.031)	(0.031)	(0.031)

续表

变量	(1)	(2)	(3)	(4)	(5)	(6)	(7)	(8)	(9)	(10)	(11)
	$MABSDA_{i,t}$	$MABSDA_{i,t}$	$MABSDA_{i,t}$	$MABSDA_{i,t}$	$MABSDA_{i,t}$	$MABSDA_{i,t}$	$MABSDA_{i,t}$	$MABSDA_{i,t}$	$MABSDA_{i,t}$	$MABSDA_{i,t}$	$MABSDA_{i,t}$
$Opin_{i,t}$	0. 051	0. 049	0. 053	0. 054	0. 048	0. 048	0. 051	0. 051	0. 048	0. 049	0. 049*
	(0. 028)	(0. 028)	(0. 028)	(0. 028)	(0. 028)	(0. 028)	(0. 028)	(0. 028)	(0. 028)	(0. 028)	(0. 028)
$Loss_{i,t}$	-0. 029	-0. 030	-0. 029	-0. 029	-0. 030	-0. 030	-0. 030	-0. 030	-0. 030	-0. 030	-0. 030
	(0. 019)	(0. 019)	(0. 019)	(0. 019)	(0. 019)	(0. 019)	(0. 0191)	(0. 019)	(0. 019)	(0. 019)	(0. 019)
Year	控制	控制	控制	控制	控制	控制	控制	控制	控制	控制	控制
Constant	-0. 167***	-0. 164***	-0. 166***	-0. 171***	-0. 164***	-0. 158***	-0. 161***	-0. 163***	-0. 159***	-0. 161***	-0. 167***
	(0. 024)	(0. 024)	(0. 024)	(0. 024)	(0. 024)	(0. 024)	(0. 024)	(0. 024)	(0. 024)	(0. 024)	(0. 025)
Observations	10981	10981	10981	10981	10981	10981	10981	10981	10981	10981	10981
Adj R - sq	0. 116	0. 116	0. 116	0. 117	0. 115	0. 115	0. 115	0. 115	0. 115	0. 115	0. 115
Number of Stkcd	1059	1059	1059	1059	1059	1059	1059	1059	1059	1059	1059

注：*、**、***分别表示双尾检验在10%、5%和1%的水平上显著。

表 6-5 公司治理水平与公司政治治理的回归结果

变量	(1)	(2)	(3)	(4)	(5)	(6)	(7)	(8)	(9)	(10)	(11)
	$CG_{i,t}$	$CG_{i,t}$	$CG_{i,t}$	$CG_{i,t}$	$CG_{i,t}$	$CG_{i,t}$	$CG_{i,t}$	$CG_{i,t}$	$CG_{i,t}$	$CG_{i,t}$	$CG_{i,t}$
$PB_{i,t}$	0.006*** (0.001)										
$PS_{i,t}$		0.001 (0.001)									
$PC_{i,t}$			0.003*** (0.001)								
$ParAll_{i,t}$				0.006*** (0.001)							
$SPPre_{i,t}$					0.001*** (0.000)						
$SPSup_{i,t}$						-0.0003 (0.0002)					
$SPCEO_{i,t}$							0.001*** (0.0002)				
$SPB_{i,t}$								0.001*** (0.0002)			
$SPS_{i,t}$									0.0004 (0.0003)		

续表

变量	(1)	(2)	(3)	(4)	(5)	(6)	(7)	(8)	(9)	(10)	(11)
	$CG_{i,t}$	$CG_{i,t}$	$CG_{i,t}$	$CG_{i,t}$	$CG_{i,t}$	$CG_{i,t}$	$CG_{i,t}$	$CG_{i,t}$	$CG_{i,t}$	$CG_{i,t}$	$CG_{i,t}$
$SPC_{i,t}$										0. 001 **	
										(0. 0002)	
$SPAll_{i,t}$											0. 001 ***
											(0. 0002)
$ROA_{i,t}$	0. 0059 ***	0. 0056 ***	0. 0056 ***	0. 0058 ***	0. 0057 ***	0. 0055 ***	0. 0056 ***	0. 0057 ***	0. 0056 ***	0. 0056 ***	0. 0058 ***
	(0. 0019)	(0. 0019)	(0. 0019)	(0. 0019)	(0. 0019)	(0. 0019)	(0. 0019)	(0. 0019)	(0. 0019)	(0. 0019)	(0. 0019)
$Size_{i,t}$	0022 ***	0022 ***	0022 ***	0022 ***	0022 ***	0022 ***	0022 ***	0022 ***	0022 ***	0022 ***	0022 ***
	(0. 0001)	(0. 0001)	(0. 0001)	(0. 0001)	(0. 0001)	(0. 0001)	(0. 0001)	(0. 0001)	(0. 0001)	(0. 0001)	(0. 0001)
$Growth_{i,t}$	0. 0005 ***	0. 0004 ***	0. 0004 ***	0. 0005 ***	0. 0004 ***	0. 0004 ***	0. 0004 ***	0. 0005 ***	0. 0004 ***	0. 0004 ***	0. 0005 ***
	(0. 0001)	(0. 0001)	(0. 0001)	(0. 0001)	(0. 0001)	(0. 0001)	(0. 0001)	(0. 0001)	(0. 0001)	(0. 0001)	(0. 0001)
$OCash_{i,t}$	0. 0058 ***	0. 0059 ***	0. 0058 ***	0. 0059 ***	0. 0059 ***	0. 0058 ***	0. 0059 ***	0. 0059 ***	0. 0059 ***	0. 0059 ***	0. 0059 ***
	(0. 0009)	(0. 0009)	(0. 0009)	(0. 0009)	(0. 0009)	(0. 0009)	(0. 0009)	(0. 0009)	(0. 0009)	(0. 0009)	(0. 0009)
$Lev_{i,t}$	0. 0024 ***	0. 0026 ***	0. 0025 ***	0. 0025 ***	0. 0026 ***	0. 0026 ***	0. 0025 ***	0. 0025 ***	0. 0026 ***	0. 0026 ***	0. 0024 ***
	(0. 0006)	(0. 0006)	(0. 0006)	(0. 0006)	(0. 0006)	(0. 0006)	(0. 0006)	(0. 0006)	(0. 0006)	(0. 0006)	(0. 0006)
$DUAL_{i,t}$	5. 46e −05	5. 29e −05	−9. 56e −06	1. 52e −05	3. 36e −05	5. 77e −05	6. 61e −07	9. 15e −05	6. 09e −05	5. 03e −05	8. 56e −05
	(0. 0003)	(0. 0003)	(0. 0003)	(0. 0003)	(0. 0003)	(0. 0003)	(0. 0003)	(0. 0003)	(0. 0003)	(0. 0003)	(0. 0003)
$Big4_{i,t}$	−0. 0002	−0. 0002	−0. 0002	−0. 0002	−0. 0002	−0. 0002	−0. 0003	−0. 0002	−0. 0002	−0. 0002	−0. 0002
	(0. 0004)	(0. 0004)	(0. 0004)	(0. 0004)	(0. 0004)	(0. 0004)	(0. 0004)	(0. 0004)	(0. 0004)	(0. 0004)	(0. 0004)

续表

变量	(1)	(2)	(3)	(4)	(5)	(6)	(7)	(8)	(9)	(10)	(11)
	$CG_{i,t}$	$CG_{i,t}$	$CG_{i,t}$	$CG_{i,t}$	$CG_{i,t}$	$CG_{i,t}$	$CG_{i,t}$	$CG_{i,t}$	$CG_{i,t}$	$CG_{i,t}$	$CG_{i,t}$
$Opin_{i,t}$	-0.0012 ***	-0.0013 ***	-0.0012 ***	-0.0011 ***	-0.0013 ***	-0.0013 ***	-0.0012 ***	-0.0012 ***	-0.0013 ***	-0.0012 ***	-0.0012 ***
	(0.0004)	(0.0004)	(0.0004)	(0.0004)	(0.0004)	(0.0004)	(0.0004)	(0.0004)	(0.0004)	(0.0004)	(0.0004)
$Loss_{i,t}$	3.32e-05	-3.00e-06	5.05e-06	1.61e-05	1.42e-05	-4.23e-07	-7.23e-06	3.32e-06	-6.40e-06	8.96e-08	-1.04e-06
	(0.0003)	(0.0003)	(0.0003)	(0.0003)	(0.0003)	(0.0003)	(0.0003)	(0.0003)	(0.0003)	(0.0003)	(0.0003)
Year	控制	控制	控制	控制	控制	控制	控制	控制	控制	控制	控制
Constant	0.0849 ***	0.0851 ***	0.0850 ***	0.0849 ***	0.0850 ***	0.0851 ***	0.0851 ***	0.0849 ***	0.0851 ***	0.0851 ***	0.0848 ***
	(0.0003)	(0.0003)	(0.0003)	(0.0003)	(0.0003)	(0.0003)	(0.0003)	(0.0003)	(0.0003)	(0.0003)	(0.0003)
Observations	10981	10981	10981	10981	10981	10981	10981	10981	10981	10981	10981
Adj R-sq	0.113	0.109	0.112	0.113	0.111	0.109	0.110	0.112	0.109	0.109	0.112
Number of Stkcd	1059	1059	1059	1059	1059	1059	1059	1059	1059	1059	1059

注：*、**、***分别表示双尾检验在10%、5%和1%的水平上显著。

织领导无论是兼任董事长或总经理，还是兼任董事或经理，均可提高国有上市公司的公司治理水平，但是企业党组织领导兼任监事长或监事则无此治理效果。

（3）政治治理通过公司治理对盈余质量的影响分析

表6－6为政治治理通过公司治理对盈余质量影响的回归分析结果，从中可以看出，模型（1）至模型（11）中公司治理水平（$CG_{i,t}$）与盈余质量的相关系数均为正，但均不显著。表6－4和表6－5的结果表明，政治治理对盈余质量影响的总效应中，政治治理的代理变量除企业党组织领导兼任监事会主席（$SPSup_{i,t}$）和企业党组织领导兼任监事（$SPS_{i,t}$）与盈余质量的关系不显著（因此这两个指标无须再进行中介效应相关检验）之外，其他代理变量与盈余质量的相关关系均显著为正，而政治治理对公司治理水平的间接效应中，政治治理的代理变量中除企业党组织成员和监事会成员的重合程度（$PS_{i,t}$）、企业党组织领导兼任监事会主席（$SPSup_{i,t}$）及企业党组织领导兼任监事（$SPS_{i,t}$）与公司治理水平的相关系数不显著（因此这三个指标无须再进行中介效应相关检验）外，其他代理变量均与公司治理水平显著正相关。因此，中介变量公司治理水平（$CG_{i,t}$）对政治治理与盈余质量关系的两个间接效应都不显著，必须对除表6－4、表6－5和表6－6中模型（2）、模型（6）和模型（9）之外的模型进行Sobel检验。

（4）公司治理水平（$CG_{i,t}$）的中介效应检验——Soble检验

表6－7为公司治理水平（$CG_{i,t}$）对政治治理各代理变量与盈余质量关系中介效应的Sobel检验结果。公司治理水平（$CG_{i,t}$）对“双向进入”综合变量（$ParAll_{i,t}$）与盈余质量（$MABSDA_{i,t}$）关系中介效应的Z值为1.028，对“交叉任职”综合变量（$SPAll_{i,t}$）与盈余质量（$MABSDA_{i,t}$）关系中介效应的Z值为1.043，均大于Z值在95%置信度下的临界值0.97，说明整体上来看，公司治理水平（$CG_{i,t}$）对政治治理与盈余质量（$MABSDA_{i,t}$）关系是具有中介效应的。同样，公司治理水平（$CG_{i,t}$）对“双向进入”的具体变量——企业党组织成员和董事会成员的重合程度（$PB_{i,t}$）和企业党组织成员和经理层的重合程度（$PC_{i,t}$）与盈余质量（$MABSDA_{i,t}$）关系中介效应的Z值分别为

1.032 和 1.038，均大于 0.97；公司治理水平（$CG_{i,t}$）对“交叉任职”的具体变量——企业党组织领导兼任董事长（$SPPre_{i,t}$）、企业党组织领导兼任总经理（$SPCEO_{i,t}$）、企业党组织领导兼任董事（$SPB_{i,t}$）和企业党组织领导兼任经理（$SPC_{i,t}$）与盈余质量（$MABSDA_{i,t}$）中介效应的 Z 值分别为 1.033、1.027、1.048 和 1.052，均大于 0.97。说明公司治理水平（$CG_{i,t}$）对企业党组织与董事会及经理层的“双向进入、交叉任职”和盈余质量关系是具有中介效应的。因此，H5 得到了验证，H5a 和 H5b 由于公司治理水平（$CG_{i,t}$）企业党组织与监事会的“双向进入、交叉任职”和盈余质量关系中介效应不显著而仅得到了部分验证。

表 6-6 政治治理通过公司治理影响盈余质量的回归结果

变量	(1)	(2)	(3)	(4)	(5)	(6)	(7)	(8)	(9)	(10)	(11)
	$MABSDA_{i,t}$	$MABSDA_{i,t}$	$MABSDA_{i,t}$	$MABSDA_{i,t}$	$MABSDA_{i,t}$	$MABSDA_{i,t}$	$MABSDA_{i,t}$	$MABSDA_{i,t}$	$MABSDA_{i,t}$	$MABSDA_{i,t}$	$MABSDA_{i,t}$
$PB_{i,t}$	0.182*** (0.062)										
$PS_{i,t}$		0.100** (0.043)									
$PC_{i,t}$			0.140*** (0.040)								
$ParAll_{i,t}$				0.276*** (0.067)							
$SPPre_{i,t}$					0.029* (0.015)						
$SPSup_{i,t}$						-0.016 (0.018)					
$SPCEO_{i,t}$							0.030* (0.015)				
$SPB_{i,t}$								0.025** (0.013)			
$SPS_{i,t}$									-0.006 (0.019)		

续表

变量	(1)	(2)	(3)	(4)	(5)	(6)	(7)	(8)	(9)	(10)	(11)
	$MABSDA_{i,t}$	$MABSDA_{i,t}$	$MABSDA_{i,t}$	$MABSDA_{i,t}$	$MABSDA_{i,t}$	$MABSDA_{i,t}$	$MABSDA_{i,t}$	$MABSDA_{i,t}$	$MABSDA_{i,t}$	$MABSDA_{i,t}$	$MABSDA_{i,t}$
$SPC_{i,t}$										0. 029 *	
										(0. 016)	
$SPAll_{i,t}$											0. 021 *
											(0. 011)
$CG_{i,t}$	0. 732	0. 364	0. 734	0. 687	0. 807	0. 866	0. 825	0. 795	0. 878	0. 844	0. 797
	(0. 724)	(0. 723)	(0. 724)	(0. 724)	(0. 724)	(0. 723)	(0. 723)	(0. 724)	(0. 723)	(0. 723)	(0. 724)
$ROA_{i,t}$	0. 015	0. 010	0. 007	0. 016	0. 007	0. 001	0. 004	0. 007	0. 002	0. 004	0. 010
	(0. 137)	(0. 137)	(0. 137)	(0. 137)	(0. 137)	(0. 137)	(0. 137)	(0. 137)	(0. 137)	(0. 137)	(0. 137)
$Size_{i,t}$	0. 075 ***	0. 075 ***	0. 074 ***	0. 073 ***	0. 076 ***	0. 076 ***	0. 076 ***	0. 076 ***	0. 076 ***	0. 076 ***	0. 076 ***
	(0. 007)	(0. 007)	(0. 007)	(0. 007)	(0. 007)	(0. 007)	(0. 007)	(0. 007)	(0. 007)	(0. 007)	(0. 007)
$Growth_{i,t}$	−0. 324 ***	−0. 324 ***	−0. 324 ***	−0. 323 ***	−0. 325 ***	−0. 325 ***	−0. 324 ***	−0. 324 ***	−0. 325 ***	−0. 325 ***	−0. 324 ***
	(0. 010)	(0. 010)	(0. 010)	(0. 010)	(0. 010)	(0. 010)	(0. 010)	(0. 010)	(0. 010)	(0. 010)	(0. 010)
$OCash_{i,t}$	0. 239 ***	0. 239 ***	0. 237 ***	0. 239 ***	0. 239 ***	0. 238 ***	0. 239 ***	0. 239 ***	0. 238 ***	0. 239 ***	0. 240 ***
	(0. 068)	(0. 068)	(0. 068)	(0. 068)	(0. 068)	(0. 068)	(0. 068)	(0. 068)	(0. 068)	(0. 068)	(0. 068)
$Lev_{i,t}$	−0. 222 ***	−0. 219 ***	−0. 220 ***	−0. 224 ***	−0. 218 ***	−0. 217 ***	−0. 221 ***	−0. 221 ***	−0. 217 ***	−0. 220 ***	−0. 222 ***
	(0. 042)	(0. 042)	(0. 042)	(0. 042)	(0. 042)	(0. 042)	(0. 042)	(0. 042)	(0. 042)	(0. 042)	(0. 042)
$DUAL_{i,t}$	−0. 0173	−0. 017	−0. 020	−0. 019	−0. 018	−0. 017	−0. 019	−0. 016	−0. 018	−0. 018	−0. 017
	(0. 019)	(0. 019)	(0. 019)	(0. 019)	(0. 019)	(0. 019)	(0. 019)	(0. 019)	(0. 019)	(0. 019)	(0. 019)

续表

变量	(1)	(2)	(3)	(4)	(5)	(6)	(7)	(8)	(9)	(10)	(11)
	$MABSDA_{i,t}$	$MABSDA_{i,t}$	$MABSDA_{i,t}$	$MABSDA_{i,t}$	$MABSDA_{i,t}$	$MABSDA_{i,t}$	$MABSDA_{i,t}$	$MABSDA_{i,t}$	$MABSDA_{i,t}$	$MABSDA_{i,t}$	$MABSDA_{i,t}$
$Big4_{i,t}$	0. 047	0. 046	0. 046	0. 047	0. 046	0. 045	0. 044	0. 046	0. 045	0. 046	0. 046
	(0. 031)	(0. 031)	(0. 031)	(0. 031)	(0. 031)	(0. 031)	(0. 031)	(0. 031)	(0. 031)	(0. 031)	(0. 031)
$Opin_{i,t}$	0. 052	0. 050	0. 053	0. 054	0. 049	0. 049	0. 052	0. 051	0. 049	0. 050	0. 051
	(0. 028)	(0. 028)	(0. 028)	(0. 028)	(0. 028)	(0. 028)	(0. 028)	(0. 028)	(0. 028)	(0. 028)	(0. 028)
$Loss_{i,t}$	-0. 029	-0. 030	-0. 030	-0. 029	-0. 030	-0. 030	-0. 030	-0. 030	-0. 030	-0. 030	-0. 030
	(0. 019)	(0. 019)	(0. 019)	(0. 019)	(0. 019)	(0. 019)	(0. 019)	(0. 019)	(0. 019)	(0. 019)	(0. 019)
Year	控制	控制	控制	控制	控制	控制	控制	控制	控制	控制	控制
Constant	-0. 229 ***	-0. 238 ***	-0. 228 ***	-0. 229 ***	-0. 232 ***	-0. 231 ***	-0. 231 ***	-0. 231 ***	-0. 234 ***	-0. 233 ***	-0. 234 ***
	(0. 066)	(0. 066)	(0. 066)	(0. 066)	(0. 066)	(0. 066)	(0. 066)	(0. 066)	(0. 066)	(0. 066)	(0. 066)
Observations	10981	10981	10981	10981	10981	10981	10981	10981	10981	10981	10981
Adj R - sq	0. 116	0. 116	0. 116	0. 117	0. 116	0. 115	0. 116	0. 116	0. 115	0. 116	0. 116
Number of Stkcd	1059	1059	1059	1059	1059	1059	1059	1059	1059	1059	1059

注：*、* *、* * *分别表示双尾检验在10%、5%和1%的水平上显著。

表 6-7 公司治理水平中介效应的 Sobel 检验

解释变量	$PB_{i,t}$	$PC_{i,t}$	$ParAll_{i,t}$	$SPPre_{i,t}$	$SPCEO_{i,t}$	$SPB_{i,t}$	$SPC_{i,t}$	$SPAll_{i,t}$
Z 值	1.032	1.038	1.028	1.033	1.027	1.048	1.052	1.043

(5) 董事会治理效率的中介效应分析

表 6-8 为董事会治理效率与企业党组织和董事会"双向进入、交叉任职"的回归结果[模型(1)至模型(3)]以及董事会治理效率对盈余质量与企业党组织和董事会"双向进入、交叉任职"关系的间接影响回归结果[模型(4)至模型(6)]。从模型(1)至模型(3)可以看出,董事会治理效率($BGov_{i,t}$)与企业党组织成员和董事会成员的重合程度($PB_{i,t}$)的相关系数为 0.0047,与企业党组织领导兼任董事长($SPPre_{i,t}$)的相关系数为 0.0008,与企业党组织领导兼任董事($SPB_{i,t}$)的相关系数为 0.0008,且均在 1% 的水平上显著,说明企业党组织成员和董事会成员的重合程度与董事会效率正相关,H3a 得到了验证,企业党组织领导兼任董事长以及企业党组织领导兼任董事的领导体制能够提高国有上市公司的董事会治理效率,H3b 得到了验证。从模型(4)至模型(6)可以看出,董事会治理效率($BGov_{i,t}$)对盈余质量的相关系数在企业党组织成员和董事会成员的重合程度($PB_{i,t}$)、企业党组织领导兼任董事长($SPPre_{i,t}$)及企业党组织领导兼任董事($SPB_{i,t}$)三种领导体制下均不显著。说明以董事会治理效率($BGov_{i,t}$)为中介变量的三个模型均需进行 Sobel 检验,以确认中介效应是否存在,表 6-9 为董事会治理效率中介效应的 Sobel 检验结果。从中可以看出,董事会治理效率($BGov_{i,t}$)对企业党组织成员和董事会成员的重合程度($PB_{i,t}$)与盈余质量($MABSDA_{i,t}$)关系中介效应 Z 值为 1.040,大于 Z 值在 95% 置信度下的临界值 0.97,说明董事会治理效率在对企业党组织成员和董事会成员的重合程度($PB_{i,t}$)与盈余质量($MABSDA_{i,t}$)关系中起中介作用,H6a 得到了验证。董事会治理效率($BGov_{i,t}$)对企业党组织领导兼任董事长($SPPre_{i,t}$)与盈余质量($MABSDA_{i,t}$)关系中介效应 Z 值为 1.046,对企业党组织领导兼任董事($SPB_{i,t}$)与盈余质量($MABSDA_{i,t}$)关系中介效应 Z 值为 1.058,均大于 Z 值在 95% 置信度下的临界值 0.97。说明董事会治理效率($BGov_{i,t}$)对企业党组织领导进入董事会

和国有上市公司盈余质量的关系具有中介作用，H6b 得到了验证。

表 6-8　董事会治理效率的中介效应回归结果

变量	(1)	(2)	(3)	(4)	(5)	(6)
	$BGov_{i,t}$	$BGov_{i,t}$	$BGov_{i,t}$	$MABSDA_{i,t}$	$MABSDA_{i,t}$	$MABSDA_{i,t}$
$PB_{i,t}$	0.0047***			0.179***		
	(0.0006)			(0.062)		
$SPPre_{i,t}$		0.0008***			0.029*	
		(0.0001)			(0.015)	
$SPB_{i,t}$			0.0008***			0.024*
			(0.0001)			(0.013)
$BGov_{i,t}$				1.416	1.535	1.515
				(0.981)	(0.979)	(0.980)
$ROA_{i,t}$	0.0057***	0.0055***	0.0056***	0.0112	0.003	0.003
	(0.0014)	(0.0014)	(0.0014)	(0.137)	(0.137)	(0.137)
$Size_{i,t}$	0.0017***	0.0017***	0.0017***	0.074***	0.075***	0.075***
	0.0001	0.0001	0.0001	0.007	0.007	0.007
$Growth_{i,t}$	0.0002**	0.0002*	0.0002**	-0.324***	-0.325***	-0.324***
	(9.94e-05)	(9.95e-05)	(9.95e-05)	(0.010)	(0.010)	(0.010)
$OCash_{i,t}$	0.0046***	0.0046***	0.0046***	0.236***	0.236***	0.237***
	(0.0007)	(0.0007)	(0.0007)	(0.068)	(0.068)	(0.068)
$Lev_{i,t}$	0.0024***	0.0025***	0.0025***	-0.224***	-0.220***	-0.223***
	(0.0004)	(0.0004)	(0.0004)	(0.042)	(0.042)	(0.042)
$DUAL_{i,t}$	7.01e-05	5.38e-05	9.95e-05	-0.017	-0.018	-0.016
	(0.0002)	(0.0002)	(0.0002)	(0.019)	(0.019)	(0.019)
$Big4_{i,t}$	-0.0001	-0.0002	-0.0002	0.047	0.046	0.046
	(0.0003)	(0.0003)	(0.0003)	(0.031)	(0.031)	(0.031)
$Opin_{i,t}$	-0.0007***	-0.0008***	-0.0008***	-0.052*	-0.049*	-0.052*
	(0.0003)	(0.0003)	(0.0003)	(0.028)	(0.028)	(0.028)
$Loss_{i,t}$	0.0001	0.0001	0.0001	-0.029	-0.030	-0.030
	(0.0002)	(0.0002)	(0.0002)	(0.019)	(0.019)	(0.019)
Year	控制	控制	控制	控制	控制	控制
Constant	0.0276***	0.0277***	0.0277***	-0.206***	-0.206***	-0.205***
	(0.0003)	(0.0003)	(0.0003)	(0.037)	(0.037)	(0.037)

续表

变量	(1)	(2)	(3)	(4)	(5)	(6)
	$BGov_{i,t}$	$BGov_{i,t}$	$BGov_{i,t}$	$MABSDA_{i,t}$	$MABSDA_{i,t}$	$MABSDA_{i,t}$
Observations	10981	10981	10981	10981	10981	10981
Adj R - sq	0.115	0.112	0.113	0.116	0.116	0.116
Number of Stkcd	1059	1059	1059	1059	1059	1059

注：*、**、***分别表示双尾检验在10%、5%和1%的水平上显著。

表6-9 董事会治理效率中介效应的Sobel检验

解释变量	$PB_{i,t}$	$SPPre_{i,t}$	$SPB_{i,t}$
Z值	1.040	1.046	1.058

（6）监事会治理效率的中介效应分析

从表6-4可以看出，企业党组织与监事会“双向进入、交叉任职”的具体变量中，仅有企业党组织成员和监事会成员的重合程度（$PS_{i,t}$）与盈余质量（$MABSDA_{i,t}$）主效应的相关系数为正并在5%的水平上显著，另外两个变量企业党组织领导兼任监事会主席（$SPSup_{i,t}$）及企业党组织领导兼任监事（$SPS_{i,t}$）与盈余质量（$MABSDA_{i,t}$）主效应的相关系数均不显著，H4b和H7b并没有得到验证，因此无须再检验监事会治理效率（$SGov_{i,t}$）在此两个变量与盈余质量关系中的中介效应，检查其在企业党组织成员和监事会成员的重合程度（$PS_{i,t}$）与盈余质量（$MABSDA_{i,t}$）关系中的中介效应即可。

表6-10为企业党组织成员和监事会成员的重合程度（$PS_{i,t}$）与监事会治理效率（$SGov_{i,t}$）的间接效应以及监事会治理效率（$SGov_{i,t}$）与盈余质量（$MABSDA_{i,t}$）的间接效应回归结果。从模型（1）可以看出，企业党组织成员和监事会成员的重合程度（$PS_{i,t}$）与监事会治理效率（$SGov_{i,t}$）的相关系数为0.0009，并在5%的水平上显著，说明企业党组织成员和监事会成员的重合程度（$PS_{i,t}$）越高，监事会治理效率（$SGov_{i,t}$）越高，H4a得到了验证。模型（2）表明监事会治理效率（$SGov_{i,t}$）与盈余质量（$MABSDA_{i,t}$）回归系数并不显著，结合表6-4中模型（2）的回归结果，须对监事会治理效率的中介作用进行Sobel检验，检验结果表明，监事会治理效率（$SGov_{i,t}$）对企业党组织成员和监事会成员的重合程度（$PS_{i,t}$）与盈余质量（$MABSDA_{i,t}$）关系中介效应Z值为1.020，大于Z值在95%

置信度下的临界值0.97，说明监事会治理效率的中介作用显著，H7a得到了验证。

表6－10　监事会治理效率的中介效应回归结果

变量	(1)	(2)
	$SGov_{i,t}$	$WABSDA_{i,t}$
$PS_{i,t}$	0.0009 **	0.0997 **
	(0.0004)	(0.0431)
$SGov_{i,t}$		1.189
		(1.048)
$ROA_{i,t}$	0.0033 **	0.0186
	(0.0013)	(0.137)
$Size_{i,t}$	0.0005 ***	0.073 ***
	(0.0001)	0.007
$Growth_{i,t}$	0.0003 ***	−0.323 ***
	(9.30e−05)	(0.0097)
$OCash_{i,t}$	−0.0006	0.245 ***
	(0.0007)	(0.0681)
$Lev_{i,t}$	0.0009 **	−0.216 ***
	(0.0004)	(0.0415)
$DUAL_{i,t}$	0.0003 *	−0.0168
	(0.0002)	(0.0188)
$Big4_{i,t}$	−0.0006 *	0.0449
	(0.0003)	(0.0310)
$Opin_{i,t}$	−0.0004	0.0487
	(0.0003)	(0.0275)
$Loss_{i,t}$	0.0001	−0.0298
	(0.0002)	(0.0191)
Year	控制	控制
Constant	0.0148 ***	−0.146 ***
	(0.0002)	(0.0289)
Observations	10981	10981
R－squared	0.104	0.116
Number of Stkcd	1059	1059

注：*、**、***分别表示双尾检验在10%、5%和1%的水平上显著。

6.2.2 不同外部治理环境下政治治理对盈余质量的影响分析

（1）外部政策变更对政治治理对盈余质量关系的调节作用

表6－11为外部政策变更对公司政治治理与盈余质量关系影响的实证结果，由于企业党组织领导兼任监事会主席（$SPSup_{i,t}$）或监事（$SPS_{i,t}$）对盈余质量的影响不显著，因此，本书不再列示其相关的模型（下同）。从表6－11中可以看出，模型（4）中的交乘项 $ParAll_{i,t} \times Policy_{i,t}$ 系数为0.232，在1%的水平上显著，模型（9）中的交乘项 $SPAll_{i,t} \times Policy_{i,t}$ 系数为0.065，在1%的水平上显著，说明整体上在2012年党的十八大之后各个新政策陆续发布以后（以下简称“新政策发布以后”）“双向进入、交叉任职”对盈余质量的正向影响更为显著，整体上验证了假设8。具体来看，模型（1）中的交乘项 $PB_{i,t} \times Policy_{i,t}$ 系数为0.237，显著性水平为1%，模型（2）中的交乘项 $PS_{i,t} \times Policy_{i,t}$ 系数为0.085，显著性水平为10%，模型（3）中的交乘项 $PC_{i,t} \times Policy_{i,t}$ 系数为0.146，显著性水平为1%，说明企业党组织成员和董事会、监事会或经理层人员的重合程度对盈余质量的正向影响在新政策发布以后更显著。模型（5）中的交乘项 $SPPre_{i,t} \times Policy_{i,t}$ 系数为0.056，模型（6）中的交乘项 $SPCEO_{i,t} \times Policy_{i,t}$ 系数为0.068，模型（7）中的交乘项 $SPB_{i,t} \times Policy_{i,t}$ 系数为0.052，模型（5）、模型（6）、模型（7）的显著性水平均为1%，模型（8）中的交乘项 $SPC_{i,t} \times Policy_{i,t}$ 系数为0.057。显著性水平为5%，说明企业党组织领导兼任董事长或董事，企业党组织领导兼任总经理或经理对盈余质量的正向作用均在新政策发布以后更显著。

（2）产权性质对公司政治治理与盈余质量关系的调节作用

表6－12为产权性质对公司政治治理与盈余质量关系调节作用的实证结果。从中可以看出，模型（4）中的交乘项 $ParAll_{i,t} \times Nature_{i,t}$ 系数为0.478，在1%的水平上显著，模型（9）中的交乘项 $SPAll_{i,t} \times Nature_{i,t}$ 系数为0.082，在1%的水平上显著，说明整体上地方国有企业中“双向进入、交叉任职”对盈余质量的影响更为显著，整体上验证了假设9。具体来看，模型（1）中的交乘项 $PB_{i,t} \times Nature_{i,t}$ 系数为0.330，显著性水平为1%，模型（2）中的交乘项 $PS_{i,t} \times Nature_{i,t}$ 系数为0.170，显著性水平为5%，模型（3）中的交乘项 $PC_{i,t} \times Nature_{i,t}$ 系数为0.236，显著性水平为1%，说明企业党组织成员和董事会、

表 6－11　外部政策变更对公司政治治理与盈余质量关系影响的实证结果

变量	(1)	(2)	(3)	(4)	(5)	(6)	(7)	(8)	(9)
$Policy_{i,t}$	0. 108 *** (0. 010)	0. 114 *** (0. 009)	0. 110 *** (0. 009)	0. 104 *** (0. 010)	0. 112 *** (0. 010)	0. 114 *** (0. 010)	0. 111 *** (0. 010)	0. 115 *** (0. 009)	0. 091 *** (0. 011)
$PB_{i,t}$	－0. 047 (0. 083)								
$PB_{i,t} \times Policy_{i,t}$	0. 237 *** (0. 092)								
$PS_{i,t}$		0. 023 (0. 059)							
$PS_{i,t} \times Policy_{i,t}$		0. 085 * (0. 063)							
$PC_{i,t}$			0. 001 (0. 058)						
$PC_{i,t} \times Policy_{i,t}$			0. 146 *** (0. 062)						
$ParAll_{i,t}$				－0. 006 (0. 094)					
$ParAll_{i,t} \times Policy_{i,t}$				0. 232 *** (0. 098)					

续表

变量	(1)	(2)	(3)	(4)	(5)	(6)	(7)	(8)	(9)
$SPPre_{i,t}$					0.002 (0.019)				
$SPPre_{i,t} \times Policy_{i,t}$					0.056*** (0.023)				
$SPCEO_{i,t}$						−0.022 (0.021)			
$SPCEO_{i,t} \times Policy_{i,t}$						0.068*** (0.026)			
$SPB_{i,t}$							−0.014 (0.016)		
$SPB_{i,t} \times Policy_{i,t}$							0.052*** (0.021)		
$SPC_{i,t}$								0.004 (0.022)	
$SPC_{i,t} \times Policy_{i,,t}$								0.057** (0.026)	
$SPAll_{i,t}$									−0.020 (0.013)

续表

变量	(1)	(2)	(3)	(4)	(5)	(6)	(7)	(8)	(9)
$SPAll_{i,t} \times Policy_{i,t}$									0.065***
									(0.016)
$ROA_{i,t}$	0.086	0.083	0.081	0.083	0.085	0.082	0.081	0.079	0.074
	(0.136)	(0.136)	(0.136)	(0.136)	(0.136)	(0.136)	(0.136)	(0.136)	(0.136)
$Size_{i,t}$	0.021	0.021	0.020	0.021	0.021	0.022	0.022	0.021	0.023
	(0.009)	(0.009)	(0.009)	(0.009)	(0.009)	(0.009)	(0.009)	(0.009)	(0.009)
$Growth_{i,t}$	-0.305***	-0.304***	-0.305***	-0.304***	-0.305***	-0.305***	-0.305***	-0.305***	-0.304***
	(0.010)	(0.010)	(0.010)	(0.010)	(0.010)	(0.010)	(0.010)	(0.010)	(0.010)
$OCash_{i,t}$	0.166**	0.159**	0.167**	0.164**	0.163**	0.168**	0.168**	0.165**	0.163**
	(0.068)	(0.068)	(0.068)	(0.068)	(0.068)	(0.068)	(0.068)	(0.068)	(0.068)
$Lev_{i,t}$	-0.238***	-0.238***	-0.236***	-0.237***	-0.236***	-0.236***	-0.238***	-0.241***	-0.240***
	(0.041)	(0.041)	(0.041)	(0.041)	(0.041)	(0.041)	(0.041)	(0.041)	(0.041)
$DUAL_{i,t}$	-0.028	-0.028	-0.030	-0.029	-0.030	-0.030	-0.026	-0.029	-0.027
	(0.019)	(0.019)	(0.019)	(0.019)	(0.019)	(0.019)	(0.019)	(0.019)	(0.019)
$Big4_{i,t}$	0.035	0.035	0.035	0.036	0.036	0.035	0.033	0.034	0.034
	(0.031)	(0.031)	(0.031)	(0.031)	(0.031)	(0.031)	(0.031)	(0.031)	(0.031)
$Opin_{i,t}$	-0.089***	-0.088***	-0.091***	-0.089***	-0.087***	-0.089***	-0.088***	-0.089***	-0.088***
	(0.027)	(0.027)	(0.027)	(0.027)	(0.027)	(0.027)	(0.027)	(0.027)	(0.027)

续表

变量	(1)	(2)	(3)	(4)	(5)	(6)	(7)	(8)	(9)
$Loss_{i\ t}$	-0.023	-0.024	-0.024	-0.023	-0.023	-0.024	-0.024	-0.024	-0.024
	(0.019)	(0.019)	(0.019)	(0.019)	(0.019)	(0.019)	(0.019)	(0.019)	(0.019)
Year	控制	控制	控制	控制	控制	控制	控制	控制	控制
Constant	-0.209 ***	-0.212 ***	-0.212 ***	-0.211 ***	-0.212 ***	-0.209 ***	-0.208 ***	-0.209 ***	-0.201 ***
	(0.024)	(0.024)	(0.024)	(0.024)	(0.024)	(0.024)	(0.024)	(0.024)	(0.025)
Observations	10981	10981	10981	10981	10981	10981	10981	10981	10981
Adj R - sq	0.134	0.135	0.135	0.136	0.135	0.134	0.134	0.135	0.135
Number of Stkcd	1059	1059	1059	1059	1059	1059	1059	1059	1059

注：*、**、***分别表示双尾检验在10%、5%和1%的水平上显著。

表 6－12　产权性质对公司政治治理与盈余质量关系调节作用的实证结果

变量	(1)	(2)	(3)	(4)	(5)	(6)	(7)	(8)	(9)
$Nature_{i,t}$	0.009 (0.029)	0.013 (0.028)	0.012 (0.028)	0.003 (0.029)	0.011 (0.028)	0.014 (0.028)	0.012 (0.028)	0.015 (0.028)	−0.00561 (0.0291)
$PB_{i,t}$	−0.0352 (0.121)								
$PB_{i,t} \times Nature_{i,t}$	0.330*** (0.135)								
$PS_{i,t}$		0.049 (0.078)							
$PS_{i,t} \times Nature_{i,t}$		0.170** (0.086)							
$PC_{i,t}$			−0.063 (0.067)						
$PC_{i,t} \times Natrue_{i,t}$			0.236*** (0.080)						
$ParAll_{i,t}$				−0.138 (0.122)					
$ParAll_{i,t} \times Natrue_{i,t}$				0.478*** (0.142)					

续表

变量	(1)	(2)	(3)	(4)	(5)	(6)	(7)	(8)	(9)
$SPPre_{i,t}$					-0.017 (0.029)				
$SPPre_{i,t} \times Nature_{i,t}$					0.084 *** (0.033)				
$SPCEO_{i,t}$						-0.032 (0.027)			
$SPCEO_{i,t} \times Nature_{i,t}$						0.097 *** (0.032)			
$SPB_{i,t}$							-0.016 (0.022)		
$SPB_{i,t} \times Nature_{i,t}$							0.064 *** (0.026)		
$SPC_{i,t}$								-0.025 (0.026)	
$SPC_{i,t} \times Nature_{i,,t}$								0.084 *** (0.032)	
$SPAll_{i,t}$									-0.036 * (0.019)

续表

变量	(1)	(2)	(3)	(4)	(5)	(6)	(7)	(8)	(9)
$SPAll_{i,t} \times Nature_{i,t}$									0.082***
									(0.023)
$ROA_{i,t}$	0.021	0.004	0.011	0.017	0.016	0.014	0.012	0.006	0.013
	(0.137)	(0.137)	(0.137)	(0.137)	(0.137)	(0.137)	(0.137)	(0.137)	(0.137)
$Size_{i,t}$	0.073	0.072	0.074	0.074	0.073	0.074	0.074	0.074	0.074
	(0.007)	(0.007)	(0.007)	(0.007)	(0.007)	(0.007)	(0.007)	(0.007)	(0.007)
$Growth_{i,t}$	-0.323***	-0.323***	-0.324***	-0.323***	-0.324***	-0.324***	-0.323***	-0.324***	-0.324***
	(0.010)	(0.010)	(0.010)	(0.010)	(0.010)	(0.010)	(0.010)	(0.010)	(0.010)
$OCash_{i,t}$	0.239***	0.238***	0.240***	0.242***	0.241***	0.244***	0.245***	0.241***	0.243***
	(0.068)	(0.068)	(0.068)	(0.068)	(0.068)	(0.068)	(0.068)	(0.068)	(0.068)
$Lev_{i,t}$	-0.218***	-0.215***	-0.216***	-0.217***	-0.216***	-0.220***	-0.219***	-0.217***	-0.218***
	(0.042)	(0.041)	(0.041)	(0.042)	(0.041)	(0.042)	(0.042)	(0.042)	(0.042)
$DUAL_{i,t}$	-0.018	-0.016	-0.020	-0.018	-0.018	-0.020	-0.016	-0.016	-0.015
	(0.019)	(0.019)	(0.019)	(0.019)	(0.019)	(0.019)	(0.019)	(0.019)	(0.019)
$Big4_{i,t}$	0.048	0.045	0.049	0.049	0.045	0.046	0.047	0.046	0.046
	(0.031)	(0.031)	(0.031)	(0.031)	(0.031)	(0.031)	(0.031)	(0.031)	(0.031)
$Opin_{i,t}$	-0.051*	-0.047*	-0.051*	-0.052*	-0.045*	-0.051*	-0.051*	-0.048*	-0.048*
	(0.028)	(0.028)	(0.028)	(0.028)	(0.028)	(0.028)	(0.028)	(0.028)	(0.028)

续表

变量	(1)	(2)	(3)	(4)	(5)	(6)	(7)	(8)	(9)
$Loss_{i,t}$	-0.028	-0.031	-0.030	-0.029	-0.029	-0.030	-0.030	-0.029	-0.030
	(0.019)	(0.019)	(0.019)	(0.019)	(0.019)	(0.019)	(0.019)	(0.019)	(0.019)
Year	控制	控制	控制	控制	控制	控制	控制	控制	控制
Constant	-0.177***	-0.180***	-0.173***	-0.172***	-0.175***	-0.171***	-0.173***	-0.172***	-0.164***
	(0.032)	(0.031)	(0.031)	(0.032)	(0.031)	(0.031)	(0.032)	(0.031)	(0.032)
Observations	10981	10981	10981	10981	10981	10981	10981	10981	10981
Adj R-sq	0.117	0.118	0.116	0.117	0.117	0.116	0.116	0.116	0.117
Number of Stkcd	1059	1059	1059	1059	1059	1059	1059	1059	1059

注：*、**、***分别表示双尾检验在10%、5%和1%的水平上显著。

监事会或经理层人员的重合程度与盈余质量的正向关系在地方国有企业中均较在中央国有企业中显著。模型（5）中的交乘项 $SPPre_{i,t} \times Nature_{i,t}$ 系数为0.084，模型（6）中的交乘项 $SPCEO_{i,t} \times Nature_{i,t}$ 系数为0.097，模型（7）中的交乘项 $SPB_{i,t} \times Nature_{i,t}$ 系数为0.064，模型（8）中的交乘项 $SPC_{i,t} \times Nature_{i,t}$ 系数为0.084，显著性水平均为1%，说明企业党组织领导兼任董事长或董事，企业党组织领导兼任总经理或经理对盈余质量的正向作用均在地方国有企业中更为显著。

（3）不同市场化水平下政治治理对盈余质量影响的差异分析

表6－13为所在地区市场化水平对公司政治治理与盈余质量关系调节作用的实证结果。从中可以看出，模型（4）中的交乘项 $ParAll_{i,t} \times MarI_{i,t}$ 系数为0.650，在1%的水平上显著，模型（9）中的交乘项 $SPAll_{i,t} \times MarI_{i,t}$ 系数为0.074，在1%的水平上显著，说明整体上所在地区市场化水平较低的国有企业中“双向进入、交叉任职”对盈余质量的正向影响更为显著，整体上验证了假设10。具体来看，模型（1）中的交乘项 $PB_{i,t} \times MarI_{i,t}$ 系数为0.405，显著性水平为1%，模型（2）中的交乘项 $PS_{i,t} \times MarI_{i,t}$ 系数为0.174，显著性水平为1%，模型（3）中的交乘项 $PC_{i,t} \times MarI_{i,t}$ 系数为0.200，显著性水平为1%，说明企业党组织成员和董事会（$PB_{i,t}$）、监事会（$PS_{i,t}$）或经理层人员的重合程度（$PC_{i,t}$）与盈余质量的正向关系在所在地区市场化程度较低的国有企业中均较在所在地区市场化程度较高地区的国有企业中更显著。模型（5）中的交乘项 $SPPre_{i,t} \times MarI_{i,t}$ 系数为0.074，模型（6）中的交乘项 $SPCEO_{i,t} \times MarI_{i,t}$ 系数为0.078，模型（7）中的交乘项 $SPB_{i,t} \times MarI_{i,t}$ 系数为0.065，模型（8）中的交乘项 $SPC_{i,t} \times MarI_{i,t}$ 系数为0.087，显著性水平均为1%，说明企业党组织领导兼任董事长（$SPPre_{i,t}$）或董事（$SPB_{i,t}$），企业党组织领导兼任总经理（$SPCEO_{i,t}$）或经理（$SPC_{i,t}$）对盈余质量的正向作用均在市场化程度较低地区的国有企业中更为显著。

（4）不同法治环境政治治理对盈余质量影响的差异分析

表6－14为不同法治化水平对公司政治治理与盈余质量关系调节作用的实证结果。从中可以看出，模型（4）中的交乘项 $ParAll_{i,t} \times Law_{i,t}$ 系数为

0.619，在1%的水平上显著，模型（9）中的交乘项$SPAll_{i,t} \times Law_{i,t}$系数为0.071，在1%的水平上显著，说明整体上法治化水平较低的国有企业中“双向进入、交叉任职”对盈余质量的正向影响更为显著，整体上验证了假设11。具体来看，模型（1）中的交乘项$PB_{i,t} \times Law_{i,t}$系数为0.416，显著性水平为1%，模型（2）中的交乘项$PS_{i,t} \times Law_{i,t}$系数为0.160，显著性水平为5%，模型（3）中的交乘项$PC_{i,t} \times Law_{i,t}$系数为0.297，显著性水平为1%，说明企业党组织成员和董事会（$PB_{i,t}$）、监事会（$PS_{i,t}$）或经理层人员的重合程度（$PC_{i,t}$）与盈余质量的正向关系在法治化水平较低地区的国有企业中均较在法治化水平较高地区的国有企业中更显著。模型（5）中的交乘项$SPPre_{i,t} \times Law_{i,t}$系数为0.072，模型（6）中的交乘项$SPCEO_{i,t} \times Law_{i,t}$系数为0.077，模型（7）中的交乘项$SPB_{i,t} \times Law_{i,t}$系数为0.062，模型（8）中的交乘项$SPC_{i,t} \times Law_{i,t}$系数为0.081，显著性水平均为1%，说明企业党组织领导兼任董事长（$SPPre_{i,t}$）或董事（$SPB_{i,t}$），企业党组织领导兼任总经理（$SPCEO_{i,t}$）或经理（$SPC_{i,t}$）对盈余质量的正向作用均在法治化水平较低的国有企业中更为显著。

表 6-13　市场化水平对公司政治治理与盈余质量关系调节作用的实证结果

变量	(1)	(2)	(3)	(4)	(5)	(6)	(7)	(8)	(9)
$MarI_{i,t}$	-0.003 (0.019)	-0.003 (0.018)	0.006 (0.018)	-0.018 (0.019)	0.001 (0.018)	0.006 (0.018)	0.002 (0.018)	0.005 (0.018)	-0.018 (0.020)
$PB_{i,t}$	0.022 (0.078)								
$PB_{i,t} \times MarI_{i,t}$	0.405*** (0.117)								
$PS_{i,t}$		0.111** (0.055)							
$PS_{i,t} \times MarI_{i,t}$		0.174*** (0.064)							
$PC_{i,t}$			0.081* (0.049)						
$PC_{i,t} \times MarI_{i,t}$			0.200*** (0.073)						
$ParAll_{i,t}$				0.161** (0.082)					
$ParAll_{i,t} \times MarI_{i,t}$				0.650*** (0.117)					

续表

变量	(1)	(2)	(3)	(4)	(5)	(6)	(7)	(8)	(9)
$SPPre_{i,t}$					-0.002 (0.019)				
$SPPre_{i,t} \times MarI_{i,t}$					0.074*** (0.028)				
$SPCEO_{i,t}$						0.0112 (0.019)			
$SPCEO_{i,t} \times MarI_{i,t}$						0.078*** (0.029)			
$SPB_{i,t}$							0.001 (0.016)		
$SPB_{i,t} \times MarI_{i,t}$							0.065*** (0.024)		
$SPC_{i,t}$								0.003 (0.020)	
$SPC_{i,t} \times MarI_{i,,t}$								0.087*** (0.031)	
$SPAll_{i,t}$									-0.007 (0.015)

续表

变量	(1)	(2)	(3)	(4)	(5)	(6)	(7)	(8)	(9)
$SPAll_{i,t} \times MarI_{i,t}$									0.074***
									(0.019)
$ROA_{i,t}$	0.020	0.011	0.007	0.021	0.009	0.006	0.007	−0.001	0.009
	(0.137)	(0.137)	(0.137)	(0.137)	(0.137)	(0.137)	(0.137)	(0.137)	(0.137)
$Size_{i,t}$	0.079	0.076	0.078	0.074	0.080	0.080	0.080	0.080	0.080
	(0.007)	(0.007)	(0.007)	(0.007)	(0.007)	(0.007)	(0.007)	(0.007)	(0.007)
$Growth_{i,t}$	−0.323***	−0.321***	−0.323***	−0.320***	−0.324***	−0.324***	−0.323***	−0.323***	−0.323***
	(0.010)	(0.010)	(0.010)	(0.010)	(0.010)	(0.010)	(0.010)	(0.010)	(0.010)
$OCash_{i,t}$	0.242***	0.225***	0.238***	0.228***	0.246***	0.244***	0.245***	0.244***	0.246***
	(0.068)	(0.068)	(0.068)	(0.068)	(0.068)	(0.068)	(0.068)	(0.068)	(0.068)
$Lev_{i,t}$	−0.219***	−0.216***	−0.218***	−0.224***	−0.216***	−0.218***	−0.217***	−0.216***	−0.218***
	(0.042)	(0.041)	(0.041)	(0.041)	(0.041)	(0.042)	(0.042)	(0.042)	(0.042)
$DUAL_{i,t}$	−0.017	−0.018	−0.019	−0.020	−0.017	−0.021	−0.017	−0.017	−0.016
	(0.019)	(0.019)	(0.019)	(0.019)	(0.019)	(0.019)	(0.019)	(0.019)	(0.019)
$Big4_{i,t}$	0.045	0.043	0.046	0.045	0.045	0.045	0.045	0.044	0.045
	(0.031)	(0.031)	(0.031)	(0.031)	(0.031)	(0.031)	(0.031)	(0.031)	(0.031)
$Opin_{i,t}$	0.050	−0.049	−0.052	−0.055	−0.045	0.050	0.050	0.048	0.049
	(0.028)	(0.027)	(0.028)	(0.027)	(0.028)	(0.028)	(0.028)	(0.028)	(0.028)

续表

变量	(1)	(2)	(3)	(4)	(5)	(6)	(7)	(8)	(9)
$Loss_{i,t}$	-0.029	-0.029	-0.030	-0.027	-0.030	-0.031	-0.031	-0.030	-0.031
	(0.019)	(0.019)	(0.019)	(0.019)	(0.019)	(0.019)	(0.019)	(0.019)	(0.019)
Year	控制	控制	控制	控制	控制	控制	控制	控制	控制
Constant	-0.167***	-0.173***	-0.170***	-0.173***	-0.164***	-0.166***	-0.166***	-0.165***	-0.161***
	(0.026)	(0.026)	(0.026)	(0.026)	(0.026)	(0.026)	(0.026)	(0.026)	(0.026)
Observations	10981	10981	10981	10981	10981	10981	10981	10981	10981
Adj R - sq	0.117	0.122	0.117	0.122	0.116	0.116	0.116	0.116	0.117
Number of Stkcd	1059	1059	1059	1059	1059	1059	1059	1059	1059

注：*、**、***分别表示双尾检验在10%、5%和1%的水平上显著。

表 6－14　不同法制化水平对公司政治治理与盈余质量关系调节作用的实证结果

变量	(1)	(2)	(3)	(4)	(5)	(6)	(7)	(8)	(9)
$Law_{i,t}$	-0.085*** (0.018)	-0.076*** (0.017)	-0.079*** (0.017)	-0.093*** (0.018)	-0.078*** (0.017)	-0.074*** (0.017)	-0.0791*** (0.018)	-0.075*** (0.017)	-0.098*** (0.019)
$PB_{i,t}$	-0.053 (0.086)								
$PB_{i,t} \times Law_{i,t}$	0.416*** (0.116)								
$PS_{i,t}$		0.062 (0.062)							
$PS_{i,t} \times Law_{i,t}$		0.160** (0.075)							
$PC_{i,t}$			-0.023 (0.055)						
$PC_{i,t} \times Law_{i,t}$			0.297*** (0.076)						
$ParAll_{i,t}$				-0.008 (0.092)					
$ParAll_{i,t} \times Law_{,t}$				0.619*** (0.124)					

续表

变量	(1)	(2)	(3)	(4)	(5)	(6)	(7)	(8)	(9)
$SPPre_{i,t}$					-0.007 (0.021)				
$SPPre_{i,t} \times Law_{i,t}$					0.072 *** (0.028)				
$SPCEO_{i,t}$						-0.007 (0.021)			
$SPCEO_{i,t} \times Law_{i,t}$						0.077 *** (0.029)			
$SPB_{i,t}$							-0.002 (0.018)		
$SPB_{i,t} \times Law_{i,t}$							0.062 *** (0.024)		
$SPC_{i,t}$								-0.012 (0.023)	
$SPC_{i,t} \times Law_{i,t}$								0.081 *** (0.031)	
$SPAll_{i,t}$									-0.014 (0.017)

续表

变量	(1)	(2)	(3)	(4)	(5)	(6)	(7)	(8)	(9)
$SPAll_{i,t} \times Law_{i,t}$									0.071***
									(0.020)
$ROA_{i,t}$	0.023	0.001	0.010	0.016	0.010	0.007	0.011	0.002	0.008
	(0.137)	(0.137)	(0.137)	(0.137)	(0.137)	(0.137)	(0.137)	(0.137)	(0.137)
$Size_{i,t}$	0.071	0.070	0.070	0.070	0.071	0.072	0.071	0.072	0.071
	(0.007)	(0.007)	(0.007)	(0.007)	(0.007)	(0.007)	(0.007)	(0.007)	(0.007)
$Growth_{i,t}$	-0.322***	-0.321***	-0.322***	-0.320***	-0.323***	-0.323***	-0.322***	-0.322***	-0.322***
	(0.010)	(0.010)	(0.010)	(0.010)	(0.010)	(0.010)	(0.010)	(0.010)	(0.010)
$OCash_{i,t}$	0.228***	0.225***	0.225***	0.222***	0.232***	0.231***	0.230***	0.232***	0.232***
	(0.068)	(0.068)	(0.068)	(0.068)	(0.068)	(0.068)	(0.068)	(0.068)	(0.068)
$Lev_{i,t}$	-0.226***	-0.223***	-0.225***	-0.230***	-0.224***	-0.225***	-0.225***	-0.224***	-0.227***
	(0.041)	(0.041)	(0.041)	(0.041)	(0.041)	(0.042)	(0.042)	(0.042)	(0.042)
$DUAL_{i,t}$	-0.018	-0.017	-0.020	-0.019	-0.019	-0.021	-0.016	-0.018	-0.017
	(0.019)	(0.019)	(0.019)	(0.019)	(0.019)	(0.019)	(0.019)	(0.019)	(0.019)
$Big4_{i,t}$	0.042	0.044	0.044	0.044	0.043	0.043	0.043	0.044	0.044
	(0.031)	(0.031)	(0.031)	(0.031)	(0.031)	(0.031)	(0.031)	(0.031)	(0.031)
$Opin_{i,t}$	-0.055**	-0.053*	-0.057**	-0.057**	-0.051*	-0.055**	-0.056**	-0.055**	-0.054**
	(0.028)	(0.028)	(0.028)	(0.028)	(0.028)	(0.028)	(0.028)	(0.028)	(0.028)

续表

变量	(1)	(2)	(3)	(4)	(5)	(6)	(7)	(8)	(9)
$Loss_{i,t}$	-0.027	-0.028	-0.028	-0.027	-0.028	-0.029	-0.028	-0.029	-0.029
	(0.019)	(0.019)	(0.019)	(0.019)	(0.019)	(0.019)	(0.019)	(0.019)	(0.019)
Year	控制	控制	控制	控制	控制	控制	控制	控制	控制
Constant	-0.113***	-0.120***	-0.115***	-0.115***	-0.114***	-0.113***	-0.115***	-0.113***	-0.107***
	(0.027)	(0.027)	(0.027)	(0.027)	(0.027)	(0.027)	(0.027)	(0.027)	(0.027)
Observations	10981	10981	10981	10981	10981	10981	10981	10981	10981
Adj R - sq	0.118	0.119	0.119	0.121	0.118	0.118	0.118	0.117	0.118
Number of Stkcd	1059	1059	1059	1059	1059	1059	1059	1059	1059

注：*、**、***分别表示双尾检验在10%、5%和1%的水平上显著。

6.3 稳健性检验

6.3.1 选取政治治理的工具变量进行内生性检验

由于政治治理与盈余质量之间或政治治理与公司治理水平之间可能存在内生性问题，即盈余质量或公司治理水平更高（低）的公司更有（不）可能选择企业党组织成员或领导进入董事会、监事会或经理层。为了避免内生性问题对于参数估计值的干扰，本书采用工具变量法对政治治理与盈余质量、政治治理与公司治理水平之间的相关关系进行重新测度，对相关研究假设进行稳健性检验。

从经济现象所蕴含的环境因素中寻找工具变量是一个很好的方法（Acemoglu et al.，2001）。我国最初国有企业的上市缓解了许多企业的融资约束，但同时导致国有企业的股权分散。较早上市的国有企业处于社会主义市场经济改革的初期，其在股份制改造时面临“新三会”（现代企业制度中的董事会、监事会和经理层）和“老三会”（传统企业中的党委会、职代会和工会）的冲突与融合。“老三会”是我国政治体制在国有企业中的体现，也一直是国有企业组织机构中的精髓，在公司制改革过程中也不可废弃，对于其中“新三会”与党委会的关系，当时理论界一致的看法即为党政干部互相兼职（卢昌崇，1994）。随着国有企业改革的深入，社会主义市场经济体制的逐步完善，国有企业改制上市越来越普遍，理论界和实务界对国有企业改制上市后的国有股减持可能带来的问题以及“新三会”和“老三会”的融合有了更多经验支持，从而，新上市的国有公司中基层党组织的建设和发挥的作用与初期的国有上市公司有很大不同。因此，早期上市的国有公司与后期上市的国有公司基层党组织的构成必然表现出不同的特征。同样地，国有企业的改革过程，也是国有上市公司中的政府直接持股逐渐减少的过程。在“党政合一”的体制下，政府是否直接持股对国有上市公司中的党组织建设产生非常重要的影响。可见，国有上市公司的上市年限和政府是否直接持股一定程度上反映了我国特有的制度安排和环境因素，具有很好的外生来源特征。因此，本书选择公司上市年限（$Listage_{i,t}$）和政府是否直接持股（$Gowner_{i,t}$）作为政治治理的工具变量，并建立如下两阶段固定效应回归模型。

$$MABSDA_{i,t}/CG_{i,t} = \alpha_{0,t} + \alpha_{1,t}Party_{i,t} + \alpha_{2,t}ROA_{i,t} + \alpha_{3,t}Size_{i,t} + \alpha_{4,t}Growth_{i,t} + \alpha_{5,t}OCash_{i,t} + \alpha_{6,t}Lev_{i,t} + \alpha_{7,t}Dual_{i,t} + \alpha_{8,t}Big4_{i,t} + \alpha_{9,t}Opin_{i,t} + \alpha_{10,t}Loss_{i,t} + \sum Year + \varepsilon_{i,t} \quad (6-1)$$

$$Party_{i,t} = \alpha_{0,t} + \alpha_{1,t}Listage_{i,t} + \alpha_{2,t}Gowner_{i,t} + \alpha_{3,t}ROA_{i,t} + \alpha_{4,t}Size_{i,t} + \alpha_{5,t}Growth_{i,t} + \alpha_{6,t}OCash_{i,t} + \alpha_{7,t}Lev_{i,t} + \alpha_{8,t}Dual_{i,t} + \alpha_{9,t}Big4_{i,t} + \alpha_{10,t}Opin_{i,t} + \alpha_{11,t}Loss_{i,t} + \sum Year + \varepsilon_{i,t} \quad (6-2)$$

模型（6-2）为诱导型方程，是两阶段回归的第一阶段，利用政治治理的各代理变量（$Party_{i,t}$）对 $Listage_{i,t}$、$Gowner_{i,t}$与模型（6-1）中除 $Party_{i,t}$ 之外的所有控制变量分别进行回归，分别求出各解释变量的拟合值。第二阶段的回归中，采用各解释变量第一阶段求得的拟合值替代模型（6-1）中 $Party_{i,t}$的各代理变量进行分析。

（1）政治治理与盈余质量之间关系的内生性检验结果

采用公司上市年限（$Listage_{i,t}$）和政府是否直接持股（$Gowner_{i,t}$）作为政治治理的工具变量对政治治理与盈余质量之间关系（H1、H1a 和 H1b）的实证检验结果如表6-15 所示。可以看出，模型（4）中“双向进入”的代理变量（$ParAll_{i,t}$）和模型（9）中“交叉任职”的代理变量（$SPAll_{i,t}$）的系数分别为4.515 和1.250，显著性水平均为1%，说明“双向进入”和“交叉任职”的代理变量均与盈余质量之间显著正相关，H1 在稳健性检验中得到验证。模型（1）中企业党组织成员和董事会成员重合程度（$PB_{i,t}$）的系数为5.214，模型（2）中企业党组织成员和监事会成员重合程度（$PS_{i,t}$）的系数为4.978，模型（3）中企业党组织成员和经理层成员重合程度（$PC_{i,t}$）的系数为3.407，且均在1%的水平上显著，说明企业党组织成员和公司董事会（$PB_{i,t}$）、监事会（$PS_{i,t}$）或经理层（$PC_{i,t}$）成员重合的程度与国有上市公司盈余质量正相关，H1a 在稳健性检验中得到验证。模型（5）中企业党组织领导兼任董事长（$SPPre_{i,t}$）的系数为2.613，模型（6）中企业党组织领导兼任总经理（$SPCEO_{i,t}$）的系数为1.867，模型（7）中企业党组织领导兼任董事（$SPB_{i,t}$）的系数为1.706，模型（8）中企业党组织领导兼任经理（$SPC_{i,t}$）

的系数为2.995，且均在1%的水平上显著，说明企业党组织领导进入董事会或经理层能够提高国有上市公司盈余质量，如原检验，除了企业党组织领导进入监事会（$SPSup_{i,t}$和$SPS_{i,t}$）外，H1b部分通过了稳健性检验。

表6-16为政治治理与盈余质量之间关系的工具变量有效性检验结果，可以看出不存在工具变量过度识别和识别不足的问题，因此，从统计特征上看工具变量也是有效的。

（2）政治治理与公司治理水平之间关系的内生性检验结果

采用公司上市年限（$Listage_{i,t}$）和政府是否直接持股（$Gowner_{i,t}$）作为政治治理的工具变量对政治治理与公司治理水平之间关系（H2、H2a和H2b）的实证检验结果如表6-17所示。可以看出，模型（4）中"双向进入"的代理变量（$ParAll_{i,t}$）和模型（9）中"交叉任职"的代理变量（$SPAll_{i,t}$）的系数均为正，且显著性水平均为1%，说明"双向进入"和"交叉任职"的代理变量均与公司治理水平之间显著正相关，假设2在稳健性检验中得到验证。模型（1）中企业党组织成员和董事会成员重合程度（$PB_{i,t}$）的系数、模型（2）中企业党组织成员和监事会成员重合程度（$PS_{i,t}$）的系数、模型（3）中企业党组织成员与经理层成员重合程度（$PC_{i,t}$）的系数均为正，且均在1%的水平上显著，说明企业党组织成员和公司董事会（$PB_{i,t}$）、监事会（$PS_{i,t}$）或经理层（$PC_{i,t}$）成员重合的程度与国有上市公司治理水平显著正相关，H2a在稳健性检验中得到验证。模型（5）中企业党组织领导兼任董事长（$SPPre_{i,t}$）的系数为0.040，模型（6）中企业党组织领导兼任总经理（$SPCEO_{i,t}$）的系数、模型（7）中企业党组织领导兼任董事（$SPB_{i,t}$）的系数、模型（8）中企业党组织领导兼任经理（$SPC_{i,t}$）的系数均为正，且均在1%的水平上显著，说明企业党组织领导进入董事会或经理层能够提高国有上市公司治理水平，如原检验，除了企业党组织领导进入监事会（$SPSup_{i,t}$和$SPS_{i,t}$）外，H2b部分通过了稳健性检验。

表6-18为政治治理与公司治理水平之间关系的工具变量有效性检验结果，可以看出不存在工具变量过度识别和识别不足的问题，因此，从统计特征上看工具变量也是有效的。

（3）政治治理与董事会治理效率、监事会治理效率之间关系的内生性检验结果

采用公司上市年限（$Listage_{i,t}$）和政府是否直接持股（$Gowner_{i,t}$）作为政治治理的工具变量对政治治理与董事会治理效率、监事会治理效率之间关系（H3a、H3b、H4a 和 H4b）的实证检验结果如表 6 – 19 所示。可以看出，模型（1）中企业党组织成员和董事会成员的重合程度（$PB_{i,t}$）的系数为 0.031，且在 1% 的水平上显著，H3a 在稳健性检验中得到了验证。模型（2）中企业党组织领导兼任董事长（$SPPre_{i,t}$）的系数和模型（3）中企业党组织领导兼任董事（$SPB_{i,t}$）的系数均为正，且均在 1% 的水平上显著。说明企业党组织领导进入董事会能够显著提高董事会治理效率，H3b 在稳健性检验中得到了验证。模型（4）中企业党组织成员和监事会成员的重合程度（$PS_{i,t}$）的系数为 0.014，且在 1% 的水平上显著，H4a 在稳健性检验中得到了验证。

表 6 – 20 为政治治理与董事会治理效率、监事会治理效率之间关系的工具变量有效性检验结果，可以看出不存在工具变量过度识别和识别不足的问题，因此，从统计特征上看工具变量也是有效的。

表 6 – 15　政治治理与盈余质量之间关系的两阶段回归结果

变量	(1)	(2)	(3)	(4)	(5)	(6)	(7)	(8)	(9)
$PB_{i,t}$	5.214*** (0.433)								
$PS_{i,t}$		4.978*** (0.488)							
$PC_{i,t}$			3.407*** (0.282)						
$ParAll_{i,t}$				4.515*** (0.343)					
$SPPre_{i,t}$					2.613*** (0.339)				
$SPCEO_{i,t}$						1.867*** (0.189)			
$SPB_{i,t}$							1.706*** (0.185)		
$SPC_{i,t}$								2.995*** (0.410)	
$SPAll_{i,t}$									1.250*** (0.121)

续表

变量	(1)	(2)	(3)	(4)	(5)	(6)	(7)	(8)	(9)
$ROA_{i,t}$	0. 348 *	0. 380 *	0. 110	0. 221	0. 431	0. 102	0. 321	0. 157	0. 427 **
	(0. 179)	(0. 211)	(0. 177)	(0. 163)	(0. 282)	(0. 215)	(0. 233)	(0. 292)	(0. 210)
$Size_{i,t}$	0. 058 ***	0. 027	0. 057 ***	0. 051 ***	0. 085 *	0. 052 **	0. 027	0. 001	0. 054 **
	(0. 021)	(0. 019)	(0. 021)	(0. 017)	(0. 047)	(0. 026)	(0. 021)	(0. 020)	(0. 025)
$Growth_{i,t}$	-0. 289 ***	-0. 293 ***	-0. 307 ***	-0. 297 ***	-0. 312 ***	-0. 301 ***	-0. 272 ***	-0. 307 ***	-0. 289 ***
	(0. 013)	(0. 015)	(0. 013)	(0. 012)	(0. 020)	(0. 015)	(0. 017)	(0. 021)	(0. 015)
$OCash_{i,t}$	0. 226 **	0. 264 **	0. 201 **	0. 240 ***	0. 244 *	0. 287 ***	0. 268 **	0. 282 *	0. 318 ***
	(0. 088)	(0. 103)	(0. 088)	(0. 081)	(0. 138)	(0. 107)	(0. 115)	(0. 145)	(0. 103)
$Lev_{i,t}$	-0. 360 ***	-0. 303 ***	-0. 297 ***	-0. 329 ***	-0. 311 ***	-0. 424 ***	-0. 482 ***	-0. 456 ***	-0. 478 ***
	(0. 055)	(0. 063)	(0. 054)	(0. 050)	(0. 085)	(0. 069)	(0. 076)	(0. 094)	(0. 067)
$DUAL_{i,t}$	-0. 015	-0. 011	-0. 086 ***	-0. 046 **	-0. 068 *	-0. 147 ***	0. 053	-0. 029	0. 031
	(0. 024)	(0. 029)	(0. 025)	(0. 022)	(0. 039)	(0. 032)	(0. 033)	(0. 040)	(0. 029)
$Big4_{i,t}$	0. 0943 **	0. 0716	0. 0515	0. 0755 **	0. 0665	-0. 00456	0. 0888 *	0. 106	0. 102 **
	(0. 040)	(0. 047)	(0. 040)	(0. 037)	(0. 063)	(0. 049)	(0. 053)	(0. 066)	(0. 047)
$Opin_{i,t}$	-0. 134 ***	-0. 100 **	-0. 151 ***	-0. 136 ***	-0. 00266	-0. 193 ***	-0. 203 ***	-0. 153 **	-0. 130 ***
	(0. 036)	(0. 042)	(0. 037)	(0. 033)	(0. 056)	(0. 046)	(0. 049)	(0. 060)	(0. 042)
$Loss_{i,t}$	0. 005	-0. 019	-0. 020	-0. 015	0. 018	-0. 039	-0. 017	-0. 008	-0. 026
	(0. 025)	(0. 029)	(0. 025)	(0. 023)	(0. 039)	(0. 030)	(0. 032)	(0. 041)	(0. 029)
Year	控制	控制	控制	控制	控制	控制	控制	控制	控制

续表

变量	(1)	(2)	(3)	(4)	(5)	(6)	(7)	(8)	(9)
Constant	-0.386***	-0.402***	-0.310***	-0.351***	-0.545***	-0.289***	-0.445***	-0.369***	-0.595***
	(0.037)	(0.044)	(0.034)	(0.032)	(0.070)	(0.040)	(0.051)	(0.059)	(0.056)
R - sq	0.019	0.017	0.017	0.027	0.019	0.017	0.014	0.018	0.021
Observations	10981	10981	10981	10981	10981	10981	10981	10981	10981
Number of Stkcd	1059	1059	1059	1059	1059	1059	1059	1059	1059

注：*、**、***分别表示双尾检验在10%、5%和1%的水平上显著。

表 6－16　政治治理与盈余质量之间关系的工具变量有效性检验结果

变量	$PB_{i,t}$	$PS_{i,t}$	$PC_{i,t}$	$ParAll_{i,t}$	$SPPre_{i,t}$	$SPCEO_{i,t}$	$SPB_{i,t}$	$SPC_{i,t}$	$SPAll_{i,t}$
Anderson canon. Corr. LM	336.209	176.932	334.255	530.370	76.989	159.742	127.074	67.468	186.803
p	0.000	0.000	0.000	0.000	0.000	0.000	0.000	0.000	0.000
Sargan	0.204	1.873	0.016	0.010	0.093	0.242	0.672	0.355	0.271
p	0.652	0.171	0.899	0.919	0.760	0.623	0.412	0.552	0.603

表 6－17　政治治理与公司治理水平之间关系的两阶段回归结果

变量	(1)	(2)	(3)	(4)	(5)	(6)	(7)	(8)	(9)
$PB_{i,t}$	0.079*** (0.006)								
$PS_{i,t}$		0.075*** (0.007)							
$PC_{i,t}$			0.052*** (0.004)						
$ParAll_{i,t}$				0.068*** (0.005)					
$SPPre_{i,t}$					0.040*** (0.005)				
$SPCEO_{i,t}$						0.028*** (0.003)			
$SPB_{i,t}$							0.026*** (0.003)		
$SPC_{i,t}$								0.045*** (0.006)	
$SPAll_{i,t}$									0.019*** (0.002)

续表

变量	(1)	(2)	(3)	(4)	(5)	(6)	(7)	(8)	(9)
$ROA_{i,t}$	0.011***	0.011***	0.007***	0.009***	0.012***	0.007**	0.010***	0.008*	0.012***
	(0.003)	(0.003)	(0.003)	(0.002)	(0.004)	(0.003)	(0.003)	(0.004)	(0.003)
$Size_{i,t}$	0.002***	0.002***	0.002***	0.002***	0.002***	0.002***	0.002***	0.002***	0.002***
	(0.0002)	(0.0002)	(0.0002)	(0.0002)	(0.0002)	(0.0002)	(0.0002)	(0.0001)	(0.0002)
$Growth_{i,t}$	0.001***	0.001***	0.001***	0.001***	0.001***	0.001***	0.001***	0.001**	0.001***
	(0.0002)	(0.0002)	(0.0002)	(0.0002)	(0.0003)	(0.0002)	(0.0002)	(0.0003)	(0.0002)
$OCash_{i,t}$	0.006***	0.006***	0.005***	0.006***	0.006***	0.007***	0.006***	0.006***	0.007***
	(0.001)	(0.002)	(0.001)	(0.001)	(0.002)	(0.002)	(0.002)	(0.002)	(0.002)
$Lev_{i,t}$	0.0004	0.001	0.001*	0.001	0.001	-0.001	-0.001	-0.001	-0.001
	(0.001)	(0.001)	(0.001)	(0.001)	(0.001)	(0.001)	(0.001)	(0.001)	(0.001)
$DUAL_{i,t}$	0.0001	0.0002	-0.001***	-0.0004	-0.001	-0.002***	0.001**	-0.0001	0.001*
	(0.0003)	(0.0004)	(0.0004)	(0.0003)	(0.0006)	(0.0005)	(0.0005)	(0.0006)	(0.0004)
$Big4_{i,t}$	0.0005	0.0002	-0.0001	0.0002	0.0001	-0.0010	0.0004	0.0007	0.0006
	(0.0006)	(0.0007)	(0.0006)	(0.0005)	(0.0009)	(0.0007)	(0.0008)	(0.0010)	(0.0007)
$Opin_{i,t}$	5.18e-05	-0.0005	0.0003	7.94e-05	-0.0019**	0.0009	0.0011	0.0003	-2.21e-05
	(0.0005)	(0.00062)	(0.0005)	(0.0005)	(0.0008)	(0.0007)	(0.0007)	(0.0009)	(0.0006)
$Loss_{i,t}$	0.0005	0.0002	0.0001	0.0002	0.0007	-0.0001	0.0002	0.0003	5.72e-05
	(0.0004)	(0.0004)	(0.0004)	(0.0003)	(0.0006)	(0.0004)	(0.0005)	(0.0006)	(0.0004)
Year	控制	控制	控制	控制	控制	控制	控制	控制	控制

续表

变量	(1)	(2)	(3)	(4)	(5)	(6)	(7)	(8)	(9)
Constant	0.082*** (0.0005)	0.082*** (0.0006)	0.083*** (0.0005)	0.082*** (0.0005)	0.079*** (0.0010)	0.083*** (0.0006)	0.081*** (0.0007)	0.082*** (0.0009)	0.079*** (0.0008)
R - sq	0.013	0.013	0.019	0.017	0.015	0.011	0.011	0.019	0.014
Observations	10981	10981	10981	10981	10981	10981	10981	10981	1081
Number of Stkcd	1059	1059	1059	1059	1059	1059	1059	1059	1059

注：*、**、***分别表示双尾检验在10%、5%和1%的水平上显著。

表6-18 政治治理与公司治理水平之间关系的工具变量有效性检验结果

变量	$PB_{i,t}$	$PS_{i,t}$	$PC_{i,t}$	$ParAll_{i,t}$	$SPPre_{i,t}$	$SPSup_{i,t}$	$SPCEO_{i,t}$	$SPB_{i,t}$	$SPS_{i,t}$	$SPC_{i,t}$	$SPAll_{i,t}$
Anderson canon. Corr. LM	336.209	176.932	334.255	530.370	76.989	159.599	159.742	127.074	28.665	67.468	186.235
p	0.000	0.000	0.000	0.000	0.000	0.000	0.000	0.000	0.000	0.000	0.000
Sargan	0.028	3.764	0.262	0.672	0.008	1.304	1.069	1.814	22.608	0.053	1.216
p	0.866	0.152	0.609	0.412	0.931	0.254	0.301	0.178	0.000	0.819	0.270

表 6-19 政治治理与董事会治理效率、监事会治理效率之间关系的两阶段回归结果

变量	(1)	(2)	(3)	(4)
	$BGov_{i,t}$	$BGov_{i,t}$	$BGov_{i,t}$	$SGov_{i,t}$
$PB_{i,t}$	0.031 ***			
	(0.007)			
$SPPre_{i,t}$		0.018 ***		
		(0.006)		
$SPB_{i,t}$			0.009 ***	
			(0.002)	
$PS_{i,t}$				0.014 ***
				(0.005)
$ROA_{i,t}$	0.007 ***	0.008 ***	0.007 ***	0.002
	(0.002)	(0.002)	(0.002)	(0.001)
$Size_{i,t}$	0.001 ***	0.001 ***	0.001 ***	0.001 ***
	(0.0001)	(0.0002)	(0.0001)	(0.0001)
$Growth_{i,t}$	0.0004 ***	0.0003 *	0.0005 ***	0.0002 **
	(0.0001)	(0.0002)	(0.0001)	(0.0001)
$OCash_{i,t}$	-0.003 ***	-0.003 ***	-0.003 ***	0.0004
	(0.001)	(0.001)	(0.001)	(0.001)
$Lev_{i,t}$	-8.22e-06	0.0004	-0.0007	-4.90e-05
	(0.0005)	(0.0007)	(0.0005)	(0.0004)
$DUAL_{i,t}$	-2.02e-05	-0.0004	0.0003	0.0003
	(0.0002)	(0.0003)	(0.0002)	(0.0002)
$Big4_{i,t}$	-0.0002	-0.0003	-0.0003	-0.0008 ***
	(0.0004)	(0.0005)	(0.0004)	(0.0003)
$Opin_{i,t}$	0.0005	-0.0004	0.0008 **	-5.17e-05
	(0.0003)	(0.0005)	(0.0004)	(0.0003)
$Loss_{i,t}$	0.0005 **	0.0006 *	0.0004	0.0002
	(0.0002)	(0.0003)	(0.0002)	(0.0002)
Year	控制	控制	控制	控制
Constant	0.0011	0.0024	-0.0017	-0.0008
	(0.0029)	(0.0045)	(0.0027)	(0.0023)
R-sq	0.059	0.024	0.057	0.046

续表

变量	(1)	(2)	(3)	(4)
	$BGov_{i,t}$	$BGov_{i,t}$	$BGov_{i,t}$	$SGov_{i,t}$
Observations	10981	10981	10981	10981
Number of Stkcd	1059	1059	1059	1059

注：*、**、***分别表示双尾检验在10%、5%和1%的水平上显著。

表6-20　政治治理与董事会治理效率、监事会治理效率之间关系的工具变量有效性检验结果

变量	$PB_{i,t}$	$SPPre_{i,t}$	$SPB_{i,t}$	$PS_{i,t}$
Anderson canon. Corr. LM	336.209	76.989	127.074	186.235
p	0.000	0.000	0.000	0.000
Sargan	0.144	0.055	1.054	1.016
p	0.704	0.815	0.305	0.314

6.3.2　选取制造业作为研究样本的检验

在本书的整体研究样本中，制造业有5599个年度公司样本，占全体样本的50.99%。本书选择制造业国有上市公司的有效观测值作为研究样本，使用实证检验部分的模型重新进行相关性分析和回归分析，进行稳健性检验（限于篇幅，稳健性检验结果不再列示）。该稳健性检验结果与原检验结果无显著差异，说明本书的结论是稳健的、可靠的。

6.4　本章小结

本章在前述理论分析提出的研究假设的基础上，对实证研究进行了具体的设计，使用TOPSIS综合评价方法、描述性统计分析、变量间两两相关性分析、多元线性回归分析、中介效应分析等检验方法，采用我国深沪两市A股主板国有上市公司2004—2017年的资料进行实证检验，依次从我国国有上市公司政治治理与盈余质量的关系，政治治理分别与公司治理水平、董事会治理效率及监事会治理效率的关系，公司治理水平、董事会治理效率及监事会治理效率分别在政治治理与盈余质量关系中的中介作用以及公司外部治理环境在政治治理与盈余质量关系中的调节作用等方面进行了实证检验。检验结果表明，本书提出的21个研究假设中有15个假设得到了验证，4个假设得到了部分验证，两个假设未得到验证。具体检验结果如表 6 – 21 所示。说明我国国有上市公司政治治理对盈余质量产生显著的正向影响，且公司内部治理水平在二者之间起中介作用，公司外部治理环境在二者之间起调节作用。本章最后所进行的稳健性检验结果同样验证了本书的主检验——政治治理与盈余质量显著正相关，也同样验证了政治治理与公司治理水平显著正相关的假设，表明本书的结论是稳健的。

表 6 – 21 研究假设检验结果汇总

编号	研究假设	检验结果
H1	公司政治治理能显著提高国有上市公司盈余质量	验证
H1a	国有上市公司党组织成员与董事会、监事会或经理层成员重合的程度与盈余质量正相关	验证
H1b	国有上市公司党组织领导进入董事会、监事会或经理层能够提高盈余质量	部分验证
H2	公司政治治理能显著提高国有上市公司治理水平	验证
H2a	国有上市公司党组织成员与公司董事会、监事会或经理层成员重合的程度与公司治理水平正相关	部分验证
H2b	国有上市公司党组织领导进入董事会、监事会或经理层能够提高公司治理水平	部分验证
H3a	国有上市公司党组织与董事会成员的重合程度与董事会治理效率正相关	验证
H3b	国有上市公司党组织领导进入董事会能够提高董事会治理效率	验证
H4a	国有上市公司党组织成员与监事会成员交叉的程度与监事会治理效率正相关	验证
H4b	国有上市公司党组织领导进入监事会能够提高监事会治理效率	未验证
H5	公司治理水平在公司政治治理与国有上市公司盈余质量之间的关系中起中介作用	验证
H5a	公司治理水平在企业党组织成员与公司董事会、监事会或经理层成员重合的程度和国有上市公司盈余质量之间的关系中起中介作用	部分验证
H5b	公司治理水平在企业党组织领导进入董事会、监事会或经理层与国有上市公司盈余质量之间的关系中起中介作用	验证
H6a	董事会治理效率在企业党组织成员与公司董事会成员重合的程度和国有上市公司盈余质量之间的关系中起中介作用	验证

续表

编号	研究假设	检验结果
H6b	董事会治理效率在企业党组织领导进入董事会和国有上市公司盈余质量的关系中起中介作用	验证
H7a	监事会治理效率在企业党组织成员与公司监事会成员重合的程度和国有上市公司盈余质量之间的关系中起中介作用	验证
H7b	监事会治理效率在企业党组织领导进入监事会和国有上市公司盈余质量之间的关系中起中介作用	未验证
H8	2012 年党的十八大以后，公司政治治理对盈余质量的正向影响比之前更显著	验证
H9	公司政治治理对地方国有企业的盈余质量的影响比对中央国有企业更显著	验证
H10	相对于市场化程度较高的情况，市场化程度较低的情况下政治治理对盈余质量的正向影响更显著	验证
H11	相对于法治环境较好的地区，在法治环境较差的地区政治治理对盈余质量的正向影响更显著	验证

7 结果讨论

本书在分析公司政治治理与盈余质量内在逻辑关系的基础上引入公司治理，构建了“公司政治治理—公司治理水平—盈余质量”的中介关系模型及公司外部治理环境对公司政治治理及盈余质量之间关系的调节作用模型，分别从公司政治治理与盈余质量的关系，公司政治治理分别与公司治理水平、董事会治理效率和监事会治理效率的关系，公司治理水平、董事会治理效率和监事会治理效率分别在公司政治治理与盈余质量关系之间的中介作用，股权性质、政策变更、所在地区市场化进程或法治化水平分别对公司政治治理与盈余质量之间关系的调节作用四个方面分析了公司政治治理、公司治理对盈余质量的影响。本书提出的 11 类 21 项研究假设中，H1b 和 H2b 中有关企业党组织领导进入监事会对盈余质量和公司治理水平具有正向影响的假设未被验证，H4b 有关企业党组织领导进入监事会会提高监事会治理效率和 H7b 有关监事会治理效率对企业党组织领导进入监事会与盈余质量的关系具有中介作用未得到验证。究其原因，主要是监事会对于公司治理的作用在于对董事会进行监督，并监督企业董事、经理和其他高级管理人员职责的履行。监督的困难来自股东监事的信息不对称以及员工监事的受限制。根据我国的实际情况，兼任监事会主席或监事的企业党组织成员不再可能是董事或经理，也不会是企业一般员工，因此这种情况并不能缓解股东监事的信息不对称程度，也没有提高员工监事的责任心和话语权，导致企业党组织领导兼任监事会主席或监事对监事会治理效率的提升作用并不显著，H4b 没有得到验证。同样其对于公司治理水平和盈余质量的提升作用也不会显著，H1b 和 H2b 未得到完全验证。由于 H4b 未被验证，即中介效应存在的前提——主效应不存在，那么监事会治理效率在企业党组织领导兼任监事会主席或监事与盈余质量之间关系中的中介效应也不存在，H7b没有得到验证。除此之外，其他假设基本已被验证，检验结果基本证明了政治治理对盈余质量有显著正向影响、公司治理水平和董事会效率在二者的关系中起中介作用、公司外部治理环境在二者的关系中起调节作用的相关研究假设。本章将对这些实证结果进行总结和分析，并探讨其包含的理论意义和实践意义。

7.1 公司政治治理与盈余质量的关系

本书提出的H1、H1a和H1b描述了公司政治治理与国有上市公司盈余质量之间的关系。从实证检验结果来看，有两项假设完全被验证，一项假设部分被验证，基本证明公司政治治理对盈余质量有显著正向影响。公司政治治理能提高盈余质量，企业党组织成员与董事会、监事会或经理层成员重合程度分别与盈余质量显著正相关，企业党组织领导兼任董事长、董事、总经理或经理均与盈余质量显著正相关，企业党组织领导兼任监事会主席或监事均与盈余质量无显著相关关系。这一研究结论证实了现阶段企业党组织参与国有上市公司治理的必要性。我国的国有上市公司大都由原来的国有企业改制而来，这些公司中，国家作为投资人将国有资产注入公司，并在改革过程中逐步下放了企业经营管理权，形成了国家与国有公司之间的委托—代理关系。由于委托—代理链过长，产生了“所有者缺位”“内部人控制”等代理问题，并带来了过分的在职消费、信息披露不规范、经理人短视行为、过度投资和耗用资产、薪酬增长过快侵占利润、转移国有资产、忽视小股东利益以及不分红、少分红和拖欠债务等（费方域，1996）现实问题。信息披露不规范，盈余质量不高使企业外部人员难以真正了解企业的真实经营状况，难以监管是造成这些问题的主要原因。企业中的党组织担负着“保证监督党和国家的方针、政策在本企业的贯彻执行”的责任，在国有上市公司中代表国家（全体人民）的利益（董学群，2009），其参与公司治理，在一定程度上起到“代股东”的作用，缓解委托—代理链过长而导致的信息不对称，对企业起到监督作用，促进其提供高质量的会计盈余信息，同时也会考虑政府监管部门、资本市场中的中小股东等利益相关者的需求以及全民经济稳定与发展的需求，提高会计信息质量。其对国家相关政策法规诸如《企业会计准则》《中华人民共和国会计法》及《企业内部控制基本规范》等执行的监督作用，也会提高国有上市公司的盈余质量。本书通过实证检验证实了以上观点。

7.2 公司政治治理与公司治理的关系

本书提出的 H2 至 H4b 描述了公司政治治理与公司治理水平、董事会效率及监事会治理效率之间的关系。从实证检验结果来看，除 H2b 部分得到验证，假设 4b 没有得到验证外，其他假设均得到了验证。表明公司政治治理能够显著提高国有上市公司治理水平、董事会治理效率和监事会治理效率。企业党组织成员和董事会、监事会或经理层成员重合程度越高，公司的治理水平越高，企业党组织领导兼任董事长、董事、总经理或经理的公司均有着较高的公司治理水平，企业党组织成员和董事会成员重合程度较高、企业党组织领导兼任董事长或董事的公司董事会治理效率均较高，企业党组织成员和监事会成员重合程度较高的公司监事会治理效率较高，企业党组织领导兼任监事会主席或监事与公司治理水平和监事会治理效率的关系均不显著。

本书提出的 H2、H2a 和 H2b 描述了公司政治治理与公司治理水平之间的相关关系。研究结果显示企业党组织成员和董事会、监事会或经理层成员重合程度高的公司均有着较高的公司治理水平，企业党组织领导兼任董事长、董事、总经理或经理的公司均有着较高的公司治理水平。这一研究结论为马连福、王元芳和沈小秀（2012）的结论提供了实证支持。我国国有上市公司的经营管理者在国企改革中获得了相当大的控制权，党对企业高层经理人员的任免权是国有企业‘内部人控制’的最重要的平衡力量，党组织部门做出的惩戒性解职将同时剥夺与某一职位相关的租金，从而有效约束国有企业高层管理人员的行为（钱颖一，1995）。相对于薪酬，“亦官亦商”的国有上市公司高管人员更在意政治晋升。因此，当企业党组织领导或成员进入董事会、监事会或经理层后，能够更好地了解企业经营管理活动，从而能够更好地发挥其监督作用，减少高管损害国家利益和企业价值的私利行为，提高公司治理水平。同时，身兼企业党组织和董事会、监事会或经理层两处职务的高管人员，出于政治晋升的考虑也会减少自身有损企业和股东利益的机会主义行为，从而缓解“内部人控制”等问题，提高公司治理水平。本书提供了以上观点的实证证据。

H3a 和 H3b 描述了公司政治治理与董事会治理效率之间的相关关系。研究结果显示企业党组织成员和董事会成员的重合程度、企业党组织领导兼任董事长、董事均与董事会治理效率显著正相关。这一研究结论为马连福、王元芳、沈小秀（2012）的结论提供了实证支持。董事会作为公司最高控制系统（Fama，1980），处于国有上市公司价值结构中的枢纽位置——既是代理人（相对于政府或国有资产管理部门），也是委托人（相对于经理层），因此其发挥作用的程度将对法人治理结构的有效性产生决定性的影响（陈湘永、张剑文、张伟文，2000）。在国有企业党组织有权参与重大经营决策的前提下，企业党组织与董事会成员的重合与交叉任职，有助于提高董事会决策机制与执行效率。国有企业党组织成员甚至企业党组织领导进入董事会相较于其他企业可能在这种政治联系中获得更多对企业发展有利的信息、资源，增加了董事会对外部经营环境的准确判断，同时也提高了同时在企业党组织任职董事在董事会中非正式层级的地位，提升董事会治理效率。本书的实证结果证实了以上观点。

H4a 和 H4b 描述了公司政治治理与监事会治理效率之间的关系，实证研究结果仅证实了企业党组织和监事会成员的重合程度与监事会治理效率显著正相关，即 H4a 得到了验证，并没有证实企业党组织领导兼任监事会主席或监事与监事会效率的正相关关系，即 H4b 没有被验证（原因如本章第一段所述）。监事会对于公司治理的作用在于对董事会进行监督，并监督企业董事、经理和其他高级管理人员职责的履行。监督的困难来自股东监事的信息不对称以及员工监事的受限制，企业党组织成员进入监事会会同时发挥党组织和监事会的双重监督作用，也会增加兼任企业党组织成员的员工监事的责任心和话语权，从而提高监事会治理效率，本书的实证结果验证了此观点。

7.3 公司治理水平的中介作用

本书提出的 H5 至 H7b 描述了公司治理水平、董事会治理效率和监事会治理效率分别在政治治理与盈余质量之间关系中起中介作用。本书的实证研究结果表明公司治理水平在公司政治治理的绝大部分代理变量（除两个表示企业党组织领导进入监事会的变量）与盈余质量的关系中起中介作用，董事会治理效率在公司政治治理有关董事会的各代理变量与盈余质量的关系中起中介作用，监事会治理效率在企业党组织与监事会成员重合程度与盈余质量的关系中起中介作用。

H5、H5a 和 H5b 描述了公司治理整体水平在公司政治治理与盈余质量之间关系中的中介作用。本书的理论和实证研究结果均表明除企业党组织领导兼任监事会主席或监事之外，公司政治治理的各代理变量均对盈余质量有显著正向影响，同时对公司治理水平也有显著正向影响，而且大量的文献证明了公司治理水平对盈余质量有显著影响，因此，公司政治治理在直接对盈余质量产生影响的同时，还有可能以公司治理水平为中介对盈余质量产生影响。本书的实证研究结果验证了这个观点。同理，董事会治理效率在政治治理代理变量中有关董事会的变量与盈余质量的关系起中介作用，H6a 和 H6b 得到了验证；监事会治理效率在企业党组织与监事会成员重合程度与盈余质量的关系中起中介作用，H7a 得到了验证。而 H7b 未被验证，原因如本章第一段所述。

7.4 公司外部治理环境的调节作用

H8 至 H11 描述了公司治理外部环境因素在公司政治治理与盈余质量之间的关系中起调节作用。实证检验结果表明 H8 ~ H11 均通过了检验，表明公司治理外部环境因素在公司政治治理与盈余质量之间的关系中起调节作用。党的十八大以后的外部政策变更使公司政治治理对盈余质量的正向影响更为显著；地方国有上市公司中政治治理对盈余质量的正向影响比中央国有上市公司更为显著；所处地区市场化程度较低的国有上市公司中政治治理对盈余质量的正向影响比所处地区市场化程度较高的国有上市公司更为显著；所处地区法治化水平较低的国有上市公司中政治治理对盈余质量的正向影响比所处地区法治化水平较高的国有上市公司更为显著。

本研究提出的 H8 描述了党的十八大以后政策的变更对公司政治治理与盈余质量关系的影响，实证研究结果显示党的十八大以后公司政治治理对盈余质量的正向影响更显著。一个国家的外部治理环境会显著地影响公司报告的盈余（Land and Lang，2002），而政府治理是企业重要的外部治理因素之一（陈辉发、蒋义宏、王芳，2012）。2012 年党的十八大强调从严治党以及党的反腐倡廉建设以来，针对国有企业的改革出台了一系列文件，要求把加强党的领导和完善公司治理统一起来，不仅将提高党委（党组）在国有企业决策中重要性的“讨论前置”确立为国有企业都必须采用的决策机制，更是提出应当“把企业党组织内嵌于公司结构之中”。企业党组织在国有企业决策中重要性的提高意味着企业党组织在国有企业经营决策中的影响方式和影响力度将发生重大转变。反腐倡廉、从严治党的国家治理机制也在很大程度上改变了国有企业的经营环境，显著地影响了企业行为（金玉超等，2016）。因此，2012 年党的十八大后，公司政治治理对盈余质量的影响力度比之前更大。本研究的实证检验结果验证了以上观点。

本研究提出的 H9 描述了股权性质对公司政治治理与盈余质量关系的影响，实证研究结果表明地方国有上市公司中公司政治治理对盈余质量的正向影响较中央国有上市公司更显著。在我国国有企业中，无论是中央国有企业还是地方国有企业的高管人员的考核均被纳入行政体系，业绩较高的公司高管将被晋升到级别更高的职位（廖冠民、张广婷，2012），但是，地方国有企业负责人除了注重业绩增长之外，还肩负着当地政府官员在 GDP 增长的晋升锦标赛中获胜的重任，比中央政府更注重企业规模的扩张。企业规模的扩张往往意味着更多的非价值最大化目标，会损害业绩的提升，而这则是与国企高管晋升中对业绩提升的要求相悖的，这种情况将导致地方国有企业更多的利润操控，从而盈余质量较低。国有上市公司中的党组织为了维护企业各利益相关者的利益，尤其是维护资本市场中小投资者利益以求经济与社会的稳定，更倾向于促使企业对外提供质量较高的会计信息。因此，国有上市公司中的政治治理对更有利润操控动机的地方国有企业盈余质量有更显著的正向影响。本书的实证结果验证了该观点。

本书提出的 H10 描述了国有上市公司所处市场化程度对公司政治治理与盈余质量关系的影响，实证研究结果表明在所处地区市场化程度较低的国有上市公司中政治治理对盈余质量的正向影响更显著。在我国，受政策、地理、交通、历史等因素影响，各地区市场化进程差异较大（夏立军、陈信元，2007）。较高的市场化程度意味着更为完善的市场和更激烈的竞争环境，相应地，市场环境对会计信息操控行为的抑制作用更显著（程新生等，2011；李延喜等，2012；王东清、李静，2017）。而且，在市场化程度较高的国家和地区的市场具有更强的资源（包括会计信息）配置能力，企业进行盈余管理将面临更大的风险，因而会倾向于选择披露较高质量的会计信息（刘永泽、张多蕾、唐大鹏，2013）。我国国有企业中的党组织的存在是我国内外部公司治理机制不尽完善情况下缓解各种代理问题的保障机制。因此，在市场化程度较低，市场机制不能有效发挥基础作用的情况下，企业中的党组织的“监督”作用则较为重要，“监督”效果也会更为显著，政治治理对国有上市公司盈余质量的正向影响比市场化程度较高的情况更为显著。本书的实证研究结果验证了以上观点。

本书提出的 H11 描述了国有上市公司所处地区法治化水平对公司政治治理与盈余质量关系的影响，实证研究结果表明所处地区法治化水平较低的国有上市公司中公司政治治理对盈余质量的正向影响更显著。国内外大量的研究证实了法治环境和投资者法治保护程度能够降低上市公司盈余操控的程度，以及较差的法治环境会导致较低的盈余质量。近年来，我国各地区执法效率的不同，导致不同地区的法治环境和投资者法治保护力度的差异。国有上市公司中的党组织出于对公司经营管理活动合法合规性的监督以及对各利益相关者（尤其是中小股东及债权人）利益的保护，会对法治环境较差地区的国有上市公司盈余质量发挥更显著的影响。本书的实证研究结果验证了以上观点。

8 结论和展望

本章首先根据前述内容对研究问题详细的理论分析和实证检验，对本书得出的公司政治治理、公司内部治理水平、外部治理环境及盈余质量之间关系的研究结论进行归纳和总结；其次在本书结论的基础上提出相关的政策建议；再次总结了本书的主要创新点；最后根据本书的研究过程和结论分析本书的局限性，并对未来的研究方向进行了展望。

8.1 主要研究结论

会计信息质量一直是理论界和实务界的关注焦点，并且随着经济的发展会计信息质量问题也层出不穷，国内外学者对其进行了持续的研究并取得了大量的研究成果。本书的主要目的是基于我国特有的制度背景、政策环境和国有上市公司治理结构特征，分析公司政治治理对盈余质量的直接影响以及公司内部治理水平和外部治理环境在公司政治治理与盈余质量之间关系中的作用。本书在已有盈余质量影响因素研究的基础上，提出了公司政治治理研究角度，并揭示了公司政治治理通过公司治理水平影响盈余质量的内在机理，提供了关于我国国有上市公司政治治理、公司内部治理水平、公司外部治理环境与盈余质量之间关系的一个系统的理论分析框架和实证研究成果，丰富和发展了关于公司政治治理对企业行为影响的研究和盈余质量影响因素的研究。

根据研究目的，本书在提出研究问题的基础上，首先，作为研究的准备工作，系统地回顾和梳理了与本书紧密相关的公司政治治理对企业行为的影响、公司治理对盈余质量的影响等方面的相关研究文献，并对其进行了文献述评，获取研究启示。其次，对国有上市公司中党组织参与企业经营管理的研究背景进行详细的阐述和分析，并对委托—代理理论，契约理论、利益相关者理论和管家理论等公司治理相关理论、信息不对称理论及资源依赖理论等相关理论进行分析和归纳。在研究背景和理论基础上，本书提炼出了一个公司政治治理、公司内部治理水平、公司外部治理环境与盈余质量之间关系的概念模型，并通过理论分析提出了研究假设。再次，进行了具体的实证研究设计以验证提出的研究假设。最后，运用描述性统计、相关性分析和固定效应多元线性回归分析、中介效应分析、调节效应分析等统计方法对提出的假设进行了实证检验。最终，本书主要得出了如下研究结论：

第一，国有上市公司中的政治治理能够显著提高盈余质量。本书的实证结果表明，在我国国有上市公司样本中，“双向进入、交叉任职”的领导体制均与盈余质量显著正相关，亦即，企业党组织成员与董事会、监事会或经理层成员的重合程度与盈余质量显著正相关，企业党组织领导进入董事会、监事会或经理层也与盈余质量显著正相关。“双向进入”的代理变量中，企业党组织成员与董事会、监事会或经理层成员的重合程度分别与盈余质量正相关，“交叉任职”的代理变量中，企业党组织领导兼任董事长、董事、总经理或经理分别与盈余质量显著正相关。

第二，国有上市公司中的政治治理能够显著提高公司治理水平。本书的实证结果表明，在我国国有上市公司样本中，“双向进入、交叉任职”的领导体制与公司治理水平显著正相关，亦即，企业党组织成员与董事会、监事会或经理层成员的重合程度与公司治理水平显著正相关，企业党组织领导进入董事会、监事会或经理层也与公司治理水平显著正相关。“双向进入”的代理变量中，企业党组织成员与董事会或经理层成员的重合程度分别与公司治理水平显著正相关，“交叉任职”的代理变量中，企业党组织领导兼任董事长、董事、总经理或经理分别与公司治理水平显著相关。具体到公司政治治理对董事会治理效率和监事会治理效率的影响，实证研究结果表明，企业党组织成员与董事会成员的重合程度与董事会治理效率显著正相关，企业党组织领导兼任董事长或董事分别与董事会效率正相关，企业党组织成员与监事会成员的重合程度与监事会治理效率显著正相关。

第三，公司治理水平在公司政治治理与盈余质量的关系中具有中介作用。

本书的实证结果表明，国有上市公司治理水平在企业党组织成员参与公司治理，企业党组织成员分别与董事会、监事会或经理层成员的重合程度，企业党组织领导参与公司治理，企业党组织领导兼任董事长、董事、总经理或经理等指标分别与盈余质量之间的关系中均具有中介作用。董事会治理效率在企业党组织成员与董事会成员的重合程度、企业党组织领导兼任董事长、企业党组织领导兼任董事分别与盈余质量的关系中起中介作用。监事会治理效率在企业党组织成员与监事会成员的重合程度与盈余质量的关系中起中介作用。

第四，公司外部治理环境对公司政治治理与盈余质量的关系有显著影响。本书的实证结果表明，国有上市公司股权性质、外部政策变更、所处地区市场化进程及法治化水平等公司外部治理环境均对公司政治治理与盈余质量的关系具有调节作用。地方国有性质、2012 年后一系列政策的发布、较低的市场化程度及较低的法治化水平等外部治理环境下公司政治治理对盈余质量的提高作用更为显著。

8.2 政策建议

本书的研究结论表明，公司政治治理对国有上市公司盈余质量产生显著影响，并且公司内部治理水平在二者的关系中起中介作用，公司外部治理结构在二者的关系之间起调节作用。根据研究结论，本书提出如下相关政策建议：

第一，在提高国有上市公司会计信息质量的过程中，应当充分考虑企业党组织的治理作用。首先，高质量的会计信息是社会经济和资本市场和谐有序运转的重要条件之一，在提高国有上市公司会计信息质量的过程中，加强“双向进入、交叉任职”领导体制的实施，使企业中的党组织能够切实参与到企业经营决策和管理活动中去，充分发挥企业党组织的把关定向和监督作用。其次，在国有企业中，尤其是在地方国有企业中，应当积极发挥企业党组织的作用，以推动国有资本服务于国家战略，保障国家安全和国民经济运行。最后，更加关注党组织在市场化进程较慢和法治化水平较低的地区的治理作用，以缓解外部治理环境的缺陷。

第二，灵活运用多种形式的“双向进入、交叉任职”模式，以达到较好的治理效果。“双向进入、交叉任职”是党组织参与企业决策与经营的具体路径和方式，企业可以根据自身的实际情况选择企业党组织成员与董事会、监事会或经理层成员重合的程度，企业党组织领导是否在董事会、监事会或经理层兼职等不同的形式或组合，以寻求对公司治理效果最有利的领导体制。在选择进入企业董事会、监事会或经理层的企业党组织成员时，应当优先考虑具有精湛的专业知识和丰富的企业经营管理经验的复合型人才，既保障了企业党组织职责的承担，也保障了企业决策的科学性。

第三，在完善国有上市公司法人治理结构时，应当将企业党组织作为其有机的组成部分。现代企业制度体系中，董事会、监事会与经理层之间界限清晰，责权明确，彼此之间决策程序的衔接也非常紧密。在我国国有上市公司中，企业党组织参与公司治理是我国公司治理独有的特征，应当在完善国有公司治理结构时使企业党组织关于企业重大决策与董事会、监事会及经理层有效衔接，使企业党组织的治理融入具体公司治理程序之中。根据“双向进入、交叉任职”的领导体制及“前置程序”的要求在《公司章程》中明确企业党组织参与公司治理的职责，树立和完善国有企业关于企业重大决策的议事规则，以实现党组织内嵌于企业公司法人治理结构之中，二者有机结合，协同构建协调运转并有效制衡的有中国特色的公司治理结构。

第四，加强国有上市公司党的建设，进一步落实企业党风廉政建设。在国有企业的党建工作中，应在重视思想建设工作的同时培养一批“懂经营”的管理人才，围绕国有企业决策与经营等展开工作，与公司整体战略保持一致，使国有企业的“政治中心”与“经济中心”达到有机融合。进一步落实企业党风廉政建设，保障国有企业以效益为中心、服务于经济与资本市场和谐稳定发展的大局。

8.3 主要创新点

与以往文献相比，本书的主要创新之处可以归纳为以下几个方面：

第一，将公司政治治理纳入盈余质量影响因素的研究框架中，验证了在我国独特的公司治理结构中党组织能够显著影响国有上市公司盈余质量，丰富和拓展了盈余质量影响因素的相关研究。以往有关公司治理结构对盈余质量影响因素的研究取得了丰硕的成果，但并未有学者将我国国有上市公司中党组织的治理作用纳入研究范畴。本书以国有企业中“双向进入、交叉任职”的领导体制作为研究的切入点，将公司政治治理的代理变量设置为企业党组织成员分别与董事会、监事会或经理层成员的重合程度、企业党组织领导在董事会、监事会或经理层兼职等 11 个指标，并分别检验这些指标与盈余质量的相关关系，实证研究结果表明，除企业党组织领导兼任监事会主席、监事两个指标以外，其他 9 个指标均与盈余质量呈显著的正相关关系，说明公司政治治理能显著提高国有上市公司盈余质量。

第二，构建了“公司政治治理—公司治理水平—盈余质量”的关系模型，提出并验证了公司治理水平在公司政治治理与盈余质量之间发挥中介作用的观点。已有的研究表明公司政治治理对公司治理水平有显著影响，公司治理结构对盈余质量有显著影响。本书以公司治理水平作为公司政治治理与盈余质量之间的中介变量，探索公司政治治理影响盈余质量的内在机理。实证研究结果表明，整体上公司治理水平在公司政治治理与盈余质量之间起中介作用。对于公司政治治理的具体代理变量，除企业党组织领导兼任监事会主席或监事外，公司治理水平在其他指标与盈余质量的关系中均起中介作用。而且，董事会治理效率分别在企业党组织成员与董事会成员的交叉程度、企业党组织领导兼任董事长或董事等 3 个指标与盈余质量关系中起中介作用，监事会治理效率在企业党组织与监事会成员交叉程度与盈余质量关系中起中介作用。说明公司政治治理通过影响公司治理水平、董事会治理效率、监事会治理效率等提高了盈余质量。

第三，研究并验证了公司外部治理环境对公司政治治理与盈余质量关系的调节作用，研究结果表明公司政治治理对盈余质量的影响还受到股权性质、外部政策、所在地区市场化程度和法治化水平的影响。已有的研究表明盈余质量不仅受公司内部治理结构的影响，还受公司外部治理环境的影响，诸如不同的股权性质、外部政策环境的变化、不同的市场化程度或法治化水平，企业的盈余质量均会不同。因此，本书在考虑内部治理水平在公司政治治理与盈余质量之间关系中的中介作用的同时，又检验了公司外部治理环境对二者关系的调节作用。实证研究结果表明，公司政治治理对盈余质量的提高作用在地方国有企业中比在中央国有企业中更为显著，在党的十八大以后一系列政策发布以后公司政治治理对盈余质量的提高作用更为显著，在市场化程度较低或法治化水平较低的情况下公司政治治理对盈余质量的提高作用更为显著。说明外部政策环境能够显著影响公司政治治理作用的发挥，在市场化程度较低或法治化水平较低的情况下，公司政治治理能够在一定程度上弥补外部治理环境完善程度不足的弊端。

8.4 研究局限和未来研究展望

本书虽然整体上达到了研究预期，并取得了一些重要的具有理论意义和实践意义的成果，但是受到主客观因素的限制，不可避免地存在一定的局限性：

第一，本书以“双向进入、交叉任职”领导体制的不同组织形式作为政治治理的代理变量，并以此为基础进行了模型的构建和实证分析。没有考虑国有上市公司决策程序在经营管理中的影响以及党组织思想教育工作对公司文化的影响并对其进行量化研究，也没有考虑进入董事会、监事会或经理层的企业党组织成员或领导的个人情绪、偏好等个人特征。而这些复杂的因素都会使党组织对公司治理及盈余质量产生不同程度的影响。但是，由于相关数据资料的不可获得性以及量化的困难，本书难以在研究模型中引入以上因素。

第二，本书采用 TOPSIS 综合评价方法计算综合指数对公司治理水平、董事会治理效率及监事会治理效率进行了综合度量。在指标的选取上，采用了股权集中度、股权制衡度、董事会治理、监事会治理及管理层薪酬特征等与本书密切相关的主要指标作为原始计算指标，但并没有涵盖以往文献中涉及的全部相关指标，难免会遗漏一些信息，对本书的结论造成不可知的影响。

第三，本书对公司外部治理环境要素的调节作用进行研究时考虑了外部政策变更、股权性质的影响、所在地区市场化进程及法治化程度等因素，对于其他外部治理要素在二者关系中的作用的研究尚不充分。比如，仅从文献综述中总结和分析了政府监管、社会审计、媒体监督等对盈余质量的影响，出于论文篇幅及研究主题的考虑，仅部分在控制变量中进行考虑，并没有在本书中给予充分的关注。

第四，本书的样本主要为深沪两市 A 股主板的国有上市公司，限于篇幅、时间和个人精力，并没有将中小板和创业板的样本考虑在内，也没有将非国有上市公司作为研究对象。

上述局限性虽然成为本书的不足与遗憾，却也是未来研究的切入点。本书认为未来的研究主要可以从以下几个方面开展：①扩大研究样本，将中小板和创业板的公司及非国有上市公司作为研究对象，使研究结论能够适用于不同性质及规模的企业。②对国有上市公司中董事会决策程序对企业盈余质量等方面的影响进行专门研究，对于量化困难，可以采用问卷调查的方式获取第一手资料，也可以通过系统、深入地调研某一家国有上市公司的相关资料进行案例研究。③拓展媒体监督对公司政治治理与盈余质量之间关系的影响。在市场监管不充分、制度不完善、法律不健全的情况下，媒体监督可以成为有效的补充，因此媒体监督对外部环境的影响必然会使公司政治治理发挥的作用发生变化。

参考文献

[1]马连福，王元芳，沈小秀．中国国有企业党组织治理效应研究——基于“内部人控制”的视角[J]．中国工业经济，2012(8):82-95.

[2]卢昌崇．公司治理机构及新、老三会关系论[J]．经济研究，1994(11):10-17.

[3]陈仕华，卢昌崇．国有企业党组织的治理参与能够有效抑制并购中的“国有资产流失”吗？[J]．管理世界，2014(5):106-120.

[4]林尚立．阶级、所有制与政党：国有企业党建的政治学分析[J]．天津社会科学，2010(1):53-58.

[5]董学群．浅析党委在国有企业公司治理结构中的作用[J]．煤炭经济研究，2009(7):56-57.

[6]Dechow P, Ge W, Schrand C. Understanding Earnings Quality: A Review of the Proxies, Their Determinants and Their Consequences[J]. Journal of Accounting and Economics, 2010,50(2-3):344-401.

[7]申慧慧，吴联生．股权性质、环境不确定性与会计信息的治理效应[J]．会计研究，2012(8):8-16.

[8]荣刚，李一．国有资本投资运营公司中的党组织参与治理研究[J]．理论学刊，2016(3):48-53.

[9]鲍勃·杰索普，漆蕪．治理的兴起及其失败的风险：以经济发展为例的论述[J]．国际社会科学杂志(中文版)，1999(1):31-48.

[10]俞可平．治理与善治[M]．北京：社会科学文献出版社，2000.

[11]俞可平．治理和善治引论[J]．马克思主义与现实，1999(5):37-41.

[12]Fama E F, Jensen M C. Seperation of Ownership and Control[J]. Journal of Law & Economics, 1983,26(2):301 -326.

[13]李维安. 公司治理:六大焦点与六大突破[N]. 中国经济时报,2000 -12 -13.

[14]邱实. 中国政治治理现代化研究[D]. 南京师范大学,2017.

[15]张爱军, 秦小琪. 大数据视阈下的国家政治治理[J]. 探索, 2017(5):39 -46.

[16]Sawant R J. Asset Specificity and Corporate Political Activity in Regulated Industries[J]. Acadeacademy of Management Review, 2012,37(2):194 -210.

[17]Hawkins D F. Insturctor's Manual: Corporate Financial Reporting and Analysis: Text and Cases[M]. Irwin/McGraw - Hill, 1998.

[18]Penman S H, Zhang X. Accounting Conservatism, the Quality of Earnings, and Stock Returns[J]. The Accounting Review, 2002,77(2):237 -264.

[19]Schipper K, Vincent L. Earnings Quality[J]. The Accounting Horizons, 2003,17(9):97 -110.

[20]Francis J, Lafond R, Olsson P et al. The Market Pricing of Accruals Quality [J]. Journal of Accounting & Economics, 2005,39(2):295 -327.

[21]Santa - Clare P, Valkanov R. The Presidential Puzzle: Political Cycles and the Stock Market[J]. Journal of Finance, 2003,53(5):1841 -1872.

[22]Leblang D, Mukherjee B. Government Partisanship, Elections, and the Stock Market: Examining American and British Stock Returns, 1930—2000 [J]. American Journal of Political Science, 2005,49(4):780 -802.

[23]Snowberg E, Wolfers J, Source E Z. Partisan Impacts on the Economy: Evidence from Prediction Markets and Close Elections [J]. The Quarterly Journal of Economics, 2007,122(2):807 -829.

[24]Belo F, Gala V D, Li J. Government Spending,Political Cycles, and the Cross Section of Stock Returns[J]. Journal of Financial Economics, 2013,107(2):305 -324.

[25]Kim C F, Pantzalis C, Chul Park J. Political Geography and Stock Returns: The Value and Risk Implications of Proximity to Political Power[J]. Journal of Financial Economics, 2012,106(1):196-228.

[26]Wolfers J, Zitzewitz E. Using Markets to Inform Policy: The Case of the Iraq War[J]. Economica, 2009,76(302):225-250.

[27]Smales L A. The Role of Political Uncertainty in Australian Financial Markets[J]. Accounting and Finance, 2016,56(2):545-575.

[28]Yonce A T. Uncertain Growth Cycles, Corporate Investment, and Dynamic Hedging[D]. UC Berkeley Electronic Theses and Dissertations, 2010.

[29]Jens C E. Political Uncertainty and Investment: Causal Evidence from U. S. Gubernatorial Elections[J]. Journal of Financial Economics, 2017,124(3): 563-579.

[30]Julio B, Yook Y. Political Uncertainty and Corporate Investment Cycles [J]. Journal of Finance, 2012,67(1):45-83.

[31]Durnev A. The Real Effects of Political Uncertainty: Elections and Investment Sensitivity to Stock Prices[R]. University of Iowa, Working Paper, 2013.

[32]Jayachandran S. The Jeffords Effects[J]. Journal of Law and Economics, 2006,49(2):397-425.

[33]Knight B. Are Policy Platforms Capitalized into Equity Prices? Evidence from the Bush/Gore 2000 Presidential Election[J]. Journal of Public Economics, 2007,91(1-2):389-409.

[34]Claessens S, Fcijcn E, Lacvcn L. Political Connections and Preferential Access to Finance: The Role of Campaign Contributions[J]. Journal of Financial Economics, 2008,88(3):554-580.

[35]Obradovi S, Tomi N. The Effect of Presidential Election in the USA on Stock Return Flow —A Study of a Political Event[J]. Economic Research - Ekonomska Istraživanja, 2017,30(1):112-124.

[36]Ferguson T, Voth H. Betting on Hitler: The Value of Political Connec-

tions in Nazi Germany [J]. The Quarterly Journal of Economics, 2008,123(1): 101 - 137.

[37]Çolak G, Durnev A, Qian Y. Political Uncertainty and IPO Activity: Evidence from U. S. Gubernatorial Elections[J]. Journal of Financial and Quantitative Analysis, 2017,52(6):2523 - 2564.

[38]Darcillon T. Corporate Governance Reforms and Political Partisanship: An Empirical Analysis in 16 OECD Countries[J]. Business and Politics, 2015,17(4): 661 - 696.

[39]Chang E C, Wong S. Political Control and Performance in China's Listed Firms[J]. Journal of Comparative Economics, 2004,32(4):617 - 636.

[40]Guo H, Li W, Zhong Y. Political Involvement and Firm Performance—Chinese Setting and Cross - country Evidence[J]. Journal of International Financial Markets, Institutions and Money, 2019(59):218 - 231.

[41]雷海民,梁巧转,李家军. 组织特征影响政治资源企业的财务能力吗?——基于中国上市公司的非参数检验[J]. 中国软科学, 2013(2):144 - 153.

[42]王元芳,马连福. 国有企业党组织能降低代理成本吗?——基于"内部人控制"的视角[J]. 管理评论, 2014(10):138 - 151.

[43]黄文锋,张建琦,黄亮. 国有企业董事会党组织治理、董事会非正式等级与公司绩效[J]. 经济管理, 2017(3):6 - 20.

[44]郝云宏,马帅. 分类改革背景下国有企业党组织治理效果研究——兼论国有企业党组织嵌入公司治理模式选择[J]. 当代财经, 2018(6):72 - 80.

[45]余怒涛,尹必超. 党组织参与公司治理了吗?——来自中央企业监事会党组织治理的证据[J]. 中国会计评论, 2017(1):67 - 88.

[46]雷海民,梁巧转,李家军. 公司政治治理影响企业的运营效率吗——基于中国上市公司的非参数检验[J]. 中国工业经济, 2012(9):109 - 121.

[47]雷海民,梁巧转,李家军. 最终控制权、公司年龄影响中国政治资源企业的运营效率吗?——中国上市公司的非参数检验[J]. 经济管理, 2014(7):39 - 49.

[48]程博，王菁．法律环境、政治治理与审计收费[J]．经济管理，2014，518(2):88－99.

[49]程博，宣扬，潘飞．国有企业党组织治理的信号传递效应——基于审计师选择的分析[J]．财经研究，2017(3):69－80.

[50]李世刚，章卫东．民营企业党组织参与董事会治理的作用探讨[J]．审计研究，2018(4):120－128.

[51]熊婷，程博，王菁．公司政治治理能抑制大股东掏空行为吗[J]．贵州财经大学学报，2015(5):82－94.

[52]马连福，王元芳，沈小秀．国有企业党组织治理、冗余雇员与高管薪酬契约[J]．管理世界，2013(5):100－115.

[53]Dechow P M, Sloan R G, Sweeney A P. Causes and Consequences of Earnings Manipulations[J]. Contemporary Accounting Research, 1996,13(1):1－36.

[54]Cheng Q, Lee J, Shevlin T. Internal Governance and Real Earnings Management[J]. The Accounting Review, 2016,91(4):1051－1085.

[55]王化成，刘亭立，卢闯．公司治理与盈余质量:基于中国上市公司的实证研究[J]．中国软科学，2007(11):122－128.

[56]陈俊，陈汉文．公司治理、会计准则执行与盈余价值相关性——来自中国证券市场的经验证据[J]．审计研究，2007(2):45－52.

[57]张兆国，刘晓霞，邢道勇．公司治理结构与盈余管理——来自中国上市公司的经验证据[J]．中国软科学，2009(1):122－133.

[58]高雷，张杰．公司治理、资金占用与盈余管理[J]．金融研究，2009(5):121－140.

[59]马忠，陈登彪，张红艳．公司特征差异、内部治理与盈余质量[J]．会计研究，2011(3):54－61.

[60]杨继伟，汪戎，陈红．债权治理与盈余质量:来自中国证券市场的经验证据[J]．管理评论，2012,24(9):75－82.

[61]王晓珂，黄世忠．衍生工具、公司治理和盈余质量[J]．会计研究，

2017(3):16 -21.

[62]La Porta R, Lopez - de - Silanes F, Shleifer A. Corporate Ownership around the World [J]. The Journal of Finance, 1999,54(2):471 -517.

[63]Bushman R, Chen Q, Engel E et al. Financial Accounting Information, Organizational Complexity and Corporate Governance Systems[J]. Journal of Accounting and Economics, 2004,37(2):167 -201.

[64]王化成，佟岩．控股股东与盈余质量——基于盈余反应系数的考察[J]. 会计研究，2006(2):66 -74.

[65]洪剑峭，薛皓．股权制衡如何影响经营性应计的可靠性——关联交易视角[J]. 管理世界，2009(1):153 -161.

[66]陈宋生，赖娇．ERP 系统、股权结构与盈余质量关系[J]. 会计研究，2013(5):59 -66.

[67]Shleifer A, Vishny R W. A Survey of Corporate Governance[J]. Journal of Finance, 1997,52(2):737 -783.

[68]Bushee B J. The Influence of Institutional Investors on Myopic R&D Investment Behavior [J]. The Accounting Review, 1998,73(3):305 -333.

[69]Chung R, Firth M, Kim J. Institutional Monitoring and Opportunistic Earnings Management[J]. Journal of Corporate Fiance, 2002,8(1):29 -48.

[70]Lemma T T, Negash M, Mlilo M et al. Institutional Ownership, Product Market Competition, and Earnings Management: Some Evidence from International Data[J]. Journal of Business Research, 2018(90):151 -163.

[71]Parrino R, Sias R W, Starks L T. Voting with Their Feet: Institutional Ownership Changes Around Forced CEO Turnover[J]. Journal of Finance Economics, 2003(68):3 -46.

[72]Maffett M. Financial Reporting Opacity and Informed Trading by International Institutional Investors[J]. Journal of Accounting and Economics, 2012,54(2 -3):201 -220.

[73]杨海燕，韦德洪，孙健．机构投资者持股能提高上市公司会计信息质

量吗？——兼论不同类型机构投资者的差异[J]. 会计研究，2012(9)：16－23.

[74]李青原，时梦雪. 监督型基金与盈余质量——来自我国A股上市公司的经验证据[J]. 南开管理评论，2018(1)：172－181.

[75]王珊. 投资者实地调研发挥了治理功能吗？——基于盈余管理视角的考察[J]. 经济管理，2017(9)：180－194.

[76]Klein A. Audit Committee, Board of Director Characteristics, and Earnings Management[J]. Journal of Accounting and Economics, 2002, 33(3): 375－400.

[77]Xie B, Davidson W N, Da Dalt P J. Earnings Management and Corporate Governance: The Role of the Board and the Audit Committee[J]. Journal of Corporate Finance, 2003, 9(3): 295－316.

[78]Agrawal A, Chadha S. Corporate Governance and Accounting Scandals[J]. Journal of Law & Economics, 2005, 48(2): 371－406.

[79]Defond M L, Hann R N, Hu X. Does the Market Value Financial Expertise on Audit Committees of Boards of Directors[J]. Journal of Accounting Research, 2005, 43(2): 153－193.

[80]Gao H, Huang J. The Even－Odd Nature of Audit Committees and Corporate Earnings Quality[J]. Journal of Accounting, Auditing & Finance, 2018, 33(1): 98－122.

[81]García Lara J M, García Osma B, Mora A et al. The Monitoring Role of Female Directors Over Accounting Quality[J]. Journal of Corporate Finance, 2017(45): 651－668.

[82]Liao M, Ferris S P. An International Analysis of Director Equity Incentives and Earnings Management[J]. Journal of Accounting and Finance, 18(2): 123－143.

[83]Bilal, Chen S, Komal B. Audit Committee Financial Expertise and Earnings Quality: A Meta－analysis[J]. Journal of Business Research, 2018(84): 253－270.

[84]张逸杰，王艳，唐元虎，等．上市公司董事会特征和盈余管理关系的实证研究[J]．管理评论，2006(3):14－19.

[85]王艳，张逸杰，周红．上市公司盈余管理行为的变动成因研究——基于董事会改革与报酬水平的视角[J]．管理评论，2007(6):50－56.

[86]王兵．独立董事监督了吗？——基于中国上市公司盈余质量的视角[J]．金融研究，2007(1):109－121.

[87]吴清华，王平心．公司盈余质量:董事会微观治理绩效之考察——来自我国独立董事制度强制性变迁的经验证据[J]．数理统计与管理，2007,26(1):30－40.

[88]杨清香，张翼，张亮．董事会特征与盈余管理的实证研究——来自中国上市公司的经验证据[J]．中国软科学，2008(11):133－140.

[89]赵德武，曾力，谭莉川．独立董事监督力与盈余稳健性——基于中国上市公司的实证研究[J]．会计研究，2008(9):55－63.

[90]胡奕明，唐松莲．独立董事与上市公司盈余信息质量[J]．管理世界，2008(9):149－160.

[91]黄海杰，吕长江，丁慧．独立董事声誉与盈余质量——会计专业独董的视角[J]．管理世界，2016(3):128－143.

[92]潘珺，余玉苗．审计委员会履职能力、召集人影响力与公司财务报告质量[J]．南开管理评论，2017(1):108－118.

[93]姚宏，贾娓，郝小玉，等．产品市场竞争、董事会结构变化与盈余管理[J]．管理评论，2018,30(4):194－205.

[94]李明辉．对完善上市公司监事财务监督制度的思考[J]．审计研究，2004(4):72－76.

[95]Jay D, Yusuf K, Zezong X J. The Supervisory Board in Chinese Listed Companies[J]. Asia Pacific Business Review, 2002,9(2):118－137.

[96]李爽，吴溪．盈余管理、审计意见与监事会态度——评监事会在我国公司治理中的作用[J]．审计研究，2003(1):8－13.

[97]Xiao J Z, Dahya J, Lin Z. A Grounded Theory Exposition of the Role of

the Supervisory Board in China[J]. British Journal of Management, 2004,15(1): 39 -55.

[98]Dahya J, Karbhari Y, Xiao J Z et al. The Usefulness of the Supervisory Board Report in China Corporate Governance: An International Review[J]. Corporate Governance: An International Review, 2003,11(4):308 -321.

[99]薛祖云,黄彤. 董事会、监事会制度特征与会计信息质量——来自中国资本市场的经验分析[J]. 财经理论与实践,2004(4):84 -89.

[100]冉光圭,方巧玲,罗帅. 中国公司的监事会真的无效吗[J]. 经济学家,2015(1):73 -82.

[101]王兵,吕梦,苏文兵. 监事会治理有效吗——基于内部审计师兼任监事会成员的视角[J]. 南开管理评论,2018(3):76 -89.

[102]Aier J K, Comprix J, Gunlock M T et al. The Financial Expertise of CFOs and Accounting Restatements[J]. Accounting Horizons, 2005, 19(3): 123 -135.

[103]Francis J, Huang A H, Rajgopal S et al. CEO Reputation and Earnings Quality[J]. Contemporary Accounting Research, 2008,25(1):109 -147.

[104]Li C, Sun L, Ettredge M. Financial Executive Qualifications, Financial Executive Turnover, and Adverse SOX 404 Opinions[J]. Journal of Accounting and Economics, 2010,50(1):93 -110.

[105]Dauth T, Pronobis P, Schmid S. Exploring the Link between Internationalization of Top Management and Accounting Quality: The CFO's International Experience Matters[J]. International Business Review, 2017(26):71 -88.

[106]Qi B, Lin J W, Tian G et al. The Impact of Top Management Team Characteristics on the Choice of Earnings Management Strategies: Evidence from China[J]. Accounting Horizons, 2018,32(1):143 -164.

[107]邱昱芳,贾宁,吴少凡. 财务负责人的专业能力影响公司的会计信息质量吗?——基于中国上市公司财务负责人专项调查的实证研究[J]. 会计研究,2011(4):61 -67.

[108]许静静，吕长江．家族企业高管性质与盈余质量——来自中国上市公司的证据[J]．管理世界，2011(1):112－120.

[109]王兵，陈运佳，孙小杰．内部审计负责人特征与公司盈余质量关系研究[J]．审计研究，2014(3):75－83.

[110]何威风．高管团队垂直对特征与企业盈余管理行为研究[J]．南开管理评论，2015,18(1):141－151.

[111]Srinidhi B，Gul F A，Tsui J. Female Directors and Earnings Quality [J]. Contemporary Accounting Research，2011,28(5):1610－1644.

[112]Ye K，Zhang R，Rezaee Z. Does Top Executive Gender Diversity Affect Earnings Quality? A Large Sample Analysis of Chinese Listed Firms[J]. Advances in Accounting，2010,26(1):47－54.

[113]Sun J，Liu G，Lan G. Does Female Directorship on Independent Audit Committees Constrain Earnings Management [J]. Journal of Business Ethics，2011，99(3):369－382.

[114]杜兴强，赖少娟，裴红梅．女性高管总能抑制盈余管理吗？——基于中国资本市场的经验证据[J]．会计研究，2017(1):39－45.

[115]刘笑霞，李明辉．女性 CFO 真的更少进行盈余管理吗？[J]．管理工程学报，2018,32(4):219－231.

[116]Jensen M C，Mecklng W H. Theory of Firm：Managerial Behavior，Agency Costs and Ownership Structure[J]. Journal of Financial Economics，1976,3(4):305－360.

[117]Dhole S，Manchiraju H，Suk I. CEO Inside Debt and Earnings Management[J]. Journal of Accounting Auditing & Finance，2016,31(4):515－550.

[118]Healy P M. The Effect of Bonus Schemes on Accounting Decisions[J]. Journal of Accounting and Economics，1985,7(1－3):85－107.

[119]Gabrielsen G，Gramlich J D，Plenborg T. Managerial Ownership，Information Content of Earnings，and Discretionary Accruals in a Non－US Setting[J]. Journal of Business Finance & Accounting，2002,29(7):967－988.

[120] Cheng Q, Warfield T D. Equity Incentives and Earnings Management [J]. The Accounting Review, 2005,80(2):441 - 476.

[121] Feng M, Ge W, Luo S et al. Why do CFOs Become Involved in Material Accounting Manipulations? [J]. Journal of Accounting and Economics, 2011,51(1 - 2):21 - 36.

[122]王克敏，王志超. 高管控制权、报酬与盈余管理——基于中国上市公司的实证研究[J]. 管理世界, 2007(7):111 - 119.

[123]李延喜，包世泽，高锐，等. 薪酬激励、董事会监管与上市公司盈余管理[J]. 南开管理评论, 2007(6):55 - 61.

[124]毛洪涛，沈鹏. 我国上市公司CFO薪酬与盈余质量的相关性研究[J]. 南开管理评论, 2009,12(5):82 - 93.

[125]李文洲，冉茂盛，黄俊. 大股东掏空视角下的薪酬激励与盈余管理[J]. 管理科学, 2014,27(6):27 - 39.

[126]马晨，张俊瑞. 管理层持股、领导权结构与财务重述[J]. 南开管理评论, 2012,15(2):143 - 150.

[127] Doyle J T, Ge W, McVay S. Accruals Quality and Internal Control over Financial Reporting[J]. 2007,82(5):1141 - 1170.

[128] Ashbaugh - Skaife H, Collins D W, Kinney W R et al. The Effect of SOX Internal Control Deficiencies and Their Remediation on Accrual Quality[J]. The Accounting Review, 2008,83(1):217 - 250.

[129] Goh B W, Li D. Internal Controls and Conditional Conservatism[J]. The Accounting Review, 2011,86(3):975 - 1005.

[130]张龙平，王军只，张军. 内部控制鉴证对会计盈余质量的影响研究——基于沪市A股公司的经验证据[J]. 审计研究, 2010(2):83 - 90.

[131]齐保垒，田高良，李留闯. 上市公司内部控制缺陷与财务报告信息质量[J]. 管理科学, 2010,23(4):38 - 47.

[132]董望，陈汉文. 内部控制、应计质量与盈余反应——基于中国2009年A股上市公司的经验证据[J]. 审计研究, 2011(4):68 - 78.

[133]黄惠平，宋晓静．内控报告与会计信息质量及企业价值——基于沪市A股的经验研究[J]．经济管理，2012(1):122－128.

[134]刘启亮，罗乐，张雅曼，等．高管集权、内部控制与会计信息质量[J]．南开管理评论，2013(1):15－23.

[135]肖华，张国清．内部控制质量、盈余持续性与公司价值[J]．会计研究，2013(5):73－80.

[136]佟岩，徐峰．我国上市公司内部控制效率与盈余质量的动态依存关系研究[J]．中国软科学，2013(2):111－122.

[137]张友棠，熊毅．内部控制、产权性质与盈余管理方式选择——基于2007—2015年A股非金融类上市公司的实证研究[J]．审计研究，2017(3):105－112.

[138]Land J, Lang M H. Empirical Evidence on the Evolution of International Earnings[J]. The Accounting Review, 2002(77):115－133.

[139]夏立军，方轶强．政府控制、治理环境与公司价值——来自中国证券市场的经验证据[J]．经济研究，2005(5):40－51.

[140]Chen H, Chen J Z, Lobo G J et al. Effects of Audit Quality on Earnings Management and Cost of Equity Capital: Evidence from China[J]. Contemporary Accounting Research, 2011,28(3):892.

[141]Gounopoulos D, Pham H. Credit Ratings and Earnings Management around IPOs[J]. Journal of Business Finance & Accounting, 2017,44(1－2):154－195.

[142]董南雁，张俊瑞．中国证券市场审计任期与盈余质量关系的实证检验[J]．南开管理评论，2007(4):43－51.

[143]余怒涛，沈中华，黄登仕．审计意见和年报披露会影响盈余质量吗?[J]．审计研究，2008(3):55－63.

[144]陈辉发，蒋义宏，王芳．发审委身份公开、会计师事务所声誉与IPO公司盈余质量[J]．审计研究，2012(1):60－68.

[145]雷英，吴建友，孙红．内部控制审计对会计盈余质量的影响——基

于沪市A股上市公司的实证分析[J]. 会计研究, 2013(11):75-81.

[146]沈红波, 杨玉龙, 潘飞. 民营上市公司的政治关联、证券违规与盈余质量[J]. 金融研究, 2014(1):194-206.

[147]马晨, 程茂勇, 张俊瑞,等. 外部审计、媒介环境对财务重述的影响研究[J]. 管理工程学报, 2015,29(4):65-75.

[148]罗进辉, 李雪, 林芷如. 审计师—客户公司的地理邻近性与会计稳健性[J]. 管理科学, 2016(6):145-160.

[149]李英, 周守华, 窦笑晨. 我国内部控制规范的颁布抑制了认知性盈余管理吗? [J]. 审计研究, 2016(5):82-88.

[150]于鹏, 申慧慧. 监管距离、事务所规模与盈余质量[J]. 审计研究, 2018(5):105-112.

[151]Bushman R M, Piotroski J D, Smith A J. What Determines Corporate Transparency? [J]. Journal lf Accounting Research 2004,42(2):207-252.

[152]朱茶芬, 李志文. 国家控股对会计稳健性的影响研究[J]. 会计研究, 2008(5):38-45.

[153]吴祖光, 万迪昉. 产权性质、债务融资与盈余质量——来自我国制造业上市公司的经验证据[J]. 经济管理, 2011,33(5):129-136.

[154]李延喜, 陈克兢. 终极控制人、外部治理环境与盈余管理——基于系统广义矩估计的动态面板数据分析[J]. 管理科学学报, 2014(9):56-71.

[155]Kim O, Verrecchia R E. Trading Volume and Price Reactions to Public Announcements[J]. Journal of Accounting Research, 1991,29(2):302-321.

[156]Liu C, Yao L J, Hu N et al. The Impact of IFRS on Accounting Quality in a Regulated Market[J]. Journal of Accounting, Auditing & Finance, 2011,26(4):659-676.

[157]Cameran M, Campa D, Pettinicchio A. IFRS Adoption among Private Companies[J]. Journal of Accounting, Auditing & Finance, 2014,29(3):278-305.

[158]Li W, Guo H. The Different Changes of Value Relevance of Earnings between SOEs and NSOEs After Adoption of IFRS: Evidence from China[J]. Jour-

nal of Applied Business Research (JABR), 2016,32(3):765.

[159]曲晓辉，邱月华．强制性制度变迁与盈余稳健性——来自深沪证券市场的经验证据[J]．会计研究，2007(7):20－28.

[160]朱凯，赵旭颖，孙红．会计准则改革、信息准确度与价值相关性——基于中国会计准则改革的经验证据[J]．管理世界，2009(4):47－54.

[161]陈丽花，黄寿昌，杨雄胜．资产负债观会计信息的市场效应检验——基于《企业会计准则第 18 号——所得税》施行一年的研究[J]．会计研究，2009(5):29－37.

[162]La Porta R, Lopez－de－Silanes F, Shleifer A et al. Law and Finance [J]. Journal of Political Economy, 1999,106(6):1113－1155.

[163]Leuz C, Nanda D, Wysocki P D. Earnings Management and Investor Protection: An International Comparison[J]. Journal of Financial Economics, 2003, 69(3):505－527.

[164]Lang M, Smith Raedy J, Wilson W. Earnings Management and Cross Listing: Are Reconciled Earnings Comparable to US Earnings? [J]. Journal of Accounting and Economics, 2006,42(1－2):255－283.

[165]Haw I, Hu B, Hwang L et al. Ultimate Ownership, Income Management, and Legal and Extra－Legal Institutions [J]. Journal of Accounting Research, 2004,42(2):423－462.

[166]Bushman R M, Piotroski J D. Financial Reporting Incentives for Conservative Accounting: The Influence of Legal and Political Institutions[J]. Journal of Accounting and Economics, 2006,42(1－2):107－148.

[167]Francis J R, Wang D. The Joint Effect of Investor Protection and Big 4 Audits on Earnings Quality around the World[J]. Contemporary Accounting Research, 2008,25(1):157－191.

[168]DeFond M, Hung M, Trezevant R. Investor Protection and the Information Content of Annual Earnings Announcements: International Evidence[J]. Journal of Accounting and Economics, 2007,43(1):37－67.

[169]Mitra S, Jaggi B, Hossain M. Internal Control Weaknesses and Accounting Conservatism[J]. Journal of Accounting, Auditing & Finance, 2013,28(2): 152-191.

[170]王跃堂，孙铮，陈世敏．会计改革与会计信息质量——来自中国证券市场的经验证据[J]．会计研究，2001(7):16-26.

[171]刘峰，吴风，钟瑞庆．会计准则能提高会计信息质量吗——来自中国股市的初步证据[J]．会计研究，2004(5):8-19.

[172]陈胜蓝，魏明海．投资者保护与财务会计信息质量[J]．会计研究，2006(10):28-35.

[173]洪剑峭，方军雄．审计委员会制度与盈余质量的改善[J]．南开管理评论，2009,12(4):107-112.

[174]申慧慧，黄张凯，吴联生．股权分置改革的盈余质量效应[J]．会计研究，2009(8):40-48.

[175]王克敏，廉鹏．保荐制度改善首发上市公司盈余质量了吗[J]．管理世界，2010(8): 21-34+43.

[176]李延喜，陈克兢，姚宏，等．基于地区差异视角的外部治理环境与盈余管理关系研究——兼论公司治理的替代保护作用[J]．南开管理评论，2012(4):89-100.

[177]崔艳娟，李延喜，陈克兢．外部治理环境对盈余质量的影响：自然资源禀赋是“诅咒”吗[J]．南开管理评论，2018(2):172-181.

[178]崔艳娟，李延喜，陈克兢．政府治理、金融发展与盈余质量改善[J]．系统工程，2017,35(10):1-12.

[179]Dyck A, Zingales L. The Corporate Governance Role of the Media [R]. NBER Working Paper, 2002.

[180]Fang L, Peress J. Media Coverage and the Cross-section of Stock Returns[J]. Journal of Finance, 2009,64(5):2023-2052.

[181]Dyck A, Zingales L. Private Benefits of Control: An International Comparison [J]. The Journal of Finance, 2004,59(2):537-600.

[182]李培功，沈艺峰．媒体的公司治理作用：中国的经验证据[J]．经济研究，2010(4)：14－27.

[183]醋卫华，李培功．媒体监督公司治理的实证研究[J]．南开管理评论，2012(1)：33－42.

[184]周开国，应千伟，钟畅．媒体监督能够起到外部治理的作用吗？——来自中国上市公司违规的证据[J]．金融研究，2016(6)：193－206.

[185]于忠泊，田高良，齐保垒，等．媒体关注的公司治理机制——基于盈余管理视角的考察[J]．管理世界，2011(9)：127－140.

[186]吕敏康，冉明东．媒体报道影响审计师专业判断吗？——基于盈余管理风险判断视角的实证分析[J]．审计研究，2012(6)：82－89.

[187]于忠泊，田高良，张咏梅．媒体关注、制度环境与盈余信息市场反应——对市场压力假设的再检验[J]．会计研究，2012(9)：40－51.

[188]叶青，李增泉，李光青．富豪榜会影响企业会计信息质量吗？——基于政治成本视角的考察[J]．管理世界，2012(1)：104－120.

[189]曾建光，伍利娜，王立彦．中国式拆迁、投资者保护诉求与应计盈余质量——基于制度经济学与Internet治理的证据[J]．经济研究，2013(7)：90－103.

[190]唐松，温德尔，孙铮．“原罪”嫌疑与民营企业会计信息质量[J]．管理世界，2017(8)：106－122.

[191]马壮，李延喜，王云，等．媒体监督、异常审计费用与企业盈余管理[J]．管理评论，2018(4)：219－234.

[192]张婷婷，李延喜，曾伟强．媒体关注下上市公司盈余管理行为的差异研究——一种治理盈余管理的新途径[J]．管理评论，2018(2)：25－41.

[193]陈世瑞．国企党建与法人治理结构协同性初探[J]．华东经济管理，2012，26(1)：105－109.

[194]国资委．国企重大决策须经党委讨论后再由董事会决定[J]．求实，2016(6).

[195]林学启．党管干部90年：模式演变与价值追求[J]．理论学刊，2011

(4):44 -47.

[196]Grossman S J, Hart O D. The Costs and Benefits of Ownership: A Theory of Vertical and Lateral Integration [J]. Journal of Political Economy, 1986,94(4):691 -719.

[197]Hart O, Moore J. Property Rights and Nature of the Firm[J]. Journal of Political Economy, 1990,98(6):1119 -1158.

[198]李鑫.中国上市公司会计信息质量研究[D].山东大学管理学院,2014.

[199]Blair M M. Ownership and Control: Rethinking Corporate Governance for the Twenty - First Century[M]. Washingtion D. C. : Brooking Institution Press, 1995.

[200]Boyd B K. CEO Duality and Frim Performance: A Contingency Model [J]. Strategic Management Journal, 1995(16):301 -312.

[201]吴淑琨, 席酉民.公司治理与中国企业改革[M].北京:机械工业出版社,2000.

[202]Davis J H, Schoorman F D, Donaldson L. Toward a Stewardship Theory of Management[J]. The Academy of Management Review, 1997,22(1):20 -47.

[203]Stigler G. The Market for"Lemons":Quality Uncertainty and the Market Mechanism *1[J]. The Quarterly Journal of Econonics, 1970,84(3):488 -500.

[204]张维迎.博弈论与信息经济学[M].上海:上海人民出版社,1996.

[205]斯格特 · W. 理查德.制度与组织[M].北京:中国人民大学出版社,2010.

[206]杰弗里 · 菲佛, 萨兰基克.组织的外部控制:对组织资源依赖的分析[M].北京:东方出版社,2006.

[207]Frooman J. Stakeholder Influence Strategies [J]. The Academy of Management Review, 1999,24(2):191 -205.

[208]苏启林. 基于代理理论与管家理论视角的家族企业经理人行为选择[J]. 外国经济与管理, 2007(2):51 -56.

[209]白云霞, 吴联生. 信息披露与国有股权私有化中的盈余管理[J].会

计研究，2008(10):37－45.

[210]张维迎．从现代企业理论看国有企业改革[J]．改革，1995(1):30－33.

[211]Xin K R，Pearce J L. Guanxi：Connections as Substitutes for Formal Institutional Support[J]. The Academy of Management Journal，1996，39(6):1641－1658.

[212]Pfeffer J. Size and Composition of Corporate Boards of Directors：The Organization and its Environment [J]. Administrative Science Quarterly，1972，17(2):218－228.

[213]青木昌彦，张春霖．对内部人控制的控制：转轨经济中公司治理的若干问题[J]．改革，1994(6):11－24.

[214]黄兴李，沈维涛．政府干预、内部人控制与上市公司并购绩效[J]．经济管理，2009(6):70－76.

[215]费方域．论我国国有控股公司的组建与发展[J]．经济研究，1996(6):31－39.

[216]钱颖一．企业的治理结构改革和融资结构改革[J]．经济研究，1995(1):20－29.

[217]陈湘永，张剑文，张伟文．我国上市公司“内部人控制”研究[J]．管理世界，2000(4):103－109.

[218]张春霖．存在道德风险的委托—代理关系：理论分析及其应用中的问题[J]．经济研究，1995(8):3－8.

[219]Trueman B，Titman S. An Explanation for Accounting Income Smoothing[J]. Journal of Accounting Research，1988(26):127－139.

[220]Dye R A. Earnings Management in an Overlapping Generations Model[J]. Journal of Accounting Research，1988，26(2):195－235.

[221]J A，C B. Finance and Politics：The Wealth Effects of Special Interest Group Influence during the Nationalization and Privatization of Contrail[J]. Cambridge Journal of Economics，2007，31(2):193－215.

[222]尹元金．对国有企业党建工作与经济工作深度融合的思考[J]．中

央社会主义学院学报，2012(3):71－74.

[223]Doyle J T，Ge W，Mcvay S. Accruals Quality and Internal Control over Financial Reporting[J]. The Accounting Review，2007,82(5):1141－1170.

[224]Goh B W，Li D. Internal Controls and Conditional Conservatism[J]. The Accounting Review，2011,86(3):975－1005.

[225]Mitra S，Jaggi B，Hossain M. Internal Control Weaknesses and Accounting Conservatism：Evidence from the Post－Sarbanes－Oxley Period[J]. Journal of Accounting，Auditing & Finance，2013,28(2):152－191.

[226]Ashbaugh－Skaife H，Collins D W，Kinney W R et al. The Effect of SOX Internal Control Deficiencies and Their Remediation on Accrual Quality[J]. The Accounting Review，2008,83(1):217－250.

[227]刘启亮，罗乐，张雅曼，等. 高管集权、内部控制与会计信息质量[J]. 南开管理评论，2013(1):15－23.

[228]方红星，金玉娜. 高质量内部控制能抑制盈余管理吗？——基于自愿性内部控制鉴证报告的经验研究[J]. 会计研究，2011(8):53－60.

[229]Freeman E R. Strategic Management：A Stakeholder Approach[M]. Boston：Pitman Press，1984.

[230]Campbell D E. A Matter of Faith：Religion in the 2004 Presidential Election[M]. Washington DC：Brooking Institution Press，2007.

[231]Biddle G C，Hilary G. Accounting Quality and Firm－Level Capital Investment [J]. The Accounting Review，2006,81(5):963－982.

[232]曾颖，陆正飞. 信息披露质量与股权融资成本[J]. 经济研究，2006(2):69－79.

[233]潘红波，余明桂. 目标公司会计信息质量、产权性质与并购绩效[J]. 金融研究，2014(7):140－153.

[234]Jin L，Myers S. R2 Around the World：New Theory and New Tests[J]. Journal of Financial Economics，2006,79(2):257－292.

[235]Kothari S P，Shu S，Wysocki P D. Do Managers Withhold Bad News?

[J]. Journal of Accounting Research, 2009,47(1):241 – 276.

[236] Hutton A P, Marcus A J, Tehranian H. Opaque Financial Reports, R2, and Crash Risk[J]. Journal of Financial Economics, 2009,94(1):67 – 86.

[237]陈世瑞. 国企党建与法人治理结构协同性初探[J]. 华东经济管理, 2012(1):105 – 109.

[238] Bai C, Lu J, Tao Z. The Multitask Theory of State Enterprise Reform: Empirical Evidence from China [J]. The American Economic Review, 2006,96(2):353 – 357.

[239] Lin J Y, Cai F, Li Z. Competition, Policy Burdens, and State – Owned Enterprise Reform [J]. The American Economic Review, 1998,88(2):422 – 427.

[240]郑志刚, 李东旭, 许荣,等. 国企高管的政治晋升与形象工程——基于N省A公司的案例研究[J]. 管理世界, 2012(10):146 – 156.

[241]杨瑞龙, 王元, 聂辉华. "准官员"的晋升机制:来自中国央企的证据[J]. 管理世界, 2013(3):23 – 33.

[242] Yingyi Q. Government Control in Corporate Governance as a Transitional Institute: Lesson from China[R]. University of Maryland, Working Paper, 2000.

[243] Chen Z, Guan Y, Ke B. Are Stock Option Grants to Directors of State – Controlled Chinese Firms Listed in Hong Kong Genuine Compensation? [J]. The Accounting Review, 2013,88(5):1547 – 1574.

[244]王曾, 符国群, 黄丹阳,等. 国有企业CEO"政治晋升"与"在职消费"关系研究[J]. 管理世界, 2014(5):157 – 171.

[245] Fama E F. Agency Problems and the Theory of the Firm [J]. Journal of Political Economy, 1980,88(2):288 – 307.

[246]张耀伟, 陈世山, 李维安. 董事会非正式层级的绩效效应及其影响机制研究[J]. 管理科学, 2015(1):1 – 17.

[247] Belliveau M A, OReilly C A, Wade J B. Social Capital at the Top: Effects of Social Similarity and Status on CEO Compensation[J]. Academy of Management Journal, 1996,39(6):1568 – 1593.

[248]He J, Huang Z. Board Informal Hierarchy and Firm Financial Performance: Exploring a Tacit Structure Guiding Boardroom Interactions[J]. The Academy of Management Journal, 2011,54(6):1119 - 1139.

[249]李维安,张亚双. 如何构造适合国情的公司治理监督机制——论我国监事会的功能定位[J]. 当代经济科学,2002(2):43 - 47.

[250]李维安,王世权. 中国上市公司监事会治理绩效评价与实证研究[J]. 南开管理评论,2005,8(1):4 - 9.

[251]袁萍,刘士余,高峰. 关于中国上市公司董事会、监事会与公司业绩的研究[J]. 金融研究,2006(6):23 - 32.

[252]Ding S, Wu Z, Li Y et al. Executive Compensation, Supervisory Board, and China's Governance Reform: A Legal Approach Perspective[J]. Review of Quantitative Finance and Accounting, 2010,35(4):445 - 471.

[253]王淑慧,童宁,周昭. 我国上市公司监事会治理评价实证研究[J]. 河北大学学报(哲学社会科学版),2009(4):61 - 65.

[254]王彦超,辛清泉,王婭婭. 所有权安排与监事会治理效率——基于中国上市公司的实证发现[J]. 南方经济,2007(3):59 - 69.

[255]程晓陵,王怀明. 公司治理结构对内部控制有效性的影响[J]. 审计研究,2008(4):53 - 61.

[256]王世权. 监事会的本原性质、作用机理与中国上市公司治理创新[J]. 管理评论,2011(4):47 - 53.

[257]赵景文. 公司治理质量与盈余质量——基于中国治理指数(CCGI~(NK))的初步证据[J]. 南开管理评论,2006(5):15 - 21.

[258]陈旭东,黄登仕. 公司治理与会计稳健性——基于上市公司的实证研究[J]. 证券市场导报,2007(3):10 - 17.

[259]李延喜,陈克兢. 终极控制人、外部治理环境与盈余管理——基于系统广义矩估计的动态面板数据分析[J]. 管理科学学报,2014(9):56 - 71.

[260]Ball R, Robin A, Sadka G. Is Financial Reporting Shaped by Equity Markets or by Debt Markets? An International Study of Timeliness and Conservatism

[J]. Review of Accounting Studies, 2008,13(2-3):168-205.

[261]强舸. 国有企业党组织如何内嵌公司治理结构?——基于“讨论前置”决策机制的实证研究[J]. 经济社会体制比较, 2018(4):16-23.

[262]金宇超, 靳庆鲁, 宣扬. “不作为”或“急于表现”:企业投资中的政治动机[J]. 经济研究, 2016(10):126-139.

[263]谭亚莉, 廖建桥, 李骥. 管理者非伦理行为到组织腐败的演变过程、机制与干预:基于心理社会微观视角的分析[J]. 管理世界, 2011(12):68-77.

[264]Fan J P H, Wong T J, Zhang T. Politically Connected CEOs, Corporate Governance, and Post-IPO Performance of China's Newly Partially Privatized Firms [J]. Journal of Financial Economics, 2007,84(2):330-357.

[265]刘小玄. 企业边界的重新确定:分立式的产权重组——大中型国有企业的一种改制模式[J]. 经济研究, 2001(4):3-13.

[266]缪毅, 胡奕明. 产权性质、薪酬差距与晋升激励[J]. 南开管理评论, 2014(4):4-12.

[267]廖冠民, 张广婷. 盈余管理与国有公司高管晋升效率[J]. 中国工业经济, 2012(4):115-127.

[268]姜付秀, 朱冰, 王运通. 国有企业的经理激励契约更不看重绩效吗?[J]. 管理世界, 2014(9):143-159.

[269]Jin H, Qian Y, Weingast B R. Regional Decentralization and Fiscal Incentives: Federalism, Chinese Style[J]. Journal of Public Economics, 2005,89(9-10):1719-1742.

[270]王文剑, 仉建涛, 覃成林. 财政分权、地方政府竞争与FDI的增长效应[J]. 管理世界, 2007(3):13-22.

[271]Baumol W J. Macroeconomics of Unbalanced Growth: The Anatomy of Urban Crisis [J]. The American Economic Review, 1967,57(3):415-426.

[272]夏立军, 陈信元. 市场化进程、国企改革策略与公司治理结构的内生决定[J]. 经济研究, 2007(7):82-95.

[273]程新生, 谭有超, 廖梦颖. 强制披露、盈余质量与市场化进程——基

于制度互补性的分析[J]. 财经研究, 2011(2):60 - 71.

[274]王东清, 李静. 市场化程度、超额在职消费与盈余管理[J]. 中南大学学报(社会科学版), 2017,23(4):119 - 126.

[275]刘永泽, 张多蕾, 唐大鹏. 市场化程度、政治关联与盈余管理——基于深圳中小板民营上市公司的实证研究[J]. 审计与经济研究, 2013(2):49 - 58.

[276]La Porta R, Lopez - De - Silanes F, Shleifer A et al. Legal Determinants of External Finance[J]. Journal of Finance, 1997,52(3):1131 - 1150.

[277]La Porta R, Lopez - De - Silanes F, Shleifer A et al. Investor Protection and Corporate Valuation [J]. The Journal of Finance, 2002,57(3):1147 - 1170.

[278]Che J, Qian Y. Insecure Property Rights and Government Ownership of Firms [J]. The Quarterly Journal of Economics, 1998,113(2):467 - 496.

[279]La Porta R, Lopez - De - Silanes F, Shleifer A et al. The Quality of Government[J]. Journal of Law, Economics, & Organization, 1999,15(1):222 - 279.

[280]La Porta R, Lopez - De - Silanes F, Zamarripa G. Related Lending[J]. Quarterly Journal of Economics, 2003,118(1):231 - 268.

[281]Haw I, Hu B, Hwang L et al. Ultimate Ownership, Income Management, and Legal and Extra - Legal Institutions [J]. Journal of Accounting Research, 2004,42(2):423 - 462.

[282]Nenova T. The Value of Corporate Voting Rights and Control: A Cross - country Analysis[J]. Journal of Financial Economics, 2003,68(3):325 - 351.

[283]吴永明, 袁春生. 法律治理、投资者保护与财务舞弊:一项基于上市公司的经验证据[J]. 中国工业经济, 2007(3):104 - 111.

[284]张玲, 刘启亮. 治理环境、控制人性质与债务契约假说[J]. 金融研究, 2009(2):102 - 115.

[285]Nabra S, Boonlert - U - Thai K K. Earnings Management, Investor Protection, and National Culture[J]. Journal of International Accounting Research, 2007,6(2):35 - 54.

[286]王小鲁, 樊纲, 余静文. 中国分省份市场化指数报告(2016)[M]. 北

京:社会科学文献出版社,2017.

[287]Healy P M, Wahlen J M. A Review of the Earnings Management Literature and Its Implications for Standard Setting[J]. 1999,13(4):365 -383.

[288]Jones J J. Earnings Management During Import Relief Investigations[J]. 1991,29(2):193 -228.

[289]Dechow P M, Sloan R G, Sweeney A P. Detecting Earnings Management [J]. The Accounting Review, 1995,70(2):193 -225.

[290]Dechow P M, Dichev I D. The Quality of Accruals and Earnings: The Role of Accrual Estimation Errors[J]. The Accounting Review, 2002(77):35 -59.

[291]Mcnichols M F. Discussion: The Quality of Accruals and Earnings: The Role of Accruals Estimation Errors[J]. The Accounting Review, 2002,77(1):61 -69.

[292]Francis J, LaFond R, Olsson P et al. The Market Pricing of Accruals Quality[J]. Journal of Accounting and Economics, 2005,39(2):295 -327.

[293]Shleifer A, Vishney R W. A Survey of Corporate Governance[J]. Journal of Finance, 1997,52(2):737 -783.

[294]李维安, 程新生. 公司治理评价及其数据库建设[J]. 中国会计评论, 2005(2):387 -400.

[295]谢盛纹, 刘杨晖. 高管权力、产权性质与盈余持续性[J]. 华东经济管理, 2015(12):112 -117.

[296]Kanagaretnam K, Lim C Y, Lobo G J. Auditor Reputation and Earnings Management: International Evidence from the Banking Industry [J]. Journal of Banking & Finance, 2010,34(10):2318 -2327.

[297]Magnis C, Iatridis G E. The Relation between Auditor Reputation, Earnings and Capital Management in the Banking Sector: An International Investigation [J]. Research in International Business and Finance, 2017(39):338 -357.

[298]Puri M. Commercial Banks as Underwriters: Implications for the Going Public Process[J]. Journal of Financial Economics, 1999(54):133 -163.

[299]Firth M, Mo P L L, Wong R M K. Auditors' Organizational Form, Le-

gal Liability, and Reporting Conservatism: Evidence from China[J]. Contemporary Accounting Research, 2012,29(1):57-93.

[300]Francis J R, Krishnan J. Accounting Accruals and Auditor Reporting Conservatism[J]. Contemporary Accounting Research, 1999,16(1):135-165.

[301]李维安,王新汉,王威. 盈余管理与审计意见关系的实证研究——基于非经营性收益的分析[J]. 财经研究, 2004(11):126-135.

[302]Sobel M E. Asymptotic Confidence Intervals for Indirect Effects in Structural Equation Models[J]. Sociological Methodology, 1982,13(13):290-312.

[303]Sobel M E. Some Models for the Multiway Contingency Table with a One-to-One Correspondence among Categories[J]. Sociological Methodology, 1988(18):165-192.

[304]温忠麟,张雷,侯杰泰,等. 中介效应检验程序及其应用[J]. 心理学报, 2004(5):614-620.

[305]Baron R M, Kenny D A. The Moderator-Mediator Variable Distinction in Social Psychological Research: Conceptual, Strategic, and Statistical Considerations[J]. Journal of Personality and Social Psychology, 1986,51(6):1173-1182.

[306]Judd C, Kenny D. Process Analysis: Estimating Mediation in Treatment Evaluation[J]. Evaluation Review, 1981,5(5):602-619.

索　引

D

G

K

J

W

Y

Z